Ein Rhöner Grenzpolizist.

oder

Die 2te Vertreibung aus dem Paradies.

Gerhard Bach

Impressum

Produktmanagement:	Gerhard Bach
Vertrieb:	gerhard-bach@web.de
Layout:	Manfred Rohe
Text:	Gerhard Bach
Lektorat:	Christel Bach und teilweise Jürgen Schmitt bzw. Manfred Rohe
Illustration, Titelbild:	Felix Bongard
Bildnachweis:	aus dem Archiv des Autors, sowie zur freien Verfügung gestellt von Freunden -insbesondere Foto-Wald, Fladungen- und Kollegen. Sh. Fotoverzeichnis. Zeitungsausschnitte mit freundlicher Genehmigung des „Rhön- und Streuboten“
Produktion:	Druckerei Richard Mack GmbH & Co. KG, Druck und Verlag, 97638 Mellrichstadt

ISBN 978-3-942112-13-0

2. Auflage

Alle Angaben wurden vom Autor sorgfältig recherchiert und dokumentiert.
Für die Richtigkeit kann keine Haftung übernommen werden.

Der Autor, ein Vorwort

Nach der Grenzöffnung, also nach dem Fall der Mauer und dem Wegfall der innerdeutschen Grenze, hörte ich im Jahre 1991 diese Pointe:

„Die Auflösung der Grenzpolizeistation Fladungen war die zweite Vertreibung aus dem Paradies!"

Der tiefere Sinn dieser Worte war mir Antrieb und Auftrag zugleich, darüber ein Buch zu schreiben, um dieser Aussage Inhalt und Leben zu geben. Andererseits aber auch -jetzt im Pensionistenalter- die Kehrseite der damit verbundenen Ereignisse in Wort und Bild zu dokumentieren. Immerhin war ich von 1969 – 2010, also 41 Jahre, im Polizeidienst tätig. Davon durfte ich die erste Hälfte meiner Dienstzeit bei der Bayerischen Grenzpolizei verbringen, in einem nahezu irdischen Paradies in Fladungen.

Mit diesem Buch möchte ich einen Einblick in die Situation entlang der innerdeutschen Grenze vermitteln, gespickt mit auflockernden Anekdoten und lebendigen Begebenheiten, wiedergegeben in meiner offenen Rhöner Art.

Aber auch die Liebe zur Natur, zu meiner Rhöner Heimat, zu meinen Freunden und Kollegen, interessanten Begegnungen mit den Menschen in meiner geliebten Rhön, habe ich mit einzelnen Beiträgen bedacht und auch gewürdigt.

Nach dem Fall der Mauer, der Wiedervereinigung, der Auflösung der Grenzpolizeistation und dem damit zwangsläufig verbundenen Wechsel zur Landespolizei, stand den etablierten Grenzern nun ein neues, verschärftes Polizeibild gegenüber. Die folgenden 20 Jahre bei der Landespolizei wurden dann -im Vergleich zur Vorzeit- zu einem Ritt durch das sprichwörtliche Fegefeuer.

Der Leser soll mit dieser realen Erlebnisbiographie Einblicke in den sehr unterschiedlich verlaufenden Polizeialltag erhalten. Auch wenn manche Passagen kritisch betrachtet werden könnten, sollte trotzdem die Möglichkeit erhalten bleiben zwischen den Zeilen lesen zu können, um dabei eigene Interpretationen und Erkenntnisse zu finden.

Als ehemaliger Grenzpolizist lade ich dazu ein, mit mir die Erzählungen in einer historischen Zeitgeschichte neu zu erleben.

Teil I

Grenzpolizeilied

Refrain:

Ich bin Grenzpolizist, ein dufter Typ,
ich hab` mein Bayernland
so furchtbar lieb.
Ich wollte nie im Leb`n
was andres sein,
außerdem fiel mir auch
gar nichts Bess`res ein.

Refrain: Ich bin Grenzpolizist…

In Fladungen und auf der Rhön,
da ist`s nicht nur im Sommer schön.
Denn im Winter ja
do fahr`n me Schi, des is so schöö,
do legst die hi.

Refrain: Ich bin Grenzpolizist…

Die Leut` in Fladungen
die ham uns gern,
wär`n wir net do,
doas tät wos wer`n.
Die Ordnung die wird
von uns garantiert,
des hot der Dümmste
schon kapiert.

Refrain: Ich bin Grenzpolizist…

Ob Sonne oder Super-Schnee,
der Grenzdienst
der wor immer schöö.
Beim Schifoahr`n
konnt` me Gestalten seh`,
nur Profis gab`s
in der Dienstgruppe „B“.

Refrain: Ich bin Grenzpolizist…

Die Mannschaft der Fladunger Polizei,
die könnt` doch gar net besser sei`.
Ob Verfügung oder Schicht
von „A“ bis „D“,
der Chef der tut auch keinem weh.

Refrain: Ich bin Grenzpolizist**…**

Auf der Station in Fladungen
war`n alle gern,
doch werd`n wir bald
zur Lapo gehör`n.
Wenn die versuchen
uns zu machen „heiß“,
da sag ich nur:
Was soll der Scheiß

Refrain: Ich bin Grenzpolizist…

Die in Teamwork bei der paradiesischen Grenzpolizei (Grepo), etwa in den 80er Jahren gedichteten ersten, euphorischen Lied-Strophen wurden später in den 90er Jahren, beim Dienst bei der Landespolizei (Lapo), um die nächsten, eher klagenden fünf Strophen -ebenfalls in Gruppenarbeit- erweitert:

Jetzt bin ich Landpolizist,
ein armer Hund,
denn ich lauf` mir für den Chef
die Füße wund.
Sammle VmZ, OE-Beleg
und mehr,
kontrollier` Lkw,
fahr` Gaunern hinterher.

Refr.:

Manchmal denke ich:
Bist Du denn noch gesund?
Oder doch so`n
selten blöder Hund.
Und so bin ich
weiterhin frustriert.
Komm` mir vor,
als sei ich frisch kastriert.

Refr.:

Unserm Chef
nach der Pfeife getanzt,
ist schlimmer
als die Katz` geranzt.
Dieser Mensch ist
total verpicht.
Jeden Mittwoch wegen „Rotlicht“
vor Gericht.

Rhöner Kneipen haben
mittwochs Ruhetag,
das Amtsgericht mit
einem Vogel seine Plag.
Doch ich bleib` Mensch
und Polizist der dufte Typ;
denn die Bevölkerung
hat solche Bullen lieb.

Refr.:

Wär` ich noch Grenzpolizist
der dufte Typ,
hätt` ich die Arbeit
wie mein Bayernland so lieb.
Ich möcht` so gerne
Grenzer wieder sein.
Das wäre wie
der allerhellste Sonnenschein.

Refr.:

Unser Grepo-Lied wurde bei verschiedenen internen Anlässen -auch mit instrumentaler Unterstützung- vorgetragen.
Das Original ist von Mike Krüger, nach dem bekannten Schlager:
„Ich war Bundeswehrsoldat, ein dufter Typ…“

Am Tag der Einstellung: 1.8.1969

Beginn der Polizei-„Karriere“:
Von der Berufswahl-/Ausbildung bis zur Pension,
o d e r vom Paradies, übers Fegefeuer,
bis zum „Karriereende“.

Einstellungsprüfung

Nach bestandener schriftlicher, mit politischen Fragen gespickter Prüfung in der Kaserne der Bereitschaftspolizei (Bepo) in Nürnberg, stand die sportliche Prüfung mit einem 3000-m-Lauf innerhalb des Kasernengeländes an. Mit Mühe und Not schaffte ich in der vorgegebenen Zeit diesen Lauf um die Kasernengebäude. Eigentlich hasste ich die Langstrecken, ich war aufgrund meiner Schrittmaße eben mehr der Kurzstreckenspezialist.
Nach dieser sportiven Einlage hieß es für unsere 10-Mann-Bewerber-Gruppe zum Arzt-Check in die Krankenabteilung zu gehen. Gleich beim Messen gab es das erste Problem; das Messgerät ließ sich nur bis zu einer Höhe von 2,00 m einstellen. So musste zwangsläufig der Arzthelfer die restlichen zwei fehlenden Zentimeter mühevoll mit dem Lineal ergänzen, um mein außergewöhnliches Gardemaß von 2,02 Metern exakt darzustellen.

Nachdem auch der Polizeiarzt seine Untersuchungen für mich eigentlich erfolgreich abgeschlossen hatte, kam er jedoch nochmal mit der Ansage ins Wartezimmer, dass alle Bewerber gehen könnten, bis auf den Bewerber Bach, der sich noch bereit halten möge.

Es vergingen 5, 10, 15 lange Minuten, bis der Arzt wieder ins Wartezimmer trat und mir mitteilte, dass auch ich eingestellt werde. Er habe sich lediglich im Beamtengesetz vergewissern müssen, ob bezüglich der Körpermaße nach „oben“ eine Beschränkung vorliegt, denn das Mindesteinstellungsmaß lag bei 168 cm. Somit wurde auch ich mit meinen für die damalige Zeit außergewöhnlichen

Körpermaßen als längster Polizist eingestellt und konnte diese Botschaft meinen wartenden Mitbewerbern und neuen Kollegen freudestrahlend in der Polizeikantine mitteilen.
Wegen der Körpergröße von 202 cm war von nun an mein Beiname/Spitzname:

“Zwonullzwo“!

Diese wegweisenden schriftlichen und praktischen Eignungsprüfungen für das Polizeiwesen legte ich zukunftsorientiert im Frühjahr 1969 während meiner noch laufenden Mittelschulzeit ab.
Hier möchte ich anfügen, dass ich mit taktischer Überlegung mehrere Aufnahmeprüfungen und Eignungstest mitgemacht hatte, da man ja für jede Prüfung frei gestellt wurde und einen Tag schulfrei einstreichen konnte.
Unter anderem legte ich die Prüfung für den mittleren Verwaltungsdienst ab, war jedoch ganz knapp in der zweiten Noten-Hälfte und somit wäre der Ausbildungsstandort in München gewesen und das war mir einesteils zu aufwendig (Zimmer besorgen, S-Bahn fahren, „allein in einer großen Stadt“) und anderenteils nicht der richtige Beruf. Realschul-Mitschüler „Benno“ hat „in diesen Apfel“ gebissen und ist dadurch im Bereich München hängen geblieben.

Ich musste raus in die Natur, weshalb ich eigentlich Förster werden wollte. Jedenfalls schrieb ich dies in der 4. Volksschulklasse bereits ins Sachkundeheft.
Da ich jedoch ein Jahr zu spät zur Mittelschule gewechselt bin (7. Klasse) und in der Pubertätszeit in der Klasse „hängen blieb“, in der normalerweise keiner mehr eine „Ehrenrunde dreht“, nämlich in der 3. Mittelschulklasse, wäre ich 1969, nach der „Mittleren Reife“, gleich bei der Bundeswehr zum Wehrdienst eingezogen worden. Um das zu umgehen meldete ich mich bei der Polizei und wollte -nach

Ableisten der als Wehrdienst anerkannten Ausbildungszeit- wieder von der Polizei weggehen. Diese Gedanken hatte nicht nur ich, sondern ein paar andere Kollegen auch. Wir wollten danach einen anderen Beruf auswählen.

Doch erstens kommt es anders und zweitens als man denkt!

Denn zu Buche standen mittlerweile 375,- DM Ausbildungs-(Bar-)Geld, anstatt 50,- DM Taschengeld von den Eltern! Wir bekamen immer zum Monatsende im Voraus „den Sold“ ausbezahlt. Hierzu standen wir beim Zimmer des Rechnungsführers (ReFü) in einer langen Schlange an und erhielten dieses Geld gegen Unterschrift bar auf die „Kralle“ (Hand).

Dies war ein Wahnsinnsgefühl.

Heutzutage würde man sagen**: Einfach geil!**

Die Ausbildung bei der Bepo

Am 04.08.1969 wurde ich nach Würzburg zur Bereitschaftspolizei (Bepo) in die Polizei-Kaserne „eingezogen“, ähnlich der Bundeswehr. Ich trat also meine Ausbildung zum Polizeibeamten an. Unsere Hundertschaft

(12. BPStH = Bereitschaftspolizeistabshundertschaft) bestand aus 3 Zügen mit je knapp 50 Mann. Ich war im II. Zug, dem Verkehrskraftfahrzeugzug (VKradZug) eingeteilt/eingesetzt. Wir waren in einem 6-Mann-Zimmer (3 Stockaufbetten) untergebracht und machten zunächst ein Grundausbildungsvierteljahr mit

Formalausbildung und praktischem Polizeidienst (PrakPol). Hierbei mussten wir unter anderem auch durch die Schafscheiße oben am Schenkenturm robben.

Zugformation angetreten am „Schenkenturm" in Würzburg
Beachte: **"Zwonullzwo"** als rechter Flügelmann.

Nach diesem Vierteljahr hatten dann die theoretische Schulung und die Führerscheinausbildung begonnen. So konnte ich den Führerschein Klasse 3 und den Führerschein Klasse 1 (Pkw bzw. Krad) erfolgreich ablegen.

Vom Elternhaus her wurde nur der Moped-Führerschein (Klasse IV) genehmigt. Eine frühere, private Pkw-Führerscheinprüfung wurde mir von meinen Eltern aus Kostengründen verwehrt. Man wusste ja, dass man bei der Polizeiausbildung den Führerschein kostenlos machen konnte/musste!

Meine Schulfreunde hatten längst den Pkw-Führerschein; ich machte ihn jedoch erst viel später bei der Polizei. Ich fuhr bis zum 19. Lebensjahr noch immer mein altes, hellblaues Miele-Moped.

Kasernenunterkunft

Polizeiwachtmeister (PW) 1971

Als wir am 04.08.1969 auf die 6-Mann-Zimmer verteilt wurden, stellte ich noch am selben Abend fest, dass das Eisengestell-Hochbett zu kurz, eben nur 2 Meter lang, war. Ich suchte mir das untere Bett aus, damit ich evtl. nicht so hoch herunterfalle.

Erst ein paar Tage später traute ich mich den Unter-/Gruppenführer auf das zu kurze Bett hin anzusprechen. Er klärte mit seinen Vorgesetzten die Sache so ab, dass mein Bett verlängert werden sollte. Hierzu wurde ich 1 Tag in die Werkstatt abgeordnet. Zusammen mit einem Monteur verlängerte ich das Bett am unteren Ende. Das Bett wurde auseinander gesägt und 25 cm lange Eisenwinkelstücke dazwischen geschweißt.

Ebenso verlängerten wir auch die beiden Metallmatratzenrahmen.

Nun war zwar das Bettgestell verlängert, nicht aber die Matratze.

Deshalb wurde ich einen weiteren Tag in die Sattler-/Schneiderei abgeordnet und wir bauten/nähten dort eine kleine Matratze:100 X 25 X 25 cm.

Durch diese Maßnahme hatte auch Hans, mein über mir schlafender Kollege aus der Oberpfalz, mehr Platz im Bett.

Eine lange Zudecke fehlte natürlich noch, doch hatte ich mir vorsichtshalber schon eine von meiner Mutter auf 220 cm verlängerte Wolldecke mitgebracht.

Der Schlaf war jetzt gesichert, nicht aber der Dienstanzug. Denn alle Hemdärmel und alle Hosenbeine waren zu kurz. Die Führung schickte mich deshalb zum Schneider zum Maßnehmen und Klamotten ändern. Es wurde an Kurzarmhemden ein extra langer Hemdärmel (72 cm) angenäht und die Hosenbeine teilweise angesetzt.

Beim blass grünen Drillich (Kampfanzug) wurde nichts geändert, weil der ja nur im Gelände, aber auch zum Stubenreinigen, getragen wurde. Ich lief also mit Hochwasserhosen herum und mit zweierlei grün an den angesetzten Hemdärmeln (ausgewaschen und neu). Wobei die Nahtstelle auch nicht zu übersehen war.

Kurz: Ich kam mir vor wie **„ein böser Finger“**. Der eine oder andere Kollege wusste bei dieser oder jener Gelegenheit immer wieder einen dementsprechenden Spruch. Dies war meinem Ego nicht gerade dienlich.

Brenzlige Situationen

Schon während des ersten Ausbildungsjahres in Würzburg gab es ab und an brenzlige Situationen, bei denen ich meistens beteiligt war.

So war gleich neben/hinter der Kaserne eine Bar, die meist von farbigen Amerikanern der US-Armee besucht wurde.

Von den Unterführern wurden wir zwar angehalten diese Örtlichkeit zu meiden. Aber was ist schöner als solche Verbote zu brechen, zumal sich wegen der US-Soldaten auch schöne Mädchen in dieser Bar aufhielten. Und so kam es dann schon mal vor, dass wir um 24 Uhr zum Zapfenstreich nicht in der Kaserne waren.

Wie aber gegen 02:00 h an der Wache vorbei in die Unterkunft kommen?
Ganz einfach: Über die Kasernenmauern klettern! Aber dies war problematisch, weil auf der hohen Mauer noch ein „Spanischer Reiter“ (Rolldrahtzaun) verlegt war.
Ich, der 2-Meter-Mann, machte mit meinen Kollegen eine Spitzbubenleiter und wir überstiegen die Zaunsperre. Allerdings erst, wenn die innerhalb der Kaserne patrouillierende Nachtwache (2 Mann von uns oder einer anderen Hundertschaft) an unserem Punkt/an unserem Standort vorüber und auf der gegenüberliegenden Seite hinter den großen Garagen war.
Auch gab es sowohl in der Gruppe, im Zug und in der Hundertschaft immer wieder Probleme beim Marschieren, weil die größeren Vorderleute, mit mir als „rechter Flügelmann“, meist zu große Schritte machten und die hinteren, kleinen Kollegen nicht nachkamen. Dann erschallte schon nach wenigen Metern im Befehlston die Weisung -zumindest in der Zug- und Hundertschaftsformation-: „Die ersten drei Rotten hinten eintreten“. Wir sechs langen Kerle mußten zum Zugende nach hinten eilen, uns einreihen und den Dippelschritt der Kleinwüchsigen mitmachen/lernen…

Praktische Polizeiausbildung mit Schwimmen und Hundertschafts-Sportgruppe

Bei der praktischen Polizeiausbildung (PrakPol) nahm unser Unterführer immer mich, den ersten Mann, zum Fallbeispiel heraus. Ich musste dann als erster den jeweiligen Fall (z. B. Festnahme eines auf frischer Tat ertappten Täters, oder Sperrstunde bieten, oder Betrunkene überprüfen) durchspielen und wurde von ihm und der Gruppe kritisiert. Bis mir mal der Kragen platzte und ich ihm nach einigen Wochen sagte, dass er doch auch mal von hinten anfangen und einen anderen Kollegen den ersten Fall durchspielen lassen könnte…

Dann, wenn mein Zug (40 Mann) zur Schwimmausbildung in Würzburg ins Dallenbergbad fuhr, kam für mich das nächste Problem: Springen vom 3-Meter-Turm! Als ich dies anfangs immer vermeiden konnte, fuhr schließlich der Hundertschaftsführer, PHK Steger, aufgrund seiner Statur „Kugelblitz" genannt, mit zum Schwimmen. Alle waren gesprungen nur ich nicht. Da bestieg PHK Steger (ca. 55 Jahre) den Sprungturm und sprang. Danach schickte er mich mit den Worten hinauf, dass ich jetzt springen soll, wenn dies schon der alte Steger vormacht. Ich kletterte mit mulmigem Gefühl im Bauch die Metallleiter hinauf und tastete mich mit wackligen Beinen aufs Sprungbrett. Nach der Hälfte drehte ich mich um und wollte wieder vom Turm steigen, doch der alte Steger stand da und versperrte mir mit ausgestreckten Armen den Weg. Geistesgegenwärtig täuschte ich links an und schlüpfte unter seinem rechten Arm hindurch.

Der Hundertschaftsführer befahl mit lauter Stimme, wenn ich nicht springe,

erreiche ich mein Ausbildungsziel nicht und der gesamte Zug muss so lange aufs Mittagessen warten bis ich gesprungen bin. Damit hatte er auch den Unmut der am Beckenrand auf den Bänken sitzenden Mannschaft auf mich gezogen und sie riefen schadenfroh und auch verärgert, dass ich endlich hüpfen sollte.
Wieder tastete ich mich auf dem Sprungbrett nach vorne, wartete unter den Zurufen der anderen eine kleine Weile und sprang dann mit einem Riesenaufschrei, die Füße voraus, ins Schwimmbecken. Mein Schrei verstummte erst, als ich ins Wasser eingetaucht bin…

Wegen meiner 2 Meter Körpergröße wurde ich auch in die Hundertschaft-Elite-Sport-Gruppe berufen; denn ich sollte Hochspringer und Faustballer werden. Hierbei musste ich alle Trainingsarten (Dauerläufe/Kraftübungen) mitmachen, schaffte aber den Durchbruch nicht.
Das Gute daran war, dass die Trainingszeiten immer am Freitagnachmittag während des Stubenreinigens stattfanden. Somit musste ich mich zwar schinden, brauchte aber die Bude nicht zu putzen.
Denn einmal zuvor musste ich nachreinigen und konnte nicht bei Dienstschluss freitags um 16:00 Uhr heimfahren, sondern 2 Std. später. Und das nur, weil auf der Metallstange im Kleiderschrank noch etwas Staub lag. Der die Stuben und Schränke abnehmende Unterführer fuhr mit dem Zeigefinger über die Stange, pustete über seinen mir entgegenhaltenden Zeigefinger und sagte „Sehen Sie mich noch?"
Das war mehr oder weniger schon die Aussage: 2 Stunden Nachreinigen!

Führerscheinprüfungen

Da ich das Glück hatte innerhalb der Hundertschaft in den II. Zug, den VKradZug und nicht den I. Zug, den Fernmeldezug und nicht in den III. Zug (Bauzug), eingeteilt worden zu sein, kamen die Nicht-Führerscheininhaber gleich nach dem Vierteljahr Grundausbildung zur Führerscheinausbildung. Zuerst legte ich die Prüfung für den 3er Führerschein ab und gleich anschließend wurde der 1er Motorrad-Führerschein gemacht.

Beim PKW-Führerschein lernte ich im VW-Käfer bestens Würzburg und Umgebung kennen; denn es fuhren immer 3 Fahrschüler mit dem Fahr(schul)lehrer.

In der Unterkunft wieder angekommen wurde am Kasernengelände immer wieder das Rückwärts-Einparken noch geübt.

Abends traf man sich in der Polizei-Kantine. Hier kam schon mal der Fahrlehrer auf ein Glas Bier vorbei.
Als wir ein paar Flaschen Würzburger Hofbräu geleert hatten, kam der Fahrlehrer auch auf die Gewerkschaft zu sprechen und überzeugte uns, dass wir einer Polizeigewerkschaft beitraten. Er, der Gewerkschaftsobmann, füllte an Ort und Stelle, also am feuchtfröhlichen Kantinentisch gleich die Anmeldeformulare aus und ließ sie uns unterschreiben. Am nächsten Tag hatte er während der Fahrstunde neue Formulare dabei und bat uns diese Formblätter im normalen Zustand

nochmal zu unterschreiben. Keiner wagte von der Mitgliedschaft zurückzutreten, auch wenn nicht nur ich dies gerne getan hätte.

Bei der PKW-Führerscheinprüfung im dunkelgrünen Polizei-VW musste ich von der Bepo-Kaserne aus über den Talavera-Platz und dann gleich nach der Mainbrücke, der Friedensbrücke, links weg in Richtung Veitshöchheim fahren. Hier übersah ich die Geschwindigkeitsbeschränkung und fuhr statt der vorgeschriebenen 60 km/h etwas schneller, nämlich gute 70 km/h. Dies war mein einziger Fehler. Und so hatte ich, zumal ich ohne Rangieren, also in einem Zug, vorbildlich rückwärts eingeparkt hatte, den Führerschein bestanden.
Ich war stolzer Pkw-Führerscheininhaber der Klasse 3!

Zusammen mit meinem Vater kaufte ich mir dann -inzwischen über 19 Jahre alt- von meinem Ersparten, bei Fredi Ford-Straus in Fladungen, meinen ersten, gebrauchten, hellblauen Pkw, einen Ford 13 m mit Lenkradschaltung: amtl. Kennzeichen MET-L 399.

Die Vorderreifen des frontangetriebenen Fahrzeugs verleiteten zu „Kavalierstarts“, das heißt ich bin meist so angefahren, dass die Vorderräder auf den ersten paar Metern durchdrehten und so deutliche Quietsch-Geräusche abgaben. Aber entsprechend hoch war auch der Gummiabrieb. Somit war der erste Satz Vorderreifen nach nur 8000 km bereits abgefahren, die Reifen total verschlissen.
Ein teurer Spaß für dieses Imponiergehabe!

Dienstliche Krad-Verkehrsunfälle

Dienstlich ging es neben der ewigen Gesetzes-Lernerei dann mit dem Motorrad-Führerschein weiter.

Auch hier machten wir wieder die Würzburger Umgebung unsicher. Wir waren mit drei Fahrschülern, einem Fahrlehrer, aber nur zwei Krädern unterwegs. Der eine Fahrschüler musste mit dem VW-Käfer vorausfahren.

In der Fahrpause wurde manchmal in der Gaststätte in Langenprozelten, direkt am Main, eingekehrt. Allerdings durften wir Kradfahrer keine alkoholischen Getränke bestellen. Die Brotzeit war stets vom Feinsten; große lange Semmeln, gut belegt. Dabei lernte ich übrigens ein wenig das Essen von Rotgelegtem; denn die Wirtsleute machten immer die Wurstbrötchen mit verschiedenen Wurstsorten.
Zuhause beim Selbstgeschlachteten hatte ich nie Rot-/Blutwurst gegessen.
In der Innenstadt von Würzburg gab es den ersten Unfall.
Wir standen an der Ampel und sollten nach rechts abbiegen. Erstes Fahrzeug war der Polizeikäfer, zweites Fahrzeug das Motorrad meines Kollegen und letztes Fahrzeug war ich mit meinem Krad.
Die Ampel schaltete auf grün, der VW Käfer fuhr nach rechts weg, der Kollege vor mir würgte seine Maschine ab, startete neu, drehte voll auf, bog nach rechts ab und knallte auf dem Parkstreifen gegen einen geparkten Pkw.
Er wurde vom Krad geschleudert, durchschlug die Heckscheibe des geparkten Pkw und kam auf der Rücksitzbank zum Liegen.

Ich hielt sofort an und kümmerte mich um meinen Kollegen, der sich Gott-sei-Dank außer ein paar kleine Schnittwunden im Gesicht keine weiteren Verletzungen zugezogen hatte.
Gleich darauf kam auch der Fahrlehrer zur Unfallstelle zurück und er registrierte Unfall Nummer sowieso…
Bei Motorradschulungen gab es angeblich immer Unfälle.
Und ich durfte meine erste Unfall-Zeugenaussage schreiben.

Schlimmer war der zweite Krad-Unfall nur ein paar Wochen später. Diesen Unfall hatte der Kollege, der beim ersten Unfall den VW-Käfer gefahren hatte und jetzt Kradfahrer war, verursacht.
Wir fuhren über Land auf einer schmalen, kurvenreichen Strecke, zwischen Würzburg und Veitshöchheim. Erstes Fahrzeug war der VW-Käfer, zweites Fahrzeug dieser Kollege auf dem Krad, drittes Fahrzeug mein Krad. In einer total übersichtlichen Linkskurve fuhr der Kradfahrer vor mir zu schnell, kam nach rechts von der Fahrbahn ab und prallte gegen den dort stehenden Apfelbaum. Das Krad fuhr zwar noch links am Baum vorbei und kam in der Wiese zum Liegen. Doch mit dem Lenkrad und mit der rechten Schulter prallte der Kollege gegen den Baum und stürzte vom Motorrad. Er hatte sich das rechte Schlüsselbein gebrochen und jammerte laut vor Schmerzen.
Auch hier kam nach einigen Minuten der Fahrlehrer im VW-Käfer wieder zur Unfallstelle zurück und kümmerte sich weiter um den Verletzten und um die Unfallaufnahme. Und….er registrierte einen weiteren Krad-Unfall….
Bei diesem Unfallbericht fiel meine Zeugenaussage etwas unglücklich aus und ich bekam sie berechtigt zur Korrektur zurück. Ich hatte nämlich folgenden Stilblüten-

Satz formuliert und protokolliert: „…er fuhr gegen den einzigen, sich in der Kurve befindlichen Baum.“

Da auch von den anderen Fahrschulgruppen einige Krad-Fahrschüler Verkehrsunfälle gebaut hatten wurde die Schulung für einige Tage ausgesetzt; denn es standen nicht mehr genügend Kräder zur Verfügung.

Polizeilicher Religionsunterricht

In der Bepo-Kaserne in Würzburg hatten wir einmal monatlich 2 Stunden Religionsunterricht. Immer zwei Hundertschaften wurden in den großen Speisesaal beordert und hier hielt der katholische Polizeipfarrer, Herr Färber, in seiner schwarzen Pfarrer-Kleidung -meist freitags vorm Heimfahren- seinen Vortrag/seine Predigt/seine Belehrungen. Pfarrer Färber war schon ein älterer Mann und trank in der Kantine ganz gerne mal `nen Schoppen Rotwein. Manchmal vor, manchmal nach dem Religionsunterricht. Er erzählte während seiner Predigt viele Bibelpassagen und versuchte den Vortrag so lebendig wie möglich zu gestalten. Bei 200 jungen Polizisten war dies meist nicht ganz einfach und deshalb war auch meist ein Unterführer mit dabei, der für Ruhe sorgte.
Den Abschlusssatz seiner Belehrungen trug er mit besonderer Betonung vor und lautete fast immer, wenn er uns in das Wochenende verabschiedete:

„Und am Sonntag fahren sie
mit ihren Mopeds
in den Wald hinaus
und hinten darauf sitzt die Sünde!“

Mit dieser Feststellung hatte der Theologe nicht gerade Unrecht…

Neigt zum Widerspruch

Meine offene Art, mein loses Mundwerk auch gegenüber Vorgesetzten, bekam ich dann nach einem Jahr in der ersten Beurteilung präsentiert. Neben einigem Positiven erhielt ich unter anderem. auch den Vermerk:

„Neigt zum Widerspruch“

Auf meine Nachfrage teilte mir der Zugführer mit, dass man dies auch als positive Kritik bezeichnen könnte.
Doch begleitete mich dieses 1970 schriftlich in meinen Unterlagen festgelegte Attribut während meiner gesamten Dienstzeit. Nicht sehr viele meiner späteren Vorgesetzten sahen dies als positive Kritik…!
Auch wenn ich dabei manchmal durch die Hölle ging -zumindest durchs Fegefeuer-, wie die weitere, sehr bunte und unterhaltsame Berichterstattung zeigen

wird, war und bin ich stolz bis zum Schluss meinen Mund -auch in einer Organisation wie der Polizei- aufgemacht, ja aufgerissen zu haben….
Meine Meinung immer vertreten zu haben.

Zweites Ausbildungsjahr in München

Nach einem Jahr Bepo Würzburg kam die Versetzung zur Bepo nach München, zur 4. BPStH. Und so verstärkte sich die Fahrgemeinschaft mit dem Kollegen vom Bauzug, Peter aus Eltingshausen (bei Oerlenbach/Bad Kissingen). Wir hatten inzwischen beide einen blauen Pkw Ford; ich einen 13m mit Lenkradschaltung, er einen 15m.
Jedes freie Wochenende fuhren wir die 350 km, oft längere Zeit im Autobahn-Stau stehend, nach Hause.

Einmal stellte ich meinen Pkw in Eltingshausen ab, das andere Mal fuhr Peter bei mir mit. Es entwickelte sich eine bis heute anhaltende, intensive Freundschaft. Wir treffen uns jährlich in der Rhön oder in Taufkirchen bei München, wo es Peter dienstlich hin verschlagen hat. Auch unsere Frauen verstehen sich bestens.

Auf einer Heimfahrt, wir waren bereits in Schwebheim bei Schweinfurt, übersah Peter, dass der vorausfahrende Pkw abbremste und an der Ampel bei Rotlicht anhalten wollte. Unser Stopp war dann ein wenig abrupter, denn Peter war dem

anderen leicht aufgefahren. Wie Profis einigten wir uns mit dem Geschädigten an der Unfallstelle… Nicht zuletzt auch deshalb, weil sich die Schäden an beiden Pkw in Grenzen hielten, um nicht zu sagen kaum nennenswert waren.
Unfallursache hier könnte unsere intensive Unterhaltung gewesen sein. Wir hatten uns immer was zu erzählen.

Klausurnote 6

In München, in der Bepo-Kaserne in der Rosenheimer Straße lagen wir wieder mit 6 Mann am Zimmer. Mein verlängertes Bett wurde ebenfalls nach München gebracht.
Hier war dann die Zeit der Gesetzeslehre und ich hatte -nach der Mittelschule- noch immer „keinen Bock“ zum Lernen. So geschah es wieder, dass ich bei einer Klausur im Fach Strafrecht nichts wusste und versuchte vom Bank-Nachbarn abzuschreiben. Nach zweimaliger Ermahnung nahm mir der Strafrechtlehrer das Blatt ab und die Prüfung wurde mit Note 6 gewertet.
Damit war das Ausbildungsziel gefährdet; denn mit einer Note 6 oder zweimal Note 5 wurde man entlassen.
Ich schrieb den Paragraphen (evtl. § 163 StPO) den ich bei der Klausur nicht gelernt hatte, von Hand ab und hängte mir den Zettel ans Bett. Ich klebte ihn auf Kopfkissenhöhe mit Tesa-Film an die geweißelte Zimmerwand.
Jeden Abend wurde ich daran erinnert und lernte den Paragraphen auswendig.

Bei der nächsten Klausur schrieb ich die Note 3, wurde nochmal mündlich abgefragt und erhielt im Strafrecht die rettende Note 4.
(Note 3 plus Note 6 = 9: 2 = 4,5; minus Note 2 im Mündlichen machte aus 4,5 die Gesamtnote 4)
Gerettet!

Gefährlicher, übertriebener Kollegen-Spaß

Während der Münchner Zeit mussten wir auch viel Wache schieben. Sowohl in der Münchner Staatskanzlei als auch bei einem nahe gelegenen Munitionslager (Mun-Lager) und in der Kaserne selbst.
Hier schaute ich zum ersten und letzten Mal in die Mündung eines Pistolenlaufes.
Der eine Kollege der sich damals beim Krad-Fahren das Schlüsselbein gebrochen und ich erstversorgt hatte, war mit mir zur Kasernenwache eingeteilt.
Nachts im Wacheraum, an der Kasernenpforte, meinte er etwas Blödsinn machen zu müssen. Wie der Blitz aus heiterem Himmel nahm er seine Pistole aus dem Holster, richtete plötzlich -nachdem er zuvor ein wenig damit herumgespielt hatte- das „Schießeisen" auf mich und meinte: „Muffe, was?" Obwohl ich ihm -nur einen Meter neben ihm sitzend- klar machte, dass er die Waffe wegnehmen soll, ließ er die Pistole ungefähr drei Minuten lang auf mich gerichtet und spöttelte immer wieder. Ja, er erhob sie sogar und zielte auf meine rechte Schläfe.
Ich wusste zunächst nicht, ist das Ernst oder schlechter Spaß?

Als er dann die Waffe wegnahm, stauchte ich ihn zusammen und meinte, dass dies zu seiner Entlassung führen könnte, wenn ich den Vorfall melden würde.
Doch Kameraden verpfeifen, das gab es bei mir nicht!

Beim nächsten Sport haute ich ihm dermaßen „auf die Socken“, dass er blaue Flecken davon trug.

Sport

In München durfte ich nicht mehr zu den (Elite-)„Abteilungssportlern“, weil ich einfach immer wieder bei 185 cm die Hochsprunglatte riss. Mein Straddle-Stil (alte Hochsprungtechnik) brachte keine höheren Ergebnisse. Und den neuen Flop-Stil beherrschte ich nicht und lernte ihn auch nicht.
Trotzdem machte ich ein Leben lang mit Begeisterung Sport. Egal welche Disziplin. Den 100-m-Lauf schaffte ich zu dieser Zeit, als 19jähriger, unter 12 Sekunden.
Eine Urkunde oder Medaille erreichte ich immer, oft aber nur Silber oder Bronze.
Weil halt die 3000-m-Laufstrecke immer recht laaaaang für mich war…

Beim Mannschaftssport, wie Volleyball, Fußball, Handball, Korbball, Faustball, war und bin ich immer mit vollem Einsatz dabei gewesen, egal ob Trainingsspiel oder Wettkampf. Ich prägte den Ausdruck, der mich bis zur Pension verfolgte:

„Es gibt keine Freundschaftsspiele!“

Denn ich habe immer mit entsprechendem (auch hartem) Einsatz um jeden Ball gekämpft!

Natürlich hatte ich beim Krad-Fahren in Würzburg und auch in München jede Menge Spaß und es war für mich Sport. In der Sandgrube hat es alle anderen geschmissen, nur mich nicht. Ich stützte mich mit meinen langen Beinen ab, ähnlich einem Fahrrad mit Stützrädern.

Die andern sind mit ihren Motorrädern gepurzelt wie die Hasen auf `ner Treibjagd. Ich saß fest im Sattel!

Freizeitgestaltung in München mit Club der Langen

In der Freizeit gingen wir in München gleich neben der Kaserne in die Gaststätte „Wienerwald“. Hier gab es nicht nur knusprige Hendl, auch eine knusprige, bildhübsche, schwarzhaarige Bedienung, die der Würzburger Kollege „abgeschleppt“ hatte, machte uns große Augen. Angeblich hat sie ihre superhohen, schwarzen Lederstiefel fast nie ausgezogen…

Unweit der Kaserne war in der Rosenheimer Straße eine alte Bar. Am Tresen traf ich eines Abends ebenfalls einen 2-Meter-Mann. Dieser schwärmte mir vom „Club-der-Langen“ vor. Beim nächsten Clubtreffen nahm er mich mit. Wir trafen uns in der Münchner Innenstadt in einem großen Saal, mit ca. 50 „Langen“. Die

Frauen durften ab 180 cm dem Club beitreten, die Männer ab 190. Mein neuer Freund setzte sich mit mir an einen Tisch an dem Club-Bekannte von ihm saßen. Eine Frau, sie war ca. 10 Jahre älter als wir und 186 cm groß, erzählte uns, dass sie froh sei, in diesem Club zu sein. Sie besuche einmal monatlich den Clubabend und ansonsten würde sie wegen ihrer Körpergröße, also wegen des Größenkomplexes, das Weggehen meiden. Am liebsten wäre sie mit Regenschirm unterwegs…..

Weitere Gespräche mit anderen Club-Großen bestätigten den Größenkomplex der langen Menschen.

Auch ich hatte in jungen Jahren damit zu kämpfen; insbesondere bei Tanzveranstaltungen. Ich wartete immer erst den ersten Tanz ab und sondierte die schönen Mädchen nach der Größe.

Tatsache ist, dass in den 70er Jahren große Menschen fast immer (dumm) angesprochen wurden. Insbesondere die alte Frage kam des Öfteren: „Wie ist denn die Luft da oben?"

Ich nahm jedoch dem Frager gleich seinen Schneid, indem ich immer ganz spontan antwortete: **„Es riecht nach Zwergen!"** Hiermit war dem Fragenden der Wind aus den Segeln genommen und die meisten standen dann ganz verdutzt da.

Als der Clubabend gegen 23:00 h zu Ende ging, meinte der Bekannte, dass wir zu der 186-cm-Frau noch in deren Wohnung mit zum Kaffeetrinken gehen werden.

Beim Betreten der Single-Wohnung, erschlug mich fast der Prunk. Die Frau steckte ihr ganzes Geld in die Wohnung, weil sie eben Probleme hatte wegzugehen/unter die Leute zu gehen. Wenn mich nicht alles täuscht, hatte sie zwar keine goldenen Wasserhähne aber zur damaligen Zeit schon Messingarmaturen….und eben einen ausgeprägten Größenkomplex!

Für mich Anlass genug, nie wieder mit in den „Club der Langen" zu gehen; denn

solch starke Komplexe kannte ich nicht und wollte ich partout nicht haben.
So verzichtete ich auch auf die über den Club zu beziehenden Hemden mit extralangem Arm; zumal es diese Hemden nur in weiß, hellblau und rose gab. Außerdem waren sie nicht billig. Ich zog es sowieso vor, meist Kurzarmhemden zu tragen, damit war das Hemd-Problem schon einigermaßen gelöst.

Heutzutage sind große Menschen mit noch größeren Füßen -ich habe Gott-sei-dank nur Größe 47- fast selbstverständlich.

Kleiderordnung

Mit der Anzugsordnung hatte ich während meiner gesamten 41 Polizeijahre Probleme und das brachte mir so manches negative Chefgespräch ein.
Zum Beispiel war ab einem gewissen Herbstdatum das Tragen von Kurzarmhemden verboten. Vorschrift war dann Langarmhemd mit Binder.
Ich trug jedoch auch im Winter-und das bis zur Pensionierung- Kurzarmhemden und wenn es sein musste, zum Kurzarmhemd auch mit Krawatte. Schon hatte der Chef wieder das Recht mich zu beanstanden.
Ich wollte den jeweiligen Chef absolut nicht ärgern; denn es ging einzig und allein um „Transpiri-Transpira", also um mein Schwitzproblem.
Unser Karikaturist Felix fertigte später dieses spezielle Komik-Bild dazu an. Wobei bei ihm immer -neben den originellen Utensilien- die Person unverkennbar ist.

(FeBo)

Tanzabend mit Postlerinnen

Um evtl. einmal eine gute Partie fürs Leben zu machen, organisierte die Führung für die einzelnen Hundertschaften zur Faschingszeit einen Tanzabend mit weiblichen, meist auszubildenden Postangestellten.

Der Speisesaal der Bepo-Kaserne ist entsprechend hergerichtet worden. Eine kleine Musikkapelle wurde engagiert und schon ging`s los mit dem Schwof. Es wurde ein interessanter Abend mit den etwa 50 in einem Bus angekarrten „Mädchen von der Post", die auch Freundinnen mitbringen durften.

Vier Kollegen blieben auch an den Postlerinnen hängen…..und gründeten eine Familie.

Da ich schon damals gut tanzen konnte, hätte ich -trotz der zur damaligen Zeit bei den meist kleineren Frauen nicht so begehrten 202 cm Körpergröße!- eine Liaison beginnen können, doch war ich zu Hause in der Rhön bereits in „guten, festen Händen".

Eines dieser Mädchen war die Hausangestellte des zivilen Deutschlehrers. Sie und ein paar Freundinnen luden vier Mann von uns am nächsten Sonntag zu einer Tasse Kaffee in der Münchner Wohnung des Lehrers ein, der an diesem Wochenende gerade verreist war.

Es war eine sehr gezwungene Atmosphäre und wir gingen gleich nach dem Kaffeetrinken wieder in unseren „Wiener Wald".

Straßenbegebenheit

Als wir wieder mal mit sechs Mann, also „Leute vom harten (Wochenend-Ausgeh-)Kern“, im nächtlichen München beseelt zu Fuß auf dem Heimweg waren, stand in einer Querstraße, kurz vor der Kaserne, eine Frau mit roter Handtasche.

Unverkennbar wollte sich eine junge (Haus-)Frau ein paar Mark dazu verdienen und so sprach uns die zehn Jahre ältere Dame entsprechend an.

Als drei Mann die „Bordsteinschwalbe“ von 20,- auf 10,- DM herunter gehandelt hatten, willigte sie dem Geschäft ein.

In ihrem nicht weit entfernt geparkten Pkw, Opel Kadett, fand dann, mitten im Wohngebiet, nacheinander, das horizontale Vergnügen statt.

Die Federung des Altfahrzeugs war sichtlich nicht mehr die beste…

Der Dritte war logischer Weise von der Nutte nicht mehr so begeistert und versuchte vergeblich sie auf 5,- DM herunterzuhandeln…

Nach nicht mal einer dreiviertel Stunde hatten alle Drei ihre Erfüllung und jeder war 10,- DM leichter.

Den „schweren Kopf“ hatten sie dabei aber nicht abgebaut.

Großhandel

Es gab in München auch geschäftliche Vorteile. So konnten wir in einem Verbraucher-Großmarkt und bei einem guten Juwelier verbilligt, nämlich zu Großhandelspreisen, einkaufen. Ich versorgte die eigene und die Familie meiner Freundin in der Rhön mit Großpackungen an Soßenwürfeln, Nudeln, Schokolade usw. Der Kofferraum war einmal monatlich randvoll, so dass wir bei der Heimfahrt unsere Wäsche-Tasche auf dem Rücksitz transportieren mussten.

In dem Juweliergeschäft erstand ich zwar günstig, aber für die damalige Zeit doch viel Geld, ein handgemachtes, goldenes (750er) Armband und einen goldenen Ring mit einem kleinen, weißen Brillanten. Dies waren Geschenke für meine spätere Frau.

Pech war, dass der Brillant schon nach ein paar Wochen verloren gegangen war. Sie blieb mit dem Ring an ihrem Pullover hängen und der kleine Edelstein war weg. Jegliche Suche nach dem kleinen Steinchen war erfolglos.

Als ich diesen Brillantverlust bei der Juwelierin gemeldet hatte, bekam ich von der netten Geschäftsführerin anstandslos den Ring umgetauscht. Sie prüfte beim neuen Ring speziell noch wie fest der Stein in der Ringverzierung saß und so konnte ich meiner Liebsten einen neuen Brillant-Ring präsentieren.

Das schöne, zeitlose Goldarmband legt meine Frau heute nicht mehr so oft an, weil es sehr steif gearbeitet ist.

Ein besonderer Schmuck ist dies Armband nach wie vor und mittlerweile auch ein wertvolles Erinnerungsstück.

Tödlicher Verkehrsunfall des zukünftigen Schwagers

Eines Abends bekam ich in der Bepo-Kaserne in München die traurige Telefon-Mitteilung von meiner Freundin, dass ihr zwölf Jahre ältere Bruder, mein zukünftiger Schwager, den ich bisher nur vom Sehen gekannt hatte, mit dem Pkw in Österreich tödlich verunglückt war.
Er war auf Montage im firmeneigenen Ferienhaus in Österreich, bei Wörgl. Zusammen mit einem taubstummen Arbeitskollegen wollte er nachts, vom „Fuchswirt" kommend, die Serpentinen-Strecke zurück fahren. In einer scharfen Linkskurve kam der kräftige, 31jährige Mann mit seinem PKW nach rechts von der Fahrbahn ab. Der Pkw überschlug sich, rollte in den wegen Schneewasser reißenden Bergbach „Ache" und schlug auf einen Findling auf. Meinen Schwager schleuderte es aus dem Fahrzeug. Der Taubstumme rutschte in den Fußraum, kletterte aus dem Fahrzeug und rannte fast unverletzt zum nächsten Anwesen, einem Sägewerk und holte Hilfe. Man suchte mit vereinten Kräften nach meinem Schwager.
Leider konnte er erst am Morgen, ca. 4 Kilometer abgetrieben, bei einem Wasserrechen nur noch tot geborgen werden.
Er war bis auf Unterhemd und Strümpfe nackt, seine Armbanduhr war zur Unfallzeit stehen geblieben. Die reißende „Ache" und die Findlinge im Bachbett hatten ihm wahrscheinlich die Kleider vom Leib gerissen.

Die Trauer saß tief, zumal zwei kleine Buben jetzt ohne Vater da standen. Meine Freundin half ihrer Schwägerin, ihre kleinen Neffen (1 und 6 Jahre alt) abends ins

Bett zu bringen usw. Sie hatte mit ihrem kleinen, blauen NSU Prinz“le“) nur 3 km bis zur Nachbarortschaft zurückzulegen.
Leider konnte ich bei der Beisetzung in der Rhön, mit großer Anteilnahme, nicht teilnehmen, da ich -weil noch nicht verheiratet- nicht frei bekommen hatte.

Jahre später fuhr ich zusammen mit meiner Frau nach Österreich zur Unfallstelle, zur zuständigen Polizeidienststelle, zum Sägewerk und zum „Fuchswirt“. Man hielt sich bei den Auskünften sehr bedeckt.
Auch bei der Polizeidienststelle sollte ich zunächst keine Auskunft erhalten. Schließlich bekam ich doch das Unfallaufnahme-Protokoll zu lesen: „Tod durch Ertrinken.“
Nochmalige Nachfragen bei den anderen Auskunftspersonen verliefen ohne Mitteilungen.
Selbst die kargen Infos des geschockten, taubstummen Arbeitskollegen brachten auch kein Licht in das (Unfall-)Dunkel.
Für uns Verwandte ist der Unfall nach wie vor etwas mysteriös.

Hochzeit

Gegen Ende des Trauerjahres wurde geheiratet.

Weil es „pressierte", legten wir in Absprache mit unseren Eltern den Hochzeitstermin auf den „dritten Weihnachtsfeiertag". Wir gaben uns am 26.12.1971 das „Ja"-Wort beim Standesamt in Sondheim v.d.Rhön. Unvergessen die festliche, liebevolle Zeremonie des damaligen Standesbeamten, Hermann Sch., mit seiner angenehmen, markanten Stimme. Das kirchliche „Ja" folgte am 27.12.1971 („dritter Weihnachtsfeiertag") in der St. Josef Kirche in Oberfladungen. Ich glaube es gab für Hochzeit damals 3 Tage Dienstbefreiung (DB).

Nach dem Polterabend am Standesamtstag, fand am kirchlichen Hochzeitstag die schöne Familienkreis-Feier, im Gasthaus „Lubber", in Sondheim v.d.Rhön, statt.

Traditionell, trug ich nach der Feier meine Frau in der Nacht auf Händen über die Schlafzimmerschwelle ins neue, überlange 230-cm-Ehe-Bett, mit 260 cm langen Bettdecken…

Weiteres Freizeiterlebnis in München

Zusammen mit meinem aus Eltingshausen (Oerlenbach) stammenden Hundertschaftskollegen Peter T. besuchte ich an einem Dienstwochenende auch mal unseren aus Fladungen stammenden Kollegen Peter B. Er wohnte in München in einer Single-Wohnung, in einem großen Mietshaus in einer der oberen Etagen.
Mit meinem Ford 12 m bin ich zusammen mit Peter T. dorthin gefahren. Der Aufzug brachte uns dann in die entsprechende Etage zu Peter B., einem Polizistensohn.
Peter B. war ein klein wenig älter als wir und war im gehobenen Dienst in München beim BayLfV (Bayerisches Landesamt für Verfassung) tätig.
Später sollte es so kommen, dass er mein Dienststellenleiter bei der Bayer. Grenzpolizeistation Fladungen wurde.
Peter B. hatte für uns Entenbraten mit Klößen und Blaukraut zubereitet. Ich, der Geflügelgourmet, war begeistert. Peter B. hatte fantastisch gekocht. Es war also nicht verwunderlich, dass wir Drei die sehr gut zubereitete Grillente total verspeist hatten.
Vergleichbar mit dem Wilhelm-Busch-Märchen „Max & Moritz", in dem die Beiden Witwe Boltes Hühner verspeist hatten, in der Wiese lagen und die Knochen der Hähnchen-Schenkel noch aus ihrem Munde ragten
Peter B. versorgte uns natürlich auch reichlich mit Getränken, auch mit Whisky. Wir sagten nicht nein, allerdings konnten wir nicht mehr heim fahren.. Wir mussten, was wir eigentlich auch schon eingeplant hatten, bei Peter B. übernachten.

Ich wollte in der Badewanne schlafen, hatte sie leider zuvor noch zweckentfremdet. Der gute, tranige Entenbraten brachte eine totale Wallung in meinen Magen, so dass er frühzeitig wieder von mir gegangen ist und da traf ich eben die Badewanne…

Schließlich kamen wir doch zum Schlafen. Nach dem Frühstück, fast zur Mittagszeit, fuhren wir wieder in unsere Bepo-Kaserne zurück.

Am nächsten Mittag am Parkplatz bei Peter B., vor der Heimfahrt zur Bepo-Kaserne.

Der hellblaue Ford 13m, MET-L 399, mit Lenkradschaltung, war mein erster Pkw.

32. Polizei-Anstellungslehrgang (AL)

Die Ausbildung in München, das zweite Ausbildungsjahr, hatte ich im Juli 1971 erfolgreich beendet und es folgte der 32. Polizei-Anstellungslehrgang. Damals wurden aus drei Bepo-Standorten (München, Nürnberg, Eichstätt) mehrere Hundertschaften zusammengezogen, weil der Prüfungsmodus danach geändert wurde.

Aufgrund der vielen Prüflinge mussten während dieses 9-monatigen Lehrgangs mehrere Örtlichkeiten aufgesucht werden. Ich ein paar Wochen in Fürstenfeldbruck in der Polizeischule. Die meiste Zeit jedoch in der alten, abgewrackten Kaserne der Amerikaner, nämlich in der Warner Kaserne.

Hier standen wir frühmorgens beim Zähneputzen vor einem langen Metallbecken mit 6 Wasserhähnen. Wenn der Erste vorne rein gespuckt hatte, lief gelinde gesagt nicht nur der Zahnpasta-Schaum an uns allen vorbei bis zum Abfluss.

Wir wurden wieder in Mehrbettzimmern untergebracht, diesmal jedoch nur 4 Mann im Zimmer und keine 6 Mann mehr. Zum Lernen war das Zimmer jedoch ungeeignet. Deshalb sind manche Kollegen abends oftmals in den Lehrsaal ausgewichen. Andere wiederum in eine Kneipe. Nicht um zu lernen, sondern um den Frust runterzuspülen.

Die Prüfung im Speisesaal war eigentlich für eine solch wichtige Prüfung eine Zumutung. Von der Küche nebenan, die nur durch eine Schiebetüre verschlossen war, kamen die Geräusche und noch schlimmer die Gerüche deutlich wahrnehmbar herüber. Entweder lief einem das Wasser im Mund zusammen oder der Geruch vom Anbraten und Kochen legte sich auf den Magen.

Trotz aller Widrigkeiten schaffte auch ich die Prüfung des 32. AL, wenn auch nur mit einem Notendurchschnitt von 3,5.

Überhaupt war der gesamte Notendurchschnitt in der Warner Kaserne nicht gut. Freilich gab es auch Naturtalente oder Streber, die bessere Noten erzielt hatten und bis zum Polizeioberrat aufgestiegen sind.

Die Kollegen die bei Stadtpolizeien die Prüfung ablegen konnten, hatten jedoch mindestens mit einer Note besser abgeschnitten; sie waren wesentlich besser und lernfreundlicher untergebracht. Bei ihnen wurde das ganze Spektrum „Besonderes Sicherheitsrecht“ (BS) nicht gelehrt und somit auch nicht geprüft.

Trotzdem hatten auch sie die „Mittlere Polizeiprüfung“, und die eben um eine Note besser!

Eine Ungerechtigkeit für die folgende, vier Jahrzehnte andauernde Dienstzeit; denn bei jeder unliebsamen, periodischen Beurteilung (Grundlage für nächste Beförderung) zählte die Lehrgangsnote mit.

Es war ganz einfach leichter -wie ich „am eigenen Leib“ erfahren musste-, einem mit einer schlechteren Lehrgangsnote eine schlechte Beurteilungsnote zu geben, als umgekehrt.

Für mich war das Lernen vom ersten Volksschuljahr an, dann Mittelschule, immer eine Qual. Leider ging das schulische, das notorische Lernen bis zu meinem 23. Lebensjahr so weiter…Immer nur lernen, lernen, lernen...

16 Jahre lang Lernen oder Nichtlernen. Somit hatten wir oft:

„Mut zur Lücke…!“,

aber auch entsprechende Prüfungsangst.

Nach dem Anstellungslehrgang, der Polizeiprüfung, hätten wir zu den gewünschten Heimatdienststellen versetzt werden können. Ich hatte mich schon während des Lehrgangs für die Grenzpolizeistation (GPS) in Fladungen gemeldet und auch den „Zuschlag“ erhalten.

Manch anderer konnte nicht in Wohnortnähe zurück, da bei seiner Heimatdienststelle kein Personalmangel herrschte.

Doch auch ich, besser gesagt wir junge Polizisten, die zur Grenzpolizei wollten, kamen nicht gleich zu den sogenannten Stammdienststellen zurück. Wir mussten erst noch ein Jahr bei Schwerpunktdienststellen an der Südgrenze, wie Bad Reichenhall, Kiefersfelden usw. aber auch am Flughafen München-Riem, Dienst verrichten.

Zusammen mit Peter T. und „Rambo“ kam ich zum Flughafen München-Riem.

Einzeldienst am Flughafen München Riem

Paßkontrolldienst
am Flughafen
München-Riem
1973

Wir traten im Jahre 1973 den Dienst am Flughafen München-Reim an. Untergebracht wurden wir privat, in der Anflugschneise, in Trudering. Jeder hatte in einem anderen Haus ein Zimmer bei einer Familie. Meine Unterkunft war im ersten Stock. Sie war mit einem Ölofen bestückte. Während ich zum Dienst ging wurde der kleine Öltank des Ofens immer mit einer Kanne aufgefüllt. So geschah es dann auch mal, dass das Heizöl zur Neige ging, wenn ich eine Freischicht hatte. Ich saß dann im kalten Zimmer, verkroch mich unter die Bettdecke oder wir gingen ins Gasthaus.

Um zu umgehen, dass kein Heizöl mehr da war, heizte ich den Ölofen wenn ich da war auch mal bei offenem Fenster, damit genug Öl verbraucht und die Hausfrau mit der braunen 10-Liter-Kanne nachfüllen musste.
Die Toilette und das Bad waren auf dem oberen Flur. Im Zimmer waren ein Schrank, ein Tisch, ein Sessel und ein Bett. Auch dieses Bett war natürlich für mich zu kurz. Jedoch war es etwas breiter als das vom Kollegen. Peter T. (der hatte nur eine Schlafcouch). So konnte ich diagonal im Bett mit der mitgebrachten, überlangen Zudecke schlafen.
Der Dienst am Flughafen war recht interessant und schön, auch wenn wir nach wie vor die lange Heimfahrt hatten.
Es war hauptsächlich Passkontrolldienst der hier geleistet wurde. Zur damaligen Zeit kamen die großen Flieger aus der Türkei mit den Gastarbeiterfamilien. In ihren Einreiseunterlagen war als Beschäftigungsstelle des Öfteren eine weltbekannte Gastronomie-Kette zu lesen, weil einige von ihnen bei dieser Hähnchen-Food-Kette eingestellt wurden.

Doch schöner zu kontrollieren waren die Charterflieger die von den Urlaubsgebieten aus Mallorca, Ibiza, Gran Canaria zurück kamen. Weil hier meist gut erholte, freundliche, freizügig gekleidete, braungebrannte, schöne Frauen und Mädchen mit tiefen Dekolletees (nicht nur) ihre Pässe vorzeigten.
Im Gegensatz zu der im Januar 2013 in allen Medien geführten, sexistischen Diskussion um Herrn Brüderle von der FDP, der sich gegenüber einer „Stern-Reporterin“ angeblich zu deutlich über deren Oberweite geäußert hatte, war unser sexistisches Handeln quasi „ohne Worte“. Das weibliche Gegenüber wurde ja von uns nur mit Blicken kontrolliert/kontaktiert.

Bei etwas Aufmerksamkeit hätten die Frauen lediglich an unseren Stielaugen Verdacht schöpfen und ggf. so reagieren können:

„Herr Wachtmeister, nehmen Sie bitte die Augen aus meiner Bluse!"
Doch für so eine Anmerkung waren die Frauen in den 70er Jahren noch nicht mutig genug.

Wir hielten uns treu an den Texte des altbekannten, schon in der Volksschule gelernten deutschen Liedgutes:

„Die Gedanken sind frei, wer kann sie erraten,
sie fliehen vorbei, wie nächtliche Schatten.
Kein Mensch kann sie wissen,
kein Jäger erschießen.
Mit Pulver und mit Blei.
Die Geda-an-ken sind frei!" 1

Bei manchen, meist längeren Flügen gab es damals für die Fluggäste Lunch-Pakete, die jedoch nicht von allen genutzt wurden. Oft haben die Passagiere beim Abfluggate diese Päckchen zurückgelassen. Diese Lunch-Pakete verteilten manchmal Flughafenangestellte an uns. Wir waren dankbare Abnehmer für die kleinen, bunten Plastiktütchen-Snacks; gefüllt mit einer Wurstsemmel, einem Stück Obst, drei Zigaretten…

Ein dienstlicher Auftrag war mal eine Zurückweisung. Hierbei musste ich mit einem farbigen Ausländer, bei dem vom Flughafen übernommenen Mittagessen,

zur Beaufsichtigung mit in das Flughafen-Restaurant gehen. Der in Deutschland unerwünschte Gast, der kein Wort deutsch sprach, hätte sich ja während des Mittagessens aus dem Staub machen können und ich musste sogar zur Toilette mitgehen.
Das auch für mich kostenlose Medium-Filet-Steak mit Pommes und Beilagen war ein unvergessener Gaumenschmaus! Ein für die damalige Zeit (1972) für mich „kleinen Polizeihauptwachtmeister" nicht erschwingliches Gourmet-Gericht. Ich schwärme heute noch von diesem kulinarischen Genuss mit dem super Ambiente im Flughafen-Restaurant.

Essensmarken gab es während des Flughafen-Dienstes die ersten Monate für uns auch. Doch als wir die ca. 20 Stück Ein-DM-Marken, die eigentlich fürs tägliche Mittagessen bestimmt waren, horteten und am Monatsende dafür in der Kantine Schokoladentafeln kauften, wurden die Essensmarken, zum Leidwesen der täglichen Kantinenesser, abgeschafft.

Neidvoll gingen wir „kleinen Polzisten" mit niedrigem Dienstrang und ebenso kleinem Gehalt immer wieder an den preisgünstigen Spirituosen des Duty-Free-Shops vorbei. Hier gab es keine Ausnahmen: Glen Fittich und Chivas Regal blieben, wie alle anderen Spirituosen, für uns im Regal.

Der Wunsch, mal ein Flugzeug betreten und besichtigen zu dürfen war natürlich auch riesengroß. Mit Hilfe eines Stewards und einer Stewardess konnten wir während der Flugzeuginnenreinigung einmal über eine „Brücke", oder durch einen „Kopf" (beweglicher, überdachter Zugang vom Gebäude zum Flieger), eine

„Boeing 707“ betreten und diese bestaunen. Ein herrliches Gefühl für einen Dorfjungen aus dem 300-Seelen-Dorf Oberfladungen.
Für einen eigenen Urlaubsflug waren zu dieser Zeit aber die finanziellen Mittel noch nicht ausreichend.

Eine weniger schöne Flughafenerinner bleibt mir jedoch auch. Der Absturz einer Chartermaschine nach Ibizza. Ich habe noch heute den Anblick der vielen Metallsärge am Fughafen-Rollfeld vor Augen, als ich eines mittags zur Kantine laufen wollte. Der Appetit war mir vergangen.

Als 1973 die argentinische Fußball-Nationalmannschaft zu einem Spiel eingereist war, bekam ich vom Nationaltorwart Carnevali ein Autogramm. Ein BILD-Reporter hatte dies bildlich festgehalten.

Hier wollte ich das Foto von Torwart Carnevali und mir zeigen.
Die Genehmigung durch die BILD-Zeitung und die damit verbundene
nicht unerhebliche Lizenzgebühr sprengten jedoch mein Budget.

>B i l d<

Flughafen München-Riem 1973 vor einem Länderspiel gegen Argentinien.
Nationaltorwart Carnevali gibt mir bei der Ankunft ein Autogramm.
Fälschlicherweise betitelte mich der Reporter der BILD-Zeitung
als Zollbeamten, anstatt als Grenzpolizeibeamten.

Geselliges nach dem Flughafendienst

Zwei durch die Polizei zusammengekommene, gute Freunde: Peter T.

Wir gingen mal zum Abendessen in ein Lokal in Riem. Peter T. und andere „abgeordnete Kollegen“ waren mit dabei. Es war dort eine uns nicht bekannte Gesellschaft beim Feiern, die einen Alleinunterhalter mit Schifferklavier dabei hatte. Nachdem wir immer wieder kräftig mitgesungen hatten und bekannt wurde, dass ich auch ein wenig Schifferklavier spielen kann, stachelten mich die Kollegen an doch auch ein Liedchen auf dem Akkordeon zu spielen. Ich fragte beim Musiker nach und er übergab mir tatsächlich sein Instrument. Normalerweise verleiht man sein Instrument nicht; denn das ist die Braut des Musikanten, und wer verleiht schon seine Braut?!

Ich spielte bei größter Gaudi mein Repertoire ab. Es waren ja nur zwei Lieder die ich auswendig konnte. Nämlich „Eijeijeijei die Goas ist weg..“ und „Es gibt kein Bier auf Hawaii“. Unter tosendem Beifall wurde von den Gästen Zugabe gefordert. Ich konnte aber keine weiteren Lieder auswendig spielen. Schnell wiederholte ich nochmal das „Bier von Hawaii“ und legte sofort das Instrument ab. Trotz „Zugabe-Rufen“ schaffte ich es, dass der Stammmusiker gleich weiterspielte und ich somit „außen vor“ war.

Peter T., zwei Kollegen und ich, gingen dann noch mit zwei Mädchen, die wir an diesem Abend kennengelernt hatten, mit zum Kaffeetrinken nach Hause um die Ecke. Eigentlich wollten wir keinen Kaffee mehr und trollten schon bald durch den nächtlichen Flughafen-Himmel in unsere Zimmer nach Trudering hinüber.

Am nächsten Tag wieder der gewohnt aufgelockerte Paßkontrolldienst in der Flughafen-Abfertigungsbox und zur Mittagsbrotzeit ein „Bräuwastl"-Getränk.

Suizid eines Kollegen

Ein weiterer nicht alltäglicher Schicksalsschlag während dieser Flughafenzeit war der Suizid eines Kollegen. Ein etwas älterer, gut bekannter, lediger Kollege hatte sich eines Abends im nahen Forst mit seiner Dienstpistole erschossen. Nähere Umstände waren laut Abschiedsbrief private Gründe, evtl. auch depressive Probleme.
Vernehmungen und Befragungen durch die Kripo blieben uns natürlich nicht erspart, auch wenn uns der Suizident keine Hinweise gegeben hatte oder wir sonst etwas wussten.

Bei den weiteren Laufsportstunden in diesem Forst war uns, insbesondere an der „einen" Stelle, nicht so wohl zu Mute. Ich glaube mich erinnern zu können, dass ich an der Unglücksstelle einen Bogen gemacht habe und immer schneller wurde…

Olympia-Krad-Einsatz

Als Kradfahrer/Kradmelder hatte ich die Ehre bei der makaber endenden Olympiade 1972 (blutiger Anschlag in München) mit einer 750er Polizei-BMW die Eskorte mit dem Olympischen Feuer zu begleiten.

Wir waren mit ein paar wenigen Polizei-Kollegen nach Ingolstadt abgeordnet und zwei Tage bei Nonnen untergebracht.

Die eher gemächliche, würdige Fahrt auf der Autobahn bei Ingolstadt war für einen jungen Polizisten schon etwas Besonderes, zumal es galt, erstmals eine 750er BMW selbst zu lenken.

Krad-Ausbildung und Prüfung hatte ich auf einer 250er BMW gemacht. Es sollte mir dies fast noch zum Verhängnis werden.

Nach Übergabe der Olympia-Flamme an die nächste Eskorte traten wir gleich die Rückfahrt an und drehten die Maschinen entsprechend auf. Der Tacho ging hoch (höher als die auf der Autobahn dienstlich erlaubten 130 km/h) in nie auf dem Krad gefahrene Geschwindigkeiten und das bei leichtem Seitenwind von rechts. Als ich einen LKW-Zug überholen wollte, kam der große Schreck. Beim Versuch wieder nach rechts einzuscheren, erwischte mich zum einen eine Böe und zum anderen auch ein Sog und drückte mein Krad nach links. Ich hielt tapfer dagegen, konnte jedoch nicht verhindern, dass ich bis zur linken Fahrbahnbegrenzungslinie abgedriftet bin. Nun waren nur noch der schmale Streifen Banketten-Gras und dann schon die Leitplanke, die wie ein Magnet wirkte, links neben mir. Ich fuhr bestimmt -wenn auch mit weniger Gas- etwa einen Kilometer auf der Leitlinie bis ich endlich wieder nach rechts lenken und einscheren konnte.

Unter Schock fuhr ich mit gemäßigter Geschwindigkeit, jedoch auch mit dem Gedanken die Krad-Kolonne nicht abreißen zu lassen, die restliche BAB-Strecke bis Ingolstadt zurück. Es war mir zwar nicht egal, dass ich als letzter die Unterkunft erreicht hatte, doch war das in meiner Verfassung nicht wichtig.
Ich hatte -auf einer Stecke von 1 km- dem Tod in die Augen geschaut!

Die blaue
750er BMW
Beim
Olympia-
Einsatz

Versetzungsgesuche

Ich hatte während dieser Abordnungszeit immer wieder Gesuche ans Grenzpolizei-Präsidium gerichtet, damit mir die einjährige Abordnung verkürzt wird. Ansprechpartner war auch ein Unterfranke, der freundliche PHK F. Als Grund nannte ich zum einen mein Schlafproblem: Diagonal schlafen in einem kleinem Bett. Und zum anderen auch die Situation, dass inzwischen meine Tochter Sandra geboren war.

Nach einigen Monaten erhielt ich die schriftliche Zusage des Grenzpolizeipräsidiums, dass ich -bereits nach neun Monaten Abordnungszeit-, also drei Monate verkürzt, nach Hause versetzt werde. Heimatnah zu meiner gewünschten Dienststelle, der GPS Fladungen.

Ich war überglücklich und wir hatten wieder einen Grund zum Feiern…

Zurück in die Rhön: Zunächst GPS Mellrichstadt

Diese Monate im fernen München-Riem sind eigentlich recht schnell vergangen und ich konnte zurück in die Rhön und dort nahe bei meiner Frau Christel und meiner kleinen Tochter Sandra Dienst verrichten.

Leider kam ich nicht gleich zur GPS Fladungen, sondern musste nochmals ein 3 Monate Unterstützungsdienst bei der nahe gelegenen GPS Mellrichstadt leisten.

Es war ein total anderes Arbeitsgebiet. Viele Passkontrolldienste gab es hier nicht und am Grenzübergang Eußenhausen waren andere Kollegen eingeteilt. Es galt in der Regel allgemeinpolizeiliche Aufgaben zu erfüllen, wie Verkehrsunfälle aufnehmen, Diebstähle bearbeiten, Verkehrskontrollen durchführen, Körperverletzungen protokollieren…..

Mein erstes Delikt das ich dort alleine bearbeiten musste war ein Fischdiebstahl, eine Fischwilderei am Angelteich in Oberstreu. Der ältere Anzeigeerstatter des damaligen Autohauses machte es mir seinerzeit nicht gerade leicht das Protokoll, also seine Zeugenvernehmung zu erstellen. Er war in seiner Mittagspause gekommen und hatte entsprechend wenig Zeit.

Ich hatte nun meine erste „Unbekannten-Anzeige“ am Hals, versuchte elanvoll nicht nur in Oberstreu zu ermitteln, leider blieb es bei einer Anzeige gegen „Unbekannt“.

Zusammen mit dem damaligen Inspektionsleiter „JoKu“, musste ich nach wenigen Tagen alleine eine Nachtschicht machen. Es waren einige Kollegen erkrankt und so blieben nur wir beide übrig.

„Wenn was los ist“, sagte er, „müssen wir die Dienststelle absperren und rausfahren“. Es war dann irgendeine Sache auf der Dienststelle zu erledigen, von der weder er, noch ich Jungspund, viel Ahnung hatte.

Aufnehmen und Ausbaden musste jedoch ich den mir nicht mehr genau bekannten Vorgang.

Dieser Inspektionsleiter kontrollierte zu Tag- und Nachtzeiten die Streifentätigkeiten. Es musste nämlich damals schon im Dienstplan der bei der

Dienststelle auflag, vermerkt sein, wo/wann/welche Streife unterwegs ist. Deshalb kam er immer zuerst zur Dienststelle, studierte den Außendienstplan, setzte sich wieder in das Polizei-Auto und besuchte kontrollierend die Streife.
Um die Streifen-Kollegen vorzuwarnen, machten wir -am besten dann, wenn er zu Fuß auf dem Weg von der Dienststelle zur Garage war- den getarnten Funkruf: „JoKuko“ (= JoKu kommt!) „JoKu“ war die Abkürzung seines Namens und „ko“ stand für „Kommen“! Handys gab es ja damals noch nicht.
Unsere Streife wusste dann, dass sie sich schleunigst zu dem Grenzpunkt hinzubegeben hatte, an dem sie um diese Uhrzeit laut Plan sein sollte.
Für eine fünfstündige Streife waren im Dienstplan zwei Punktzeiten festgelegt. Wenn eingeteilt war 312/21:00 h, mussten wir 10 Minuten vor und 10 Minuten nach 21:00 h an diesem Grenz(-Kontrolle-!)Punkt 312 sein.

Irgendwann mal, als wir zum Tanken in Mellrichstadt waren, fragte uns der dortige Stationsleiter Hans, was wir manchmal über Funk durchsagen würden?
Es höre sich so japanisch an, das „JoKuko“?

Diesem Inspektionsleiter missfiel mein Vollbart und er betonte immer öfter, dass ich diesen abrasieren soll. Aber hat man ja bekanntlich zwei Ohren: Eins zum Rein hören/Rein lassen und eins zum Durchhören/Raus lassen.
Bei einer Mittagskontrolle am Ortseingang von Oberfilke (Streifenpartner war PM Heinz G.) betitelte mich der Inspektionsleiter -wegen des Vollbartes- als „Zigeunertyp“ und „Kinderschreck“!
Dies ärgerte mich zwar sehr, doch war es ja der Inspektionsleiter!
Ein anderer hätte eventuell das Echo nicht vertragen.

Trotzdem tat sich während der drei Monate Dienst in Mellrichstadt zunächst nichts in Sachen „Bart ab“. Was mir beim Inspektionsleiter gewiss keine Sympathie eingebracht hat.
Grundgesetz: „Freie Entfaltung der Persönlichkeit!“

Das zweite Paradies!

Dann endlich kam ich 1973, ich war Anfang 20, zur **paradiesischen** Grenzpolizei (GPS) Fladungen.
Es waren dort meist ältere Kollegen von 40 Jahren aufwärts. Kollegen, die allesamt recht freundlich, hilfsbereit und nett waren; teils väterliche Freunde. Sie nahmen uns „Jungfüchse“ überaus fürsorglich auf.
Die Dienststelle war zu dieser Zeit gegenüber dem Bahnhof von Fladungen und gegenüber dem Gasthof „Eisenbahn“, in einem Privathaus untergebracht. Die Personalstärke (es gab eine Soll- und eine Iststärke) betrug ungefähr 25 Mann.

Die neuen, älteren Kollegen:
Mein väterlicher Freund „Der Luck“

Neben dem Chef gab es auch den älteren Kollegen als stellvertretender Dienststellenleiter: „Der Luck!“ „Der Luck“ war ein besonderer Mensch. Freund & Helfer in Person, ein väterlicher Freund. Er machte den Dienstplan und den Anzeigenauslauf. Fast täglich gegen 11:00 Uhr hockte er sich an den alten, hölzernen Fernschreiber und zog beim Lochstreifenband ein kleines Abstellbrettchen heraus, stellte einen Aschenbecher darauf und gönnte sich eine Zigaretten-Pause. Manchmal holte er sich ein Getränk aus dem Kühlschrank, legte das rechte Bein über das linke und rauchte genussvoll seine Marlboro.
Gerne sah es „Der Luck“, wenn wir anderen anwesenden Kollegen ihn umringten und mit ihm Dienstliches und auch Privates während dieser oft verlängerten Frühstückspause diskutierten und debattierten.

„Luck“ hatte feste Sprüche drauf, die er monatlich mehrmals -teilweise in seinem südbayerischen Dialekt, auswendig und meist auch mit leiser Betonung, aber auch mit Mimik- vortrug. Er stammte aus dem Raum Ingolstadt und hatte bis ans Lebensende den entsprechenden, liebenswerten Akzent dieser Region in seiner Aussprache beibehalten.

Hier einige der Gedichten und Weisheiten aus den 70er/80er Jahren:
(Luck war zu dieser Zeit schon Mitte/Ende 50; ich etwa halb so alt.)

Die beiden ersten Zitate von „Luck“ dürften von Joseph Goebbels stammen (Berlins Gauleiter der NSDAP und Reichsminister für Volksaufklärung & Propaganda); und sie wurden in dessen Piepstimme -mit grinsendem Mienenspiel- vorgetragen:

„Hundert Fahnen, hundertfünfzig Fahnen,
ein Meer von Fahnen, ein Fahnenmeer,
und das deutsche Volk hängt wie Trauben an den Laternenpfählen,
um Ihnen mein Führer zuzujubeln!“

Man sagt mir nach ich habe einen Klumpfuß.
Jawohl, ich habe einen Klumpfuß!
Und warum habe ich einen Klumpfuß?
Weil man mir alles in die Schuhe schiebt!“

- Das Lieblingsgedicht:

„ Der Herr Professor von der Stadt,
der jetzt gerade Ferien hat
und der als Blumenfreund bekannt,
begab sich `mal hinaus aufs Land.
Kaum war er auf dem richt`gen Pfad,
da fängt er`s Blumen pflücken an.
Bei jedem Schritt, bei jedem Tritt
nimmt er ein and`res Blümlein mit.
Und bald hat der gelehrte Mann
soviel als er nur tragen kann.
Da war ein Zaun am Wegesrand,
davor ein Hirtenbüblein stand.
Da denkt es sich: No! Mir war`s genug!
Der sucht wohl Futter für sei` Kuh.
Da sagt der Fremde: „Kleiner, lauf`,
mach` mir doch schnell das Türchen auf.
Da schaut der Bub ihm ins Gesicht
und schelmisch er dann zu ihm spricht:
„Wenn Du doch alles konnst und woaßt
und Dich an Herrn Professor hoast,
dann konnst Du aach, does wär` zum lacha,
dei` Türl selber aufi macha!“

Der Reim vom Wenzel Tschicktscheitscheck aus Österreich-Ungarn:

„Der Wasserlack, der Zwickidack,
der Beschiss`ne und der Haferlack.
Der Iritscheck, der Gwenieck
und auch der Wenzel Tschicktscheitscheck.
Der Meskratil, der Zabrial, die kamen jedes Mal,
wenn an Pfingsten in Wien der Umgang war!“

Noch ein paar Reime aus nicht gerade rühmlichen, alten Zeiten:

„Genossinnen und Genossen, Volksgenossen:
Früher ging der Weg einer deutschen Filmschauspielerin
durch das Bett „bestimmter südländischer“ Bankiers.
(„südländisch“ habe ich geschwächt!)
Heute! Heute, sind wir da!“

„Und wenn einer das Recht hat in Urlaub zu fahren,
so ist es der deutsche Frontsoldat;
denn was diese Braven geleistet haben
ist einmalig in der Weltgeschichte.“

Ob der nächste Reim speziell dem älteren Kollegen, Schilehrer Ernst, gewidmet war und ganz bedächtig, mit tiefer Stimme vorgetragen wurde, entzieht sich meiner Kenntnis:

„Ernst bin ich, Ernst heiß` ich,
ernst will ich bleiben bis ins Grab,
weil ich das Lachen verloren hab`."

Auch erotische Reime waren dabei:

„**Der Vorhang belebt sich,**
die Bühne hebt sich,
zwei nackte Ärsche springen von Baum zu Baum.
Da tritt der Benedikt in den Raum.
Sein Töchterchen ist auch dabei
und grault ihm gleich das rechte……..

(Ab hier ist der Vers so „unsauber", dass ich ihn nicht zu Ende schreibe!)

Ebenso zweideutig eindeutig der folgende Vers:

Also sprach der Pastor Rau,
um Mitternacht zu seiner Frau:
„Nun, mein liebes, treues Weib,
besteige ich jetzt deinen Leib.
Gott gebe mir zu diesem Zwecke,
des Bullen Kraft, des Löwen Stärke
und des Karnickels Emsigkeit,
von nun an bis in Ewigkeit.
Dann empfange meinen............"
In Ewigkeit Amen!
Frau Pastor liegt da, auffordernd sie spricht:
„Los Heinrich, ...
und quassel nicht!

Lied:

In Russland gibt es Mädchen, so viel wie Sand am Meer.
Und stirbt mal eins aus Liebe, so nimmt man das nicht schwer.
Was Du mir erzählt hast von Liebe & Treu`:
Alles Lüge, alles Bluff!
Was Du mir erzählt hast von Liebe & Treu`:
Alles Lüge! Nitschiwo!

Moagst an Tee? - Naa!

Moagst an Kaffee? - Naa!

Moagst an Salat? - Naa!

No, was willst denn dann? - Brei!

Was für`n Brei? - L e h m b r e i…!

Der zweideutige Uhrmacher:

Als Uhrmacher ging ich von Haus zu Haus
und putzte den Mädchen die Uhren aus.
So manche Uhr hatte ich in der Hand,
ob groß, ob klein, ich brachte sie alle instand.

Ich hatte sie genau mir angeseh`n,
die großen, die kleinen, ob lieblich, ob schön.
Oft fehlte nur Öl! Ich goss es hinein.
Und fehlte ein Stift, ich setzte ihn ein.

Mein Handwerkszeug hab ich stets mit mir geführt
und hab es eingesetzt wie sich`s gehört.
Hört ihr Mädchen, so lieblich und fein,
zeigt her eure Türchen, ich öl` sie euch ein.

Doch einmal da musst` es mir passieren,
da konnt` ich die Uhr nicht reparieren.
Ein altes Mütterlein brachte sie mir,
ich sollte sie machen, sie bat mich so sehr.

Ich griff ins Gehäuse, es war eiskalt
ausgeleiert das Getriebe, verrost` und sehr alt.
Ich dachte mir und das war bestimmt wahr:
Die Uhr stand bestimmt schon etliche Jahr`.

Da hat sie gemeint und hat mir erzählt,
ihr seliger Mann hätte sie öfters geölt.
Doch seit er gegangen bleibt sie steh`n.
Ein einziges Mal sollt` sie sich noch dreh`n.

Dann kam ich ins Kloster zur Nonnenschar.
Da standen die Uhren schon etliche Jahr`.
Ich ging zur Äbtissin und besah ihre Uhr
und merkte ein Tröpfchen Öl fehlte nur.

Dann hab ich noch lange im Kloster verbracht,
drei Uhren bei Tag, drei Uhren bei Nacht.
Und als ich mich wandte um wieder zu geh´n,
da sagte sie leise: Auf Wiedersehn!

Weitere Reime:

Wenn nach der Nacht der Morgen dämmert,
der Specht auf seine Spechtin hämmert.

Das Stinktier schläft nachts immer tief
und fühlt sich wohl in seinem Mief.

Die Kuh vom Ochsen angelockt, will, dass sie jetzt der Ochse bockt.
Doch weil der Ochs nicht bocken kann, lacht sie sich einen Geißbock an

Das Stachelschwein ist nicht begehrt,
weil das Schwein sich mit den Stacheln wehrt.

Der Auerhahn ist sehr verschossen, wenn er die Nacht durch balzt
Die Auerhähnin denkt verdrossen, da hab` ich mir was aufgehalst.

Am Berg der blaue Enzian verachtet stets den Löwenzahn.
Doch einmal in der Dunkelheit da macht auch er die Blätter breit.

Der Steinbeißer lebt nur von Steinen,
drum hat er auch nur einen Kleinen.

Der Wildsau-Eber blickt vergnügt,
wenn die Schweinin auf ihm liegt.

Die Maus sie war verendet, von einem Fuchs geschändet.
Doch ihr letzter Schluchzer, war schon mehr ein Juchzer!

Des Grenzgängers Klage:

Als ich noch jung an Jahren,
da ging ich in den Wald.
Die Grenzgängerin zu jagen,
wie hab` ich sie geknallt.

Ich stieß ihr gern und kräftig
den Latsch-Stock in den Lauf.
Wie stand der Hund so prächtig,
wenn`s auf die Sau ging drauf.

Die Jagd ist nun geschlossen,
verrostet das Gewehr.
Das Pulver ist verschossen.
Der Hund, er steht nicht mehr!

Erstes Grenzpolizeiwappen
Border-Police

Der „Luck“ war auch ein guter Schriftsteller und verfasste über die schweren Anfangsjahre nach dem Kriege das dreiseitige Schriftstück: „Ein Grenzerleben“.

Es betrifft die harte Zeit, als er bei der am 1.7.1945 gegründeten Grenzpolizei, die sich zunächst “Border-Police“ nannte, eingestellt wurde und im Rhöndörfchen Leubach (Dialekt: „Löbbich“) seinen Grenz-Dienst verrichten musste. Er beschreibt die kärgliche Situation in der Rhön. Aber auch die herzlich, raue Rhöner Art, die ihn „überleben“ ließ. Die Löbbicher Bauersfamilien waren großzügige Kostgeber, auch wenn ihnen nicht viel zur Verfügung stand. Vielleicht nicht ohne den Hintergedanken für ihre Töchter eine gute Partie herauszuholen. Die jungen Grenz-Beamten -die Betonung liegt auf Beamte!- waren teilweise -und besonders bei den künftigen Schwiegermüttern- begehrter als mancher gut aussehende Dorfbursche.

Der komplette Bericht „Lucks-Grenzerleben“ ist beim Artikel „Grenzpolizei-Rückblick“, den der ehemalige Dienststellenleiter der GPS Fladungen und späterer Inspektionsleiter von Mellrichstadt, Bertold, 1990 verfasst hatte, mit abgedruckt.
Dieser Rückblick erscheint in der Buchmitte. Er zeigt die manchmal auch harte und gefährliche Grenzsituation auf.

Kollege Karl & Kollege Fonse

Neben dem „Luck“ war auch Karl ein guter Unterhalter. Karl war ungefähr gleich alt wie „Luck“. Er hatte eine sehr gute Stimme und sang meist solo, schwerere Opern- oder Operetten-Melodien wie z. B.:„Gern hab` ich die Frau`n geküsst, hab nicht gefragt ob es gestattet ist….“, oder: „Komm Zigan…“
Er war quasi unser „Minnesänger“.

„Fonse“ war auch etwas älter und ebenfalls ein begnadeter Sänger. Er hatte eine sehr hohe, sopranähnliche Stimme und sang eher die leichtere Muse, wie den Schlager vom „Schmittchen Schleicher mit den elastischen Beinen“:

„Oh Schmittchen Schleicher mit den elastischen Beinen,
wie der gefährlich mit den Knien federn kann.
Die Frauen fürchten sich und fangen an zu weinen,
doch Schleicher Schmittchen schleicht sich immer wieder an.
Da liegen sie in seinen Armen, den weichen
und flüstern: Schmittchen, wie ist das schön mit Dir zu schleichen.“

Oder er sang das Lied von der „Hure vom Rhein“:
„In Köln am Rhein
ham die Madel dicke Bein,
der Arsch ist kugelrund...
……………………..“

Zu dem historischen, ungarischen Gesangsvortrag von den **„Zwei traurigen Buam"**, den „Fonse" sehr gerne zusammen mit seinem Schwager Heini wunderbar zweistimmig singen konnte, habe ich die Beiden bei Feierlichkeiten immer wieder überredet, das Lied vorzutragen. Die Strophen wurden von ihnen teilweise umgedichtet, insbesondere der etwas makabere Schluss-Vers.

Die zwei traurigen Buam

Mia zwei ham en Zorn,
sein am Freitag gebor`n.
Schon als Kind in der Wieg`n,
gefälschte Muttermilch krieg`n.
Oh Mutter, ich bitt`,
Du hast Wasser `nei g`schütt.
Oh Mutter, ich bitt`,
Du hast Wasser `'nei g`schütt`.

Wir sind kommen in die Schul`,
da hat`s gegeben lauter Null.
Vom Preis keine Spur,
aber Pratzel genug.
Dem Lehrer sei Hand,
war stets mit uns verwandt.
Drum san unsre Ohr`n,
alle Tag länger wor`n.

Als wir Kinder noch klein,
auf der Straße allein.
Sind wir übern Zaun stieg`n
und dort hängen geblieben.
Da ham mir uns denkt,
ham das Lamperl ausigehängt.
Heut` gibt`s hinten `nauf en Sturm,
für uns zwoa traurige Buam.

Als wir kumme` sein in die Lehr`,
war fertig das Malheur.
Zu essen gab`s Kraut,
von der Leberwurst die Haut.
Von der Dampfnudel den Dampf,
von der Kartoffel den Dampf.
Hi und da a gelbe Ruabm,
für uns zwei traurige Buam.

Von der Lehr`fertig worrn,
fängt die Wanderschaft an.
Da hama`s Fechten probiert,
ham`s uns gleich arretiert.
Oh Bruder, oh weh,
in ei`m extra Coupé.
Mit zerrissene Schuh`
Geht`s der Vaterstadt zu.

Dann hama`s probiert,
ham a Madel poussiert.
Sechs Monate drauf,
ging`s die Vormundschaft `nauf.
Da hams uns erklärt,
dass die Welt sich vermehrt.
Da hama mia zwoa g`stutzt,
aber es hot nichts genutzt.

Mia zwoa ham kein guten Stern,
wir leben nimmer gern.
Wo wir hintreten bloß,
wächst sieben Joahr kei Gros.
Drum ham wir uns denkt,
mit `em Strick aufgehängt.
Ja da ham wir e Ruh`,
wir zwei traurige Bua.

Manchmal war auch ein Lied aus alten Zeiten mit reingerutscht.

Und so sang „Fonse“ sehr gerne das Liedchen vom „Neger Jim“.

Wobei es bis in den 70er Jahren egal war, ob man Neger oder Farbiger sagte, ob man sich mit Mohrenköpfen oder Negerküssen das Leben versüßte:

„Das ist das Lied vom Neger Jim,

er nimmt da Leben halb so schlimm.

Steigt er den Broadway hinauf, rufen alle Frauen:

Seht nur den schwarzen Mann - bum, bum!“

Heinrich

„Heini“, der in Mellrichstadt bei der Inspektion Dienst verrichtet hat und in unserem Fladunger Dienstbereich, im kleinen Rhöndörfchen Sands, ein Garten-Holzhaus mit einem kleinen Fischteich erworben hatte, war ebenfalls ein väterlicher Freund.

Heinrich sang am liebsten das Lied vom „Alten Schimmel“:

Hüjaho alter Schimmel, hüjaho,

unser Weg ist der gleiche so und so.

Hier und dort und überall

findet jeder seinen Stall.

Hüjaho, alter Schimmel, hüjaho.

Hüjaho, alter Schimmel, hüjaho
Geht's bergab sind wir alle beide froh,
aber geht es dann bergauf,
hört die gute Laune auf.
Hüjaho, alter Schimmel, hüjaho.

Die Geige weint…

Diesem, seinem gleichaltrigen Freund Heinrich, ließ der "Luck" von seinem schnitzenden Schwager, Herrn Michna, immer wieder eine kleine, ca. 30 cm hohe Lindenfigur anfertigen und schenkte sie ihm an seinen Geburtstagen. Neben dem Rhönbäuerle, dem Rhönfräle, dem Bücherwurm, dem Kellermeister, dem Jägersmann und einigen mehr, war auch eine Figur dabei, da hatte sich der „Luck" selbst schnitzen lassen: Der Luck mit Geige!. Er war mit seinen beiden gewellten Haarbüscheln, die er rechts und links am Schädel noch hatte, seiner hageren Figur und seiner unters Kinn gequetschten „Steiner"-Geige, gut zu erkennen.
Wegen der Geige, auf der er uns oft mit auswendig vorgetragenen Zigeunerweisen, wie „Komm Zigan", begeistert, manchmal belästigt hat, wurde er auch „Steiner-Luck" genannt. Allzu gerne hätte er eine Stradivari-Geige gespielt, doch war angeblich Steiner nach der Stradivari der zweitbeste und kostengünstigere Geigenbauer. Er konnte eine Steiner-Geige sein Eigen nennen.

Zu dieser Geige gibt es auch eine Story. Sie fiel im Jahre 1983 mal herunter Sie glitt ihm aus der Hand und musste repariert werden. Die einzige gute Werkstätte in der Nähe gab es, 70 km entfernt, in Schweinfurt. Als die Geige fertig war wurde Kollege „Walberi" mit seinem Ford-Fiesta gebeten (Luck sagte: vergattert), zusammen mit Luck die Geige in Schweinfurt abzuholen... Die nächste Runde war gesichert: Geigenreparaturfest!

Der Luck: Die Geige weint......

Schnitzfiguren

Diese Schnitzfigur „Der Luck“, vererbte mir mein Freund Heinrich, bei meinen halbjährlichen Pensionisten-Besuchen. Wir kamen wegen der in seinem Wohnzimmerschrank stehenden Schnitzfiguren ins Gespräch und Heinrich erkannte mein Interesse für „Den Luck“, zumal „Luck“ selbst inzwischen verstorben war. Er meinte, dass diese Figur bei mir besser aufgehoben sei, mehr Erinnerungen aufgefrischt werden, als bei seinen Söhnen und wollte sie mir im Jahr vor seinem Tod gleich mitgeben. Ich bat ihn dieses Vermächtnis erst in der

Familie zu klären und im Übrigen wolle ich diese Schnitzfigur erst nach seinem Ableben.

So wechselte nach Heinrichs Tod die originelle Holzfigur „Der Luck“, von einem seiner beiden Söhne, in mein Gartenhaus. Sie hat dort in Oberfladungen einen festen Ehrenplatz.... Oft flammen bei den Gartenhausbesuchen die alten Zeiten wieder auf.

Die im Gegenzug für diese Figur übergebene Flasche Zwetschgenschnaps an Heinrichs Sohn war obligatorisch und gewiss in Heinrichs Sinn!

Sockelbeschriftung: „Der Luck“. Geschnitzt: 4.9.1981 (Michna); bekommen: 6.12.2009

Der extravagante Kollege „K“, der Jäger

Ein anderer, auch älterer Kollege war der musikalisch nicht so begabte „K“. Er war als Jägersmann auch ein guter Hausmetzger und fertigte vorzügliche Bratwürste indem er dem Met/Brät einen Schoppen Frankenwein hinzu mengte. Beim Braten stieg der Weißweinduft aus der Pfanne und man konnte es kaum erwarten, die Wein-Bratwürste zu verzehren.
Der ein klein wenig eigenwillige, auch in der Ausdruckweise sich etwas gewählter ausdrückende „K“. („Ich habe es ihn in Bälde wissen lassen…“ oder: „Hier fehlen die magern Fleischteile…“) war jedoch sonst in geselliger Runde ein guter Mitstreiter, ein echter Kamerad!

Als ich mal mit „Walberi“, auf Nachtstreifenfahrt war, sahen wir das Auto von „K“, in unserem Dienstbereich, am Rastplatz „Frau Holle-Loch“, bei Filke stehen. Aus Diskretionsgründen traten wir nicht näher ans Fahrzeug heran…

Auch wurde „K“ nach einem Betriebsausflug von uns mal nach Hause gefahren und an seiner Haustüre verabschiedet. Scheinbar ging er nicht ins Haus sondern nochmal ins Dorf. Denn seine Frau berichtete am nächsten Tag, dass „K“ in der Nacht von einer Telefonzelle aus zu Hause angerufen habe um sich abholen zu lassen, wobei er allerdings nicht wusste, wo er war. Einer Eingebung zufolge fuhr seine Frau zur örtlichen Telefonzelle und konnte ihn nach Hause holen.

Als Jäger Udo einen Keiler im Hotel „Sir Henry“ ausgeliefert hatte, bekam er nach dem Abschwarten eine große Flasche Asbach ausgehändigt und als Zugabe einen wichtigen, polizeilichen Ausrüstungsgegenstand von „K“.
„K“ hatte diesen bei einem vorausgegangen Aufenthalt bei „Sir Henry“ liegen lassen…
Erzählt hat uns der in solchen Sachen verschlossene „K“ dieses Missgeschick natürlich nicht. Jedoch war seine Freude unübersehbar als nun seine wichtige „Ausrüstung“ wieder vollständig war.

Nach einem Besuch beim Beschaffungsamt in München war „K“ kurzzeitig verschollen. Er war zuvor im Bereich des „Hofbräu-Hauses“ noch mit im „Blauen Engel“, doch dann hatte er sich verlaufen und eine Münchner Polizeistreife half ihm schließlich weiter…
Gemeinschaftlich konnte man wieder zurück in die Rhön fahren.

Auf der Rückfahrt statten die München-Fahrer mir einen Besuch im Krankenhaus Bad Königshofen ab. Ich war wegen Arthroskopie am rechten Knie dort stationär untergebracht.

Geflügelte Worte für spezielle Begebenheiten

Für meine Kinder legte ich mir Stallhasen zu. Diese Hasen waren sehr zahm, weil täglich mit ihnen im Garten-Gatter gespielt wurde. Somit war für meine Familie an einen Verzehr nicht zu denken und ich spendierte die Hasenbraten für ein Schichtessen.
Wegen der Futterbeschaffung fuhren wir schon mal am Feld eines Kollegen vorbei und holten ein paar Maiskolben. Einmal hatte es beim Futterholen ein starkes Gewitter und so prägte „Walberi“ den Ausdruck:

„Wenn Petrus grollt – hol` Hasengold!“

Das Hasenessen fand schließlich in Filke, bei Wirtin Brunhilde, in der „Stacheldrahtbar“ statt.

Auch Vitamine nahmen wir zu uns. Wir fuhren in Oberfladungen zu meinem großen Birnbaum und wollten ein paar Früchte pflücken. Leider war der Baum zu hoch, wir kamen an das Obst nicht ran. Kurzerhand nahm ich den im PKW mitgeführten, rot-weißen Leitkegel und warf ihn mehrmals in den Baum. Es fiel keine Birne, aber der Kegel blieb im Baum hängen. Also mussten wir eine lange Stange besorgen…

„Luck“ meinte ab und an in Bezug auf meinen Mittelschulabschluss (heute Realschule), der „Mittleren Reife“: „Was soll der „Mittlere Bildungsstand?“ und blies einen deutlichen, kurzen, abwertenden Ton durch seine Lippen: „pft“!

Kollege Erwin war ein Tüftler, doch klappte meist die Reparatur nicht. Er baute einmal ein Tischfunkgerät der Marke „Lorenz“ auseinander und dieses Gerät, über das wöchentlichen „Warnamt-9-Durchsagen“ gekommen sind, ging danach nie mehr. Ab da war Erwins Spitzname: „Der Lorenz-Killer“.

Aus einem Italienurlaub brachte ich das Liedchen mit: „Eskambala Pipi“:

„Eskambala Pipi, eskambala Pipi, eskambale Pipi-Papa.
Eskambala Pipi, eskambala Pipi, eskambala Pipi-Papa.
Pipapa, Papa, Papa, Paperapa, Papa, Papa.
Pipapa, Papa, Papa, Paperapa, Papa, Papa.”

Das Lied wird sehr hoch gesungen und zum Schluss hin auch sehr schnell. Wenn ich gut gelaunt war, sang ich diese Liedchen auch im Streifenwagen. Hierbei drückte „Mander“ schon mal die Funksprechtaste und ein Teil des Liedes kam so in den ganzen Funkkreis. Entsprechende, auch maßregelnde Antworten anderer Kollegen ließen nicht auf sich warten.

Ein Vorfall bei einer Nacht-Postierung an der Wegesperre (WGS) Völkershausen/Stedtlingen, Grenzpunkt (GP) 312, wird heute noch immer wieder aufgefrischt.
Ich war Fahrer des VW Käfers und wir postierten an dieser Wegesperre, etwas seitlich versetzt in einem Waldweg. Es war um Mitternacht, als plötzlich ein lauter Knall zu hören war.

Ich drückte hastig meinen Türverriegelungsbolzen hinein, starte den VW und fuhr mit durchdrehenden Rädern davon. Erst am Ortseingang von Völkerhausen hielt ich nach 400 m wieder an und besprach mit „Mander" die Situation.

Danach fuhr ich wieder zur Wegesperre zurück.

Was war geschehen?

Waren es vielleicht: Schreie im Minenfeld?

Hatte ein Vopo oder gar ein DDR-Flüchtling aufs Autodach geschlagen?

Nein, nur ein fast armstarker, dürrer Ast war abgebrochen und aufs Autodach gefallen.

Nicht nur bei „Mander" ist heute noch mein damaliger „großer Mut" Gesprächsthema.

Paradies-Dienststelle/-Dienstbereich

Hier ein paar Informationen zur Grenzpolizeistation Fladungen in der Bahnhofstraße:

Es gab ein Vorzimmer, ein Zimmer für den Publikumsverkehr, ein Chefzimmer und ganz hinten ein Fernschreibzimmer, ein Nebenzimmer und Kellerräume, wovon einer als Getränkelager genutzt wurde. Draußen gab es eine direkt angebaute Garage mit zwei Holzflügeltoren und eine Wellblechgargage. Wir hatten drei Dienst-Fahrzeuge (VW-Käfer) zur Verfügung, später noch den „Munga".

Gegenüber waren der Bahnhof und die „Bahnhofs-Wirtschaft“, das „Gasthaus zur Eisenbahn“.
Hier verbrachte man so manche Feierabend-Stunde in geselliger, teilweise Unternehmer-Runde. Ganz früher, als die Bahnstation noch aktiv war, natürlich auch mit „Eiseboeböhner“ (Eisenbahnern/Schaffnern).

Der Dienstbereich reichte von der Hochrhön, Dreiländereck (zwischen Fladungen und Seiferts) bis nach Völkershausen. Wegen der Grenzaufgaben war der Dienstbereich entsprechend schmal und verlief an der DDR-Grenze entlang.
Zu betreuen waren in diesem Bereich die Ortschaften Rüdenschwinden, Leubach, Oberfladungen, Fladungen, Heufurt, Brüchs, Sands, Weimarschmieden, Ober- und Unterfilke, Willmars und Völkershausen. Dazu gehörten auch auf der Hochrhön der Rhönhof, bei Oberfladungen das Gut Huflar und der Hof Erlesmühle, bei Weimarschmieden der Reinhardshof.
In diesen kleinen Orten nahmen wir neben den Grenzaufgaben auch die landespolizeilichen Aufgaben wahr. Es war laut Fachsprache der sogenannte „Übertragungsbereich“. Wir waren also in dem kleinen Dienstbereich -neben den Grenzaufgaben- auch für alles andere zuständig. Grenzobservationen, Unfallaufnahme, Eigentumsdelikte und dergleichen mehr.

„Gehackter" Grenzdienst mit Grenzbegehungen

Es gab in Fladungen die ersten Jahre keinen Schichtdienst wie in Mellrichstadt oder Bad Neustadt/Saale, sondern den „gehackten" Grenzdienst. Das heißt, es wurden (sollten/mussten!) vom Vertreter des Dienststellenleiters, „Der Luck", (un-)mögliche Dienstzeiten eingeteilt, wie z. B.: 06 - 12 h; 9 -14 h, 14 – 20 h, 20 – 01 h, 21 – 02 h, 00 – 05 h, 01 – 06 h, 02 - 07 h. Dazu kamen tagsüber noch Grenzbegehungen. Der Dienstbereich hatte VII Grenzbegehungsabschnitte. Von der Hochrhön (Dreiländereck bis Wegesperre Frankenheim/Leubach, von da bis Streuquelle Huflar, ab da bis Wegesperre Melpers/Erlesmühle, dann bis Weimarschmieden/Wolmuthausen, die nächste bis Filke/Schafhausen, weiter ging`s bis Willmars/Stedtlingen und dann bis Völkerhausen/Hermannsfeld.

Diese im Durchschnitt 5 - 7 km langen Routen mussten direkt an der Grenze auf einem Grenzpfad, in 4 – 5 Stunden, abgelaufen/kontrolliert/beobachtet werden. Unser Pfad lief direkt an der Demarkationslinie, von uns mit zunächst gelb-weißen Holzpfosten, später mit weiß-blauen Plastikpfosten, markiert. Dahinter war kein Niemandsland, wie man oft landläufig meinte, sondern es war bereits das Gebiet der DDR. Aus Sicherheitsgründen wurden der Grenzzaun und die Sicherungsanlagen weiter zurück auf DDR-Gebiet gezogen bzw. installiert; denn eine Minendetonation hatte eine entsprechende Streuung.

Zu unserer zusätzlichen Ausrüstung gehörten immer eine Maschinenpistole (MP) und ein großes Fernglas.

Bei einer solchen Grenzbegehung ging es nicht um Schnelligkeit, sondern um Postieren und Beobachten des DDR-Gebietes. Denn anschließend wurden die neuen Erkenntnisse in einer Grenzlagemeldung (GLM), von uns auch „Große Lügen-Meldung“ genannt, zusammengeschrieben und per Fernschreiber mittels Lochstreifen nach München berichtet.

Bei schlechter Witterung und wenn eine Unterstellhütte in der Nähe war, liefen wir natürlich entsprechend schnell um dann von der Kontrollhütte aus, die wir uns mit dem Zollgrenzdienst teilten, das Ost-Gebiet zu beobachten. Wenn wir ganz durchnässt waren, gingen wir auch schon mal ein paar Minuten zum Stäblein nach Leubach oder zum „For-you“ in die Erlesmühle, zum Karl Allgeier nach Brüchs oder zur Brunhilde nach Filke. Denn gerade hier waren nicht nur Grenzinformationen zu bekommen, auch manche Infos zu Streichen der Dorfjugend konnten in Erfahrung gebracht werden. Und die Brotzeiten, auch Rühreier mit Speck, waren manchmal so ergiebig, dass kein Mittagessen mehr reinpasste.

Das Laufen in freier Natur war nicht nur erkenntnisreich, sondern auch gesundheitsfördernd; wir waren in Bewegung.

Wette

In entsprechender Laune wetteten wir einmal mit älteren Kollegen um eine Brotzeit und geschriebener Dienstzeit, dass Koll. „Gossi“ und ich die gesamten 40 Grenzkilometer in 5 Stunden ablaufen, besser gesagt abrennen werden.

Gesagt getan, in der nächsten Woche war dies so im Dienstplan eingeteilt. Wir

wurden genau zum Dreiländereck (Hessen/Bayern/Thüringen) angefahren. Unterwegs kontrollierten uns Kollegen, an markanten Stellen, wo evtl. eine Abkürzung möglich gewesen wäre.
Wir schafften tatsächlich das teilweise unwegsame Gelände der Hochrhön/des Heimatblicks/der Streuquelle und einige andere Stellen mehr, unter fünf Stunden!
Die nächste Brotzeit war gesichert.
Zu einer Brotzeit gehören bekanntlich auch mindestens eine Getränkeflasche und ein Obstler.
Nicht so sehr wichtig waren die fünf geschriebenen Dienst-Sport-Stunden; aber eine schöne Chef-Geste.

In den Wintermonaten/'Schneemonaten" wurden diese Grenzbegehungen natürlich mit Schiern gelaufen. Anfangs hatten wir nur normale Schier mit Tourenbindung und wir liefen teilweise auch mit Fellen. Später bekamen wir die etwas schmäleren Tourenschi und zum Schluss die schmalen Langlauf-Schi.
Da die GPS Fladungen als Bergstation eingestuft war, musste jeder Kollege einen Schilehrgang absolvieren. Dieser Lehrgang fand bei Bayrischzell im Grepo-Haus, im Schigebiet Sudelfeld, statt.
Lange habe ich mich gesträubt zu diesem Lehrgang zu gehen. Doch letztendlich hat mich Koll. „Gossi", der inzwischen seinen Schilehrerschein gemacht hatte, überredet diesen interessanten, geselligen Lehrgang mitzumachen.

Erster Polizei-Schilehrgang

Ich bekam also für Januar 1978 die dienstliche Zusage für den Schilehrgang I (Anfänger). Zusammen mit einem Kollegen der Nachbardienststelle war ich gemeldet.

Nun begann das erste Problem, die Schiausrüstung. Denn es hatte sich herumgesprochen, dass es besser ist in Zivilklamotten „anzureisen".

Wir hatten ja nur die dienstlich gelieferte, grüngraue Keilhose, einen Dienstanorak, rote oder olivgrüne Kunststoff-Gamaschen und eine Pelzmütze. Aber keine Schi-Abfahrtsschuhe, da wir ja nur in Bergschuhen oder selbstgekauften Langlaufschuhen auf Grenzbegehung gingen.

Also wurden erst mal ein paar billige No-Name-Schnallenskistiefel gesucht. Die einzigen die passten, also in Größe 47, waren allerdings knallrot und kosteten 99,-DM!

Für Schnallenskistiefel gab es bei Rechnungsvorlage vom Beschaffungsamt einen Zuschuss von bis zu 100,- DM, die allerdings vom Bekleidungskonto abgezogen wurden.

Die Kosten deckten sich quasi.

Meine Frau bestand darauf, dass ich zumindest einen neuen Anorak mitnehmen sollte. Wir fuhren -da ich in Bad Neustadt/Saale nichts in meiner 114er-Größe finden konnte- zu einem Sportgeschäft nach Schweinfurt. Ich hatte Glück. Einem ebenfalls großen Mann passte der für ihn extra bestellte Anorak nicht. Zwar mit drei Zentimeter zu kurzen Ärmeln, erwarb ich diesen dunkelblauen Anorak mit roten Biesen.

Schließlich suchte ich mir noch eine dreifarbige Schimütze aus, rot/grün/weiß-geringelt, mit Bommel. Für Schihandschuhe reichte das Geld nicht mehr.
Von meinem Vater bekam ich ein Paar olivfarbene Bundeswehr-Krad-Handschuhe und von Oma Hedwig selbstgestrickte Schafwollhandschuhe und auch Schafwollstrümpfe.
Schier wurden von der Grenzpolizei gestellt, sie standen im Grepo-Haus am Sudelfeld vor Ort zur Verfügung.
Meine Frau bemerkte bei der Abfahrt noch, dass s i e so nicht losgehen würde; ja sie würde sich angesichts meiner Kleidung sogar etwas schämen.
Das war mir alles egal, da es ja ein dienstlicher Lehrgang war und ich eigentlich gar nicht dorthin wollte.

Zu Lehrgangsbeginn war es noch in der Schwebe, ob wir - wenn wir mit dem Privat-Pkw anfahren- Fahrtgeld erhalten; denn normalerweise sollte der Dienst-Pkw eingesetzt werden. Wir beide einigten uns jedoch dahingehend, dass wir mit dem Pkw des Kollegen privat fahren und uns die Kosten teilen wollten. Sollte dann doch noch eine Präsidiumsgenehmigung wegen Fahrtkosten eingehen, so wollte mir der Kollege meinen an ihn entrichteten 50,-DM-Betrag wieder zurückerstatten.

Von Bayrischzell aus ging es dann in Serpentinen hoch zum Grepo-Haus. Bei dieser Anfahrt, linksseitig der Wendelstein, rechtsseitig das Sudelfeld, wurde mir bang und bänger und ich sagte sehr betont, dass ich so einen hohen Berg auf keinen Fall herunterfahren werde.

Denn ich war als Kind und Jugendlicher nur ein paarmal Schi gefahren. Ich bekam damals nur die alten, Holz-Schier meiner Mutter, von ihrem Vater, Wagnermeister Opa Florian Fuchs, selbst gemacht, mit Rundfeder-Zugbindung.

In Oberfladungen Richtung Leubach gab es nur einen kleinen, auslaufenden (Idioten-)Hügel. Im seichten Auslauf versuchten wir dann immer mit einem „Stemmbogen“ (beide Skier plötzlich nach einer Seite hin querstellen) zu bremsen, was selten gelang. Oftmals stürzten wir, meist tal- aber auch bergwärts, in den Schnee.

Wir hatten keinen Lift, weshalb wir nach zehnmal Bergrauftreten müde waren und lieber eine Schneeballschlacht veranstalteten oder mit dem Schlitten fuhren.

Ich besaß einen braungestrichenen Hörnerbockschlitten mit kleiner Kuhglocke, auf ihn war ich sehr stolz.. Schlitten fuhren wir in Oberfladungen auch am Kreher-Haus, Richtung Brüchs, oder noch weiter den Wald hoch Richtung Brüchs, dem sog. Brüchser-Pfeedle (Brüchser-Pfad) und abends noch am Kirchberg, vor meinem Elternhaus.

Überprüfen des Schikönnens

Am Sudelfeld waren ca. 30 Mann angekommen (alle unserer Couleur) und wir mussten am nächsten Tag, ca. 300 m vom Polizeihaus entfernt, beim Kollak-Lift, vorfahren und wurden dann in vier Zehner-Gruppen eingeteilt. Sehr gute, gute, mittelmäßige und schlechte Schifahrer.

Fast alle hatten Privatkleidung oder sogar ihre eigenen Schier dabei.
Nur ein anderer Kollege hatte überhaupt nichts Privates dabei; der fuhr nur in Uniform!

Die ersten freiwilligen Vorfahrer wedelten die ca. 300 m lange Strecke nur so hinunter. Bei den Schlechteren gab es schon leichte Stürze.

Dann war ich an der Reihe. Ich, der mit roten Schnallenschistiefeln! Ich schob ganz leicht an, bekam so viel Fahrt, dass mir das Herz fast in die Hosentasche rutschte oder ich die Hosen gestrichen voll hatte. Einen „Stemmbogen" getraute ich nicht zu machen, da ich mich wegen eines möglichen Sturzes nicht blamieren wollte.
Ich hatte leichten Rechtsdrall und sah in etwa 100 m einen Baum. Ich dachte noch, den darfst Du nicht erwischen. Dieser Baum zog mich förmlich an. Die Schilehrer schrien noch: "Hinfallen lassen!" Dann ging alles so schnell.
Nur gut, dass der Streckenauslauf nicht mehr so steil war und die Geschwindigkeit sich reduzierte. Jedenfalls erwischte ich den Baum, umklammerte ihn mit dem rechten Arm und schleuderte mit dem Körper nach rechts um den Apfel-Baum herum und sackte zu Boden. Fast alle kamen sehr erschrocken auf mich zu. Doch nein, ich hatte keinerlei Verletzungen.

Schi-Gruppe 4

Nun stand also fest, am nächsten Tag beginnt das Training in der Schi-Gruppe 4 (letzte Gruppe: Anfänger).

Der uniformierte Kollege (aus einem anderen Frankenland) fuhr mindestens genauso schlecht wie ich. Auch er stürzte beim Vorfahren und landete in der letzten, in meiner Gruppe.

Am Abend in der Kantine wurde noch recht viel über uns Anfänger gelacht und gefrotzelt.

Nach dem Frühstück gingen die ersten drei Gruppen mit ihren Schiern los. Es waren ca. 300 m bis zum ersten Lift zu laufen.

Die Gruppe 4 durfte jedoch noch nicht auf den Berg. Wir mussten gleich neben dem Haus am kleinen Hang eine etwa 80 Meter lange Piste mit den Schiern selbst treten. Zuerst übten wir Schneepflugfahren und Rechts-/Links-Belastung. Durch das stetige Hochtreten waren wir nach einiger Zeit ganz schön platt.

Nach dem Mittagessen das gleich Spiel am „Haushang“: Hochtreten/ Schneepflug/Links-/Rechtsbelastung.

Das Bewegen auf den Schiern wurde immer besser; ich fühlte mich immer sicherer.

Hüttenbuch-Eintrag im Berghaus am Sudelfeld.

G. Bach, Gruppe 4

Disco „Heuboden“

Obwohl wir nach dem Schitag abends fix und fertig waren, wollten einige Kollegen noch ins Dorf runter fahren, ins Tal, zwecks Disko usw. Selbstverständlich war ich und auch Kollege Werner aus Augsburg, einer aus der besseren Schigruppe, mit von der Partie.
Übrigens nannten wir Werner wegen seines komplizierten Nachnamens nur „Stiergnack“.

Gleich unten in Bayrischzell gab es das Tanzlokal „Heuboden“. Hier verbrachten wir abends ein paar gesellige Stunden. Um 24:00 Uhr mussten wir zurück in die Unterkunft und es war Bettruhe angesagt.
Die Kantine im Polizei-Berghaus musste sogar schon um 23:00 Uhr geschlossen sein. Man konnte aber noch deponieren und bis 24:00 h im urigen Kantinenlokal sitzen, das gleichzeitig -und das heute noch- der Speiseraum ist.
Der „Heuboden“ wurde geschlossen, da der Wirt bei einem Waldunfall, ein paar Jahre später, tödlich verunglückt ist. Wie man hörte war er bei einem seiner Hobbies, dem Brennholzabfahren, mit einem großen Holz-Schlitten gegen einen Baum gefahren und wurde von dem aufgeladenen Ster Holz tödlich verletzt.

So blieben uns bei weiteren Lehrgängen noch die ähnlichen Lokale wie das „Spinnradel“ in Spitzingsee (auch „Polizeiradel“ genannt) oder das „Cafe Reiter“ in Chiemsee. Aber auch der „Bauerngirgl“ in Neuhaus oder Hausham wurde besucht. Es gab damals schon, also in den 70er Jahren, eine „Oben-ohne“-

Bedienung in einer eigentlich normalen Kneipe. Es war keine Filmbar, doch die Getränke waren entsprechend teuer. Als ein Kollege mal den blanken Busen „überprüfen“ wollte, bekam er, wie`s auf bayrisch heißt, eine saftige „Watschen“. Beim ersten Tast-Versuch war die etwas dralle Dame zwar noch ausgewichen, doch beim zweiten Mal hat`s geknallt! Das Gelächter unter uns war selbstverständlich riesengroß.

Man soll halt nicht nur seine Zunge im Zaum halten, in diesem Fall auch seine Hände!

Sparsamer Kollege

Zurück zum Schilehrgang:

Am zweiten Tag sollte es dann zum Lift gehen. Der Kollege, der komplett uniformiert erschienen war, weigerte sich die Liftkosten für einen Punkteblock zu bezahlen. Er sagte, er habe nicht hierher gewollt, somit soll der Dienstherr auch die Liftkosten übernehmen.

Unser Schilehrer meinte darauf: „Okay, dann geht die ganze Gruppe wieder zum „Haushang“, tritt sich den Hügel selbst und fährt dort ohne Lift den ganzen Tag.“

Wir waren abends fix und fertig! Und vor allem verärgert und stocksauer auf diesen sparsamen Kollegen, dem „Sparbrenner“.

Da nahm ich ihn mir abends in der Kantine vor. Ich sagte ihm, dass heute Nacht der „Hl. Geist“ kommen werde, wenn er morgen nicht bereit wäre eine Liftkarte

zu kaufen. Er weigerte und weigerte sich. Als wir dann bei Kantinenschluss nach oben gingen, packte ich ihn mir, drohte ihm so lange (und auch ein bisschen mehr) bis er mir die Zusage gab die Liftkarte zu holen.
Tatsächlich kaufte er am nächsten Tag eine Schikarte, aber nur für den einen Lift, eine 3-Punkte-Karte (= 1 Fahrt). Wir anderen hatten den Oberlandblock, mit 120 Punkten.

Erste Liftfahrt

Nun stand die erste Liftfahrt an. Es ging rechts vom Kollak-Lift den Rankenlift hoch. Es war ein Bügellift mit langem Bügelhalter und man hätte sich den Bügel eigentlich selbst holen müssen. Vorsichtshalber unterrichtete unser Schilehrer das Liftpersonal und so setzte uns der freundliche Liftboy den Bügel ans Gesäß.
Mein Liftmitfahr-Kollege und ich fuhren zunächst sehr unruhig an und schließlich in Schlangenlinien weiter. Jetzt kam der eigentliche, steile Anstieg. Wir hielten uns noch ein paar Meter, dann war es vorbei und wir fielen an der steilsten Stelle in den Tiefschnee. Der Bügel rollte sich ein und der Lift wurde gestoppt. Als auch mein Kollege aus der Liftspur heraus war, startete der Lift wieder. Wir zwei standen nun ca. 500 m von der Talstation entfernt hilflos am Hang. Ich sagte, dass wir besser abschnallen und zu Fuß zurückgehen. Gesagt getan stapften wir, die Schier auf dem Rücken, den Berg hinunter.

Die letzten paar Meter, beim leichten Gefälle, trauten wir uns die Schier anzuschnallen. Der Schilehrer war inzwischen zur Talstation zurück gefahren und gab letzte Anweisungen, wie steif machen, Spur halten usw. Der zweite Versuch gelang und wir standen am Berg, den ich doch niemals hinunterfahren wollte. Nach links weg war eine kleinere, kürzere Abfahrt, trotzdem, zwei oder drei Stürze hatte nicht nur ich zu verzeichnen.

Dann ging es drüben die Damenabfahrt hinauf und der Berg war schon nicht mehr so schwierig.

Ein Problem war jedoch wieder der Kollege „Nicht-Liftkarten-Kaufen". Seine Punkte waren ja für den ersten Lift weg und er hätte sich neue Punkte kaufen müssen. Seine erneute Weigerung umging ich, indem ich ihm gegen seinen Willen, aus meinem Punkteblock Punktestreifen auslieh und er mir abends den entsprechenden Betrag dafür zurückerstatten sollte.

Wir fuhren etwa eine Stunde, dann kehrte der Schilehrer mit uns ins „Brotzeitstüberl" ein. Dies war unser erster „Einkehrschwung". Ich trank meinen ersten Jagertee, der spürbare Wirkung zeigte…

Anschließend wurde noch ein wenig Bogenfahren geübt. Bergschi/Talschi entsprechend be- und entlasten und schließlich fuhr der geduldige Schilehrer mit uns über den „Ziehweg" hinunter zur Unterkunft.

Ein anstrengender, interessanter und erfolgreicher zweiter Schitag!

Abends wollte der „Nicht-Liftkarten-Käufer" seinen Obolus für den Schi-Pass nicht an mich entrichten. Jetzt wurde ihm per Faustrecht die Lage aufgezeigt…...

Am nächsten Tag erstand er brav seine Liftkarten. Er pausierte dann halt bei mancher Abfahrt, um eine Karte einzusparen.

Schiklamotten

Aufgefallen sind wir beide, der „Nicht-Liftkarten-Käufer“ und ich, schon allein wegen unserer Uniform. Alle anderen fuhren in Privat-Klamotten. Doch hatte ich

ja zumindest einen blauen Privatanorak. Mit der Zeit, zumindest an den letzten beiden Tagen, kam ich mir mit meiner primitiven Ausrüstung, insbesondere beim „Einkehr-schwung“ wenn Mädchen in der Kneipe waren, ganz schön doof vor. Ich versuchte dann meist dies verbal auszugleichen und so gab es jedes Mal jede Menge Hütten-Gaudi.

War ich beim Vorfahren am ersten Tag noch der Zweitschlechteste, änderte sich dies und zum Ende des Lehrgangs in dieser „Chaoten-„Gruppe wurde ich der Zweitbeste. Was ich jedoch bei diesem ersten Schilehrgang nicht gelernt habe, war das „Wedeln“, der Parallelschwung. Ansonsten klappten die Schwünge durch be- und entlasten des Berg- bzw. Tal-Schis ganz gut.
Der Schilehrer war mit mir zufrieden.

Disco „Polizeiradl“

Am Abend fuhren wir wieder „ins Tal“. Diesmal ging`s ein paar Kilometer weiter bis zum schon erwähnten Spitzingsee rüber. Es hatte starken Schneefall und wir blieben auf halber Strecke schon das erste Mal am Berg hängen. Da wir jedoch 4 Mann zum Schieben waren kamen wir schließlich doch oben an und kehrten im Lokal „Spinnradl“ ein. Auch das war eine urige Disko.
Bald schon wurde das „Spinnradel“ in „Polizeiradl“ umgetauft, weil immer so viele Lehrganspolizisten dort verkehrten.
Die Disco-Heimfahrt war wegen der Witterung extrem langsam. Wir kamen zu spät am Sudelfeld, am Grafenherberg, an. Die Haustüre war bereits verschlossen, ein Hausschlüssel wurde nicht verteilt, nicht ausgegeben.
Aber nicht verzagen, Langen Bach fragen. Ich hatte vorsichtshalber bei der Toilette im Erdgeschoß das Fenster nur angelehnt und wir konnten dort durch das damals noch nicht vergitterte Fenster einsteigen und tatsächlich unbemerkt in unsere 4-Bett-Zimmer, die im ersten und zweiten Stock waren, verschwinden.
Später wurde das Toilettenfenster vergittert….

Fünf Mann, unter anderem Werner „Stiergnack“ und ich, fuhren jeden Abend so gegen 19:00 Uhr ins Tal. War er auch nicht in meiner Schigruppe und wir somit tagsüber fast nicht zusammen, so hatte ich mit ihm eine schöne Zeit, eine neue Freundschaft.
Trafen wir uns beim Einkehrschwung, war was los!
Gingen wir abends weg, war wieder lautstarke Freude angesagt!

Obwohl wir nur auf diesem Lehrgang zusammen waren, also nur zwei Wochen, besteht heute noch monatlich -meist per E-mail- eine gute, kameradschaftliche Verbindung. Den Kreuzberg haben wir in 2013 auch zusammen besucht.
Eine gute, herzliche, ehrliche Kollegen-Freundschaft.

Abschiedsabend

So kam dann am Donnerstag der Abschiedsabend. Wir durften nicht „ins Tal“, da die nachmittags angekommenen Herrn vom Präsidium, die sich unsere Schikünste vorführen ließen, abends beim Feiern mit anwesend waren. Aber ich glaube die kamen auch, um selbst mal einen Tag dienstlich Ski zu fahren. Jedenfalls blieben sie über Nacht und machten den Kantinen-Abschlussabend mit.
Mein Schilehrer hatte sich zusammen mit den drei anderen Schilehrern ein Spiel ausgedacht, um den Herrn vom Polizeipräsidium eine Bierrunde abzuknöpfen. Das Spiel hieß:“ Wilderer & Jager“. Die Jäger (Jager) waren die vier Schilehrer und die brauchten noch einen Wilderer für den sie mich ausgewählt hatten.
Warum wohl gerade mich?
Wir übten das Stück vorm Abendessen kurz ein. Ich musste mich mit einem Grenzpolizeiumhang, einem alten Hut mit Fichtenzweig und einem Rucksack verkleidet, in der Kantine unter einem Tisch verstecken und die vier ebenfalls verkleideten, mit Besen bewaffneten Jäger suchten treibjagdähnlich mit allerlei Mimik und Geschrei nach dem Wilderer.

Nach einigen Minuten musste ich mich entdecken lassen und auf allen Vieren unterm Tisch hervorkriechend um Gnade bitten. Ein Schilehrer schrie: „Es gibt keine Gnade!“ Doch einen Wunsch würden sie mir vorm Erschießen noch erfüllen. Ich: „Ja, einen Wunsch hätte ich noch, gewährt mir noch die eine Bitt`! „Okay, äußere Deinen Wunsch!“ „Ich möchte, dass die Herren vom Polizeipräsidium den Schilehrern noch einen ausgeben!“

Nachdem mir die Honoratioren auf mein eindringliches Nachfragen diese Freirunde bestätigt hatten, war der Einakter zu Ende.

Warum ich, einer der Schischüler, den Wilderer spielen musste, hat wahrscheinlich jeder erkannt. Damit keiner der Schilehrer beim Präsidium in Ungnade gefallen ist. Mir war das ja egal!

Ich dachte zwar, dass ich als Akteur von den (PHK-)Präsidiumsherrn auch an die Theke eingeladen werde, doch hatten die Schilehrer schon Probleme ein Bier oder einen Schnaps gesponsert zu bekommen, geschweige denn ich, der junge Hauptwachtmeister.

War es Fürsorge? Sollte so ein junger Polizist kein Schnäpschen trinken?

Ich glaube eher bei Besoldungsgruppe A 12 (PHK) fängt die Armut an!

Heimfahrt

Am nächsten Morgen, Freitagfrüh, wurde ein letztes Mal Schi gefahren und nach dem Mittagessen konnten wir wieder den langen Weg, diagonal durch Bayern, zurück in die Rhön, antreten.
Ich hatte einen etwas schweren Kopf, aber ich musste ja nicht fahren, sondern der etwas jüngere Kollege.
Kurz vor Mellrichstadt bat ich ihn, mich nach Sondheim v.d.Rhön heimzufahren, weil meine Frau die kleine Tochter zu versorgen hatte und mich nicht abholen konnte. Ich gab ihm dafür 5,-- DM zusätzlich, es waren für ihn ja etwa 30 km Umweg.

Als ich den Kollegen nach drei Monaten im Dienst ansprach, ob er wegen des Schilehrgangs doch noch Fahrtkosten und für mich Mitfahrkosten erhalten habe, bestätigte er dies mit einem kurzen „Ja".
Er erwähnte jedoch mit keiner Silbe, mir von den ihm übergebenen 50,- DM etwas zurück zu erstatten. Diese Abmachung hatte er scheinbar vergessen.
Komischerweise hatte ich -trotz meiner „großen Klappe"- nicht den Schneid eine Rückforderung auszusprechen. Vielmehr dachte und denke ich, er solle damit glücklich werden…
Es gibt „Sächterne & Sächterne" (Solche & Solche) und -nicht nur bei einer Einheit wie der Polizei- auch kameradschaftlich andersdenkende Kollegen…
Beispielsweise solche, „die den Berg hinauf bremsen…"

Weitere Schi-Urlaubstage

Nachdem es nach den zwei dienstlichen Schilehrgängen keine Möglichkeit gab, an weiteren teilzunehmen, organisierte Polizei-Schilehrer Burkard für einige Interessierte jährlich eine Woche privates „Schifoahrn". Die ersten Jahre waren wir meist in einem der Polizei-Berghäuser am Sudelfeld oder Spitzingsee, wir konnten hier neben den laufenden Lehrgängen als Gäste kostengünstig untergebracht werden. Später ging es in anspruchsvollere Schigebiete, auch ins Ausland. Bis zu meiner Knie-OP (Umstellung) 1994 gehörte ich zum „harten Kern" dieser manchmal zehnköpfigen Schigruppe. Sogar Kollegen aus Hessen schlossen sich an. Es waren immer fünf schöne, schiintensive Tage, zumal Schilehrer Burkard stets darauf bedacht war, dass wir die Schikarte herausfuhren. Trotzdem kamen der Einkehrschwung und die abendlichen Kantinenaufenthalte, oftmals mit Gesang, nicht zu kurz.

Als Schi-Rennläufer Markus Wasmeier im Jahre 1994, bei den Olympischen Winterspielen in Lillehammer, seine beiden Goldmedaillen gewonnen hatte (Super G und Riesenslalom), richteten wir die Heimfahrt so ein, dass wir beim Empfang in seiner Heimatstadt Schliersee unter den Besuchern waren. Als „Wasi" im offenen Cabrio zum Rathausbalkon gefahren wurde kam er direkt bei uns vorbei und ich rief ihm zu, nachdem auch ich Atomic-Schier fuhr: „Atomic the best, Atomic for you!" „Wasi" schaute sich sofort um und winkte uns freundlich zu. Leider konnte ich nicht erfragen, ob er sich des Textes oder der Lautstärke wegen zu uns gewandt hatte.

Schibruch bei Grenzbegehung

Wieder zurück ins Paradies bei der Grenzpolizeistation in Fladungen, waren nach dem Schilehrgang die Wintergrenzbegehungen auf Schiern viel leichter.
Trotzdem hatte ich nochmal Pech, als wir zur Grenzbegehung direkt beim Dreiländereck (Hessen/Bayern/Thüringen) angefahren wurden. Aufgrund der enormen Schneehöhe konnten wir gar nicht nah genug an diesen Grenzpunkt heran. Wir stiegen bereits auf der Straße Richtung Seiferts, kurz vor der Bereichsgrenze, die gleichzeitig die Landesgrenze nach Hessen ist, aus und stapften mit Langlaufschiern ca. 500 m durch Wald und Flur an die Grenze heran.
Plötzlich brach, da ja keine Loipe gespurt war, einer meiner schmalen Schier entzwei und ich musste einen Kilometer im Tiefschnee zu Fuß zurücklegen. Der andere Kollege ging mit seinen Schiern die Grenzbegehung weiter. Ich kam wieder zurück auf die Hochrhönstraße und lief zu Fuß bis Leubach, wo wir mittags wieder abgeholt wurden. Selbstverständlich stellten wir uns in Leubach, in der Gaststätte „Rhönlust", beim Stäblein, unter und wärmten uns bei einem Glas Tee auf…….
Zu diesen Grenzbegehungen und auch motorisierten Grenzstreifen ist zu sagen, dass in den 70er Jahren neben der vom Land Bayern eingesetzten, zuständigen Grenzpolizei, auch vom Bund der Bundesgrenzschutz (BGS) mit Sitz in Oerlenbach und der Zollgrenzdienst mit einzelnen Grenzaufsichtsstellen (GASt) in mehreren Rhöndörfern, an der Grenze eingesetzt waren. Aber auch der US-Amerikaner war mit seinem Jeep vertreten. Wir waren ja amerikanisch besetzte Zone und es gehörten seit dem Sommer 1945 die Amerikaner in den Dörfern und Städten zum gewohnten Tagesbild. Die US-Jeeps hatten anfangs noch aufgebaute,

leichte Maschinengewehre und jeder Jeep war mit mindestens vier, teils farbigen GJs besetzt.
So kam es nicht selten vor, dass bei einem Grenz-Kontrollpunkt, z. B. an der Wegesperre Oberfladungen/Melpers diese vier Institutionen gleichzeitig patrouillierten. - Für den Steuerzahler unerklärlich, wenn viererlei Streifenfahrzeuge vor Ort standen.

Kollege „Stäbi“

Die Gaststätte „Rhönlust“, in Leubach, diente uns immer nach Grenzbegehungen als Unterstand/Rastplatz. Der Sohn dieser Gaststätte war fast so alt wie ich und mein Kollege bei der GPS Fladungen. „Stäbi“ war ein guter Mann; flink, intelligent, ein Kumpel. Er verdiente sich nebenbei mit der Versicherungsagentur seines Vaters ein paar zusätzliche Mark. Wir kannten uns bereits über unsere Väter, die beide für diese Versicherungsagentur als Vertreter tätig waren.

Nach wenigen Polizeijahren kam „Stäbi“ auf die Idee, den grünen Rock an den Nagel zu hängen und voll bei der Versicherung als „höherer“ Vertreter einzusteigen. Er meinte, dass er mindestens das Doppelte verdienen würde.
Bevor er seine Kündigung abgab war ich mit ihm zu einer Nachtstreife eingeteilt. Ich machte ihm die Rechnung so auf, dass er das momentane Gehalt, ca. 2000,- DM, jeden Monat fest auf dem Konto habe und wenn er noch 1000,- DM nebenbei verdiene, so sei dies doch genug. „Die 2000,- DM jeden Monat hast Du

sicher! Ob Du aber jeden Monat 1000,- DM, geschweige denn die geschätzten 4.000,- DM hast, ist mehr als zweifelhaft!"

Er, der flotte Ziehharmonikaspieler, ging von uns, entschied sich meiner Meinung nach für den falschen Weg.

„Stäbi" hatte ein paar gutgehende Versicherungsjahre mit schönen Zwischenhochs und danach ein paar ebenso gute Jahre als begnadeter, wenn auch durstiger, Gastwirt:

„Wer nichts wird, wird Wirt!"

Später war er gesundheitsbedingter Frührentner.

Im Nachhinein war er der erste, wenn auch freiwillig, der das zweite Paradies verlassen hat.

Fazit:

„Der Spatz in der Hand wäre besser gewesen,
als die Taube auf dem Dach!"

„Spezial"-Kollege

Es gab im paradiesischen Fladungen einen weiteren, jungen, „besonderen" Kollegen. Es war auch ein großer, drahtiger, sehniger Kerl und er konnte -im Gegensatz zu mir- den Hochsprung viel besser. Er schaffte eine Höhe von 202 cm, genau meine Körpergröße. Dafür bekam er vom damaligen Inspektionsleiter, einem Aufsteiger zum höheren Dienst, eine Bratwurst von 202 cm Länge.

Dies war die sportliche Seite; die anderen Seiten waren die private und die dienstliche.

Wie wir erfahren haben, hat er „Nächtens" manchmal sogar die Türe zum Schlafzimmerschrank zweckentfremdet…

Dienstlich war der „Spezialist" gelinde gesagt einfach anders. So „wimmelte" er manche Leute die Anzeige erstatten wollten mit dem Bürgerlichen Gesetzbuch (BGB) ab. Er verwies sie auf den Privatklage-Paragrafen.

In Fladungen, im Paradies, war das alles noch kein großes Problem, später in Mellrichstadt sollte er dann nicht unerhebliche Schwierigkeiten bekommen. Auch wenn er gesellschaftlich und kameradschaftlich ins Leben passte.

Inzwischen verrichtet er Dienst in der bayerischen Metropole.

Ich war bis dahin der Meinung, keiner meiner Kollegen hat bei diesem oft ungerechten, periodischen Beurteilungssystem der Polizei die Note 5 verdient. Doch wir junge Polizisten, Kollege „Spezial", ich und auch einige andere Kollegen, wir bekamen dieses abwertende, beförderungsschädliche Prädikat, die Note 5.

Doch ist die polizeiliche Beurteilung und die damit verbundene Beförderungs-Chance ein besonderes Kapitel.

Freundschaftliches Miteinander mit der hessischen Nachbardienststelle

Mit den benachbarten hessischen Kollegen, von der Dienststelle in Hilders, bestand zu Grenzpolizeizeiten ein sehr gutes Miteinander. Wir spielten Fußball gegeneinander, wir trafen uns zu Feiern. Es war ein freundschaftliches Verhältnis mit den Hessen-Kollegen und ihrem besonderem Dialekt. Ja, nur ein paar Meter über die Rhön und man sprach ganz anders, eben hessisch.

Einmal wollte Hessen-Organisator Bernd für seine Dienststelle eine Feier im Zollstützpunkt beim „Schwarzen Moor“ auf der Hochrhön ausrichten. Ich knüpfte Kontakte zu unseren Zöllnern und die Hessen konnten in dem rustikalen Bau, ähnlich einer großen Schihütte, ihre Feier organisieren.

Die Feier fiel auf eine Nachtschicht der Dienstgruppe (DGr) „B“, also auf meine DGr. Bernd lud natürlich uns ein, während der Nachtschicht mal vorbeizuschauen und Brotzeit zu machen.

Also fuhr ich gegen 21:00 h, zusammen mit meinem Kollegen Hans, hinauf zum Zollstützpunkt. Wir nahmen das Handfunksprechgerät mit ins Haus, so dass wir jederzeit erreichbar waren.

Nach einer herzlichen Begrüßung wurden wir den hessischen Dienststellenleitern vorgestellt. Es war eine Familienfeier der Hessenkollegen und sie hatten alle ihre Frauen mitgebracht.

Ein Alleinunterhalter war engagiert und so kam es, dass auch ich mit der Frau des Stellvertreters einen Tanz hinlegte. Da dies so gut klappte -Frau Stellvertreter lag wie eine Feder im Arm und wir tanzten wie „der Lump am Stecken“- wurde der

Tanz wiederholt, ehe wir dann wieder Streife fahren wollten. Die mir zu einem Großteil bekannten hessischen Kollegen animierten mich nochmals, „Frau Stellvertreter“, die nicht mehr ganz so jung war, aufzufordern.
Danach verließen wir, ich vom Tanzen schweißgebadet, die Feier und sorgten wieder für „Sicherheit und Ordnung“…

Gründung des Polizei-Angelsportvereins

Als dann im Jahre 1980, von der Bundeswehr als Altanwärter zu uns übergewechselt, Kollege „Mander“, der Angler, kam, blieb es nicht aus, dass er fast alle Kollegen fürs Angeln begeisterte. Während der Streifenfahrten hatte er auch mal den stillgelegten Steinbruch Leimbach auf der Hochrhön, oberhalb von Leubach, besichtigt und die zwei Seen dort als sehr geeignet für eine Teichanlage ausgeguckt. Über den ehemaligen Verantwortlichen vor Ort, Werner B., aus Urspringen, wurde Verbindung mit den ehemaligen Steinbruchbossen aufgenommen und das Areal konnte bald gepachtet werden.
Die Gründung eines Polizei-Angel-Sportvereins (PASV Fladungen) war ruck-zuck beschlossene Sache. Fast alle jungen Kollegen erwarben den Angelschein, teilweise auch in Schlitz in Hessen. Dort konnte man ihn, mit Zweitwohnsitzanmeldung, ohne Prüfung erwerben, quasi kaufen.
Es wurde der Verein PASV gegründet, „Mander“ zum ersten Vorstand und ich zum zweiten Vorstand gewählt. Kassierer war der ältere Kollege „G`schwandtner-

Xiti", Schriftführer Koll. Edgar, auch „Kanal" genannt, weil er unantastbar am schnellsten Trinken konnte. Das Flüssige lief rein wie in einen Kanal…
Kollege Felix, unser Haus- und Hofmaler, entwarf ein Wappen. Die abgebildete Forelle gleicht vom Maul her zwar eher einem Hecht, doch das war egal. Wir bestellten Krüge, Weißbiergläser und Zinnteller mit diesem Emblem, die wir dann bei Angelwettkämpfen als Preise verteilten.

Den großen, „basaltigen“ Hochrhön-Teich besetzten wir zunächst mit fangfähigen Forellen und ein paar Weißfischen, wie Moderlieschen, Karauschen usw., als lebendes Futter.

Wir angelten in der Freizeit recht oft zusammen und verlebten schöne Stunden an einem fast einen dreiviertel Hektar großen Angelteich.

Später besetzten wir auch den kleinen Teich, insbesondere mit Raubfischen wie Hechte und Zander.

Als die Weißfische im großen Teich zu viel wurden, setzten wir einige Hechte vom kleinen See in den großen See um.

Pokalverleihung nach dem Preisangeln. Mitte: Angelvorstand Mander. Links 2.Vorstand, rechts Udo

Die Teichanlage, der alte Steinbruch, war das bestbewachteste Areal in Bayern; denn täglich wurden die Seen während der Streifenfahrt angefahren und kontrolliert.

Dann kam „Mander“ auf die Idee das dritte vorhandene große Bagger-Loch auch zu fluten, um so einen dritten Teich zur Verfügung zu haben. Es blieb beim Versuch. Denn zum einen hatten wir zu wenig Wasser und zum anderen floss es schneller ab als wir es rein lassen konnten. Dritter Teich gescheitert.

„Mander“ fand jedoch gegenüber auf der anderen Seite der Hochrhönstraße, im allerersten Steinbruch, eine betonierte Stelle, die sich anbot eine kleine Aufzuchtanlage zu installieren.

Dies gelang. Auch wenn es sehr mühsam war. Nach ein paar Jahren gaben wir diese Aufzuchtanlage wieder auf und holten uns zu den jährlichen Angelfesten die jeweilige Fischmenge von Züchtern.

Neben den Teichen war ein kleines Plateau, das wir nach dem Angeln oft für Feierlichkeiten nutzten. Auch unsre Familien gesellten sich des Öfteren dazu.
(Mitte: Meine Eltern und meine Frau)
Wir waren ein große, gesellige Angelfamilie.

Ein anderer Versuch einen weiteren Teich zu rekultivieren ging ebenfalls „in die Hose". Nämlich bei Neustädtles, OT von Nordheim v.d.Rhön. Dort im Wald sollte der alte, verwilderte Nixenteich wieder hergerichtet werden. Als jedoch „Mander" mit seinem alten Deutz-Schlepper (D60S) reinfahren wollte, versackte der Traktor bis zu den Achsen im Schlamm. Ein bekannter Unimog-Fahrer aus Neustädtles wurde alarmiert, der dann den eingesackten Schlepper mit einer Seilwinde wieder aus dem 10 m x 10 m großen Teich herauszog.
Begossen wurde selbstverständlich auch diese Aktion!

Grenzpolizei-Nationalsport: Faustball

Zum „himmlischen“ Dienstbetrieb gehörten auch wöchentlich zwei Stunden Sport. Im Sommer wurde meist die Nationalsportart der Polizei trainiert, nämlich Faustball. Hier wollte man mich wegen meiner Körpergröße zum Star ausbilden. Allerdings misslang dies, weil ich für dieses „Affen-Tennis“ kein Interesse hatte und auch kein Talent. Ich wollte immer nur Fußball spielen, was ich zwar technisch auch nicht so gut beherrschte, aber kämpferisch war ich als rechter Verteidiger konsequent.

Zu unserer Zeit blieb der Verteidiger stets in der eigenen Hälfte und „hielt“ seinen Mann, den gegnerischen Linksaußen.

Den Offensivverteidiger gab es dann erst ab Nationalspieler Paul Breitner.

Und wie immer stand ich auf dem Platz um zu gewinnen; denn ich bin ein schlechter Verlierer.

Beim dienstlichen Faustballspiel versuchte Trainer Helmut mir immer wieder den Schmetterball beizubringen und ließ mir viele Bälle „zustellen“. Doch von fünf verhaute ich vier, weil ich einfach den Ball nicht richtig/nicht genau genug mit der Faust traf.

„Übung macht den Meister!“ Bei mir nicht! Ich blieb ewiger Ersatzmann bei den Turnieren.

Selbstverständlich ärgerte ich mich über jeden verschlagenen Ball. Die eigene Mannschaft ärgerte sich mindestens genauso sehr und fluchte und sakramentierte, wenn ich wieder einen Ball ins Aus gedroschen hatte.

Selbst die anderen Nichtfaustballer machten sich über mich lustig; doch der Löbbicher Trainer Helmut bestand immer wieder darauf, dass ich mit trainiert habe. Er meinte, dass eines Tages „der Knoten schon platzen würde".

Nein, faustballerisch platzte er nicht!

Dieses schelmische Bildchen skizzierte Udo 1980
nach einem Grenzland-Faustballturnier (Zoll/BGS/Grepo).
Zum Abschluss ging es zum Zoll-Stützpunkt auf die Hochrhön.

Schiausbildung

Ein Teil der Fladunger Kollegen bei der Schiausbildung.

Auch meine Frau und Tochter sind mit dabei.

Im Winter gab es die Schiausbildung auf der Hochrhön bei Fladungen, hinter der Sennhütte, am „Sennhütten-Hang“. Diese etwa 100 m lange Strecke mussten wir uns selbst treten und Schilehrer Ernst, ein begnadeter Schifahrer, machte uns die Schwünge vor und korrigierte uns. Nachdem ich zuvor immer bei den Sturzpiloten war, hatte ich ja jetzt als Schilehrgangteilnehmer enorm dazu gelernt und es machte Spaß mitzufahren.

Wir konnten zu diesen zwei Dienststunden Frau und Kinder mitbringen.

Ernst schulte und betreute auch diese mit. Auch Ernst mochte Frauen.

Hundeführer Udo, der 120-Kilo-Mann, sollte auch das Schifahren lernen. Beim „Berg eintreten“ war er schon total durchgeschwitzt. Als er die erste Fahrt machen sollte ging es die erste Hälfte der Stecke, wenn auch wackelig, recht gut, plötzlich gingen ihm die Schier durch und Udo bremste indem er sich in den Schnee warf. Der war damals so hoch, dass Udo fast nicht mehr herausschaute. Als wir ihn unter lautem Lachen aufgezogen hatten war ein Riesenloch im Schnee und wir hatten alle Mühe, mit den Schiern das Loch wieder zuzumachen.

Beim anschließenden „Einkehrschwung“, einmal waren wir in der „Sennhütte“, das andere Mal in der „Silberdistel“ in Leubach, wurde natürlich „Bomber Udo“ mit entsprechenden, verbalen Attacken bedacht.

Ja Schadenfreude ist die schönste Freude!

Auch gab „Holly“ mal in Leubach, in der „Silberdistel“, aus seiner Bundeswehrzeit was zum Besten. Er führte beim Einkehrschwung die „Koppelnummer“ vor. Bei einigen Kollegen-Frauen kam die Vorstellung jedoch nicht besonders gut an.

Später, als Jungschilehrer „Gossi“ das Schitraining mit leitete, war auch Abfahrtstraining an der „Thüringer Hütte“ angesagt. Selbstverständlich übten wir danach traditionell den „Einkehrschwung“.
Einen polizeieigenen Schifasching haben wir einige Male in der Faschingswoche veranstaltet. Es war -am Sennhütten-Hang- eine wunderschöne Schikette…

Vorne rechts, außerhalb der Schikette, Schilehrer Ernst.
Hinten links: Willi und ein „ganz Großer“.

Grenzinformationsstelle

Während der Grenzpolizeizeit gab es in manchen westlichen Grenzortschaften auch Informationsstellen, wie beispielsweise im Rathaus von Fladungen. Bei diesen Stellen waren meist alte Grenzpolizisten in der Freizeit tätig, die einen einstündigen Film-Vortrag über die DDR-Grenze hielten. Anschließend fuhren wir Grenzpolizisten mit der Gruppe zu einem Grenzpunkt an die Demarkationslinie (DL) und informierten nochmal vor Ort.
Meist auswärtige Gruppen oder Schulklassen reisten zu diesen Grenzführungen an. Das Ganze wurde sowohl fahrtkostenmäßig, als auch vortragsmäßig, finanziell bezuschusst so dass die Gruppen (teils 50 Personen) mehr oder weniger preisgünstige (Betriebs-) Ausflüge zur DDR-Grenze machen konnten.

Einmal organisierte ich mit Onkel Herbert, der als Jugendlicher von Oberfladungen nach Düsseldorf kam, eine Reise seiner Alt-Herrn-Fußballmannschaft in die Rhön. Die Fußballspieler ließen zunächst das eineinhalbstündige Informationsprogramm der Grenzinformationsstelle über sich ergehen, machten danach ein gutes Fußballspiel und ließen anschließend den Tag entsprechend mit uns ausklingen.
Dies war für die Düsseldorfer (SV 04) ein lukrativer Ausflug und für uns ein interessantes Fußballspiel, zumal Herbert noch zwei Fässer Düsseldorfer Alt-Bier mitgebracht hatte.
Natürlich sind durch solche Aktionen auch langjährige Freundschaften entstanden.

Allgemeiner Polizeidienst

Allgemeinpolizeilicher Dienst musste neben dem Grenzdienst auch verrichtet werden und das hieß Unfälle oder Diebstahlanzeigen bearbeiten.
Eine unfallträchtige Kreuzung war die „Aschebächle Kreuzung“. Die Kreuzung am Eschenbach, zwischen Fladungen und Stetten. Hier waren auch Schwerverletzte und Todesopfer zu beklagen und es musste meist der Rettungshubschrauber angefordert werden.
Lange Zeit wurde ein STOP-Schild vom Straßenbauamt und Landratsamt nicht bewilligt. Erst als sich die schweren Unfälle häuften, erkannte man auch im Amt, dass die Kreuzung zu übersichtlich und deshalb so gefährlich war.
Jahre später installierte man zwei STOP-Schilder in der untergeordneten Straße. Seitdem sind die Unfallzahlen und besonders die Unfälle mit Verletzten enorm rückläufig.

Fortbildung

Dienstliche Fortbildung bestand neben Lehrgängen in Ainring, auch in zweistündigen, monatlichen Dienstunterrichten. Hier trug der Dienststellenleiter diverse Neuerungen, Gesetzesänderungen oder Innerdienstliches und Vieles mehr vor. Bei der Grenzpolizei war während meiner Dienstzeit in den 70er Jahren ein ganz gewiefter Inspektionsleitervertreter dabei, wir nannten ihn „Pippin“. Er informierte sich vor jedem Unterricht im Gesetzbuch und fragte uns dann ab. Logisch, dass wir meist seine unmöglichen, unrealistischen Fragen kaum beantworten konnten.

Bei der Lapo mussten später Multiplikator-Referate gehalten werden, wenn ein Kollege einen ein- oder zweiwöchigen Speziallehrgang beim Fortbildungsinstitut in Ainring besucht hatte.

Beispielsweise nach einem Verkehrslehrgang oder Unfallfluchtlehrgang, Ordnungs- und Sicherheitsrecht-Lehrgang, Unfallaufnahme und andere. Dies war auch eine gewisse Kontrolle, ob man beim Lehrgang aufgepasst und mitgeschrieben hat. Der Multiplikatoren-Vortrag diente natürlich auch den Kollegen für ihr tägliches „Handwerkszeug"…

Stationsdienst mit Rufbereitschaft

Während des Dienstes wurde vorrangig Streife gefahren. Bei dem „gehackten" Dienst, manchmal waren nur fünf Stunden am Tag eingeteilt, war voller Außendienst zu leisten. Bis man jedoch ausgerückt war verging schon eine halbe Stunde und eine halbe Stunde vorher wurde auch wieder der Außendienst beendet. Anschließend war ja noch die Grenzlagemeldung (GLM) zu erstellen oder Beanstandungsunterlagen abzuheften.

Sollte sich während der Streifenfahrt mal ein Verkehrsunfall ereignet haben, so wurde dieser aufgenommen. Teilweise wurde mit den Verkehrsteilnehmern zur nahe gelegenen Dienststelle gefahren und die Vernehmungen gleich mit der Schreibmaschine zu Papier gebracht.

Eigentlich war der aus drei Mann bestehende Stationsdienst für die allgemeinpolizeilichen Aufgaben wie z. B. Unfallaufnahme zuständig. Monatlich wurden immer drei Mann eingeteilt, die nur Tagesdienst verrichteten und zugleich in der Nacht Rufbereitschaft hatten. War nachts keine Streife da oder gar keine eingeteilt, wurde bei jedem Ereignis, auch Wildunfall, der Stationsdienst fernmündlich alarmiert. Diese Verständigung machte der alleine bei der Dienststelle anwesende (Dienststelle besetzende) Beamte. Drei ältere, kränkliche, also "angeschlagene" Kollegen und ein Angestellter waren vierschichtenmäßig zur Dienststellenbesetzung eingeteilt: 1. Tag: 13:00 – 19:00 h; 2. Tag: 07:00 -13:00 h und 19:00 -07:00 h.

Malheur beim Wegfahren zum Einsatz

Als ich mal mit dem Kollegen „Xiti" zum monatlichen Stationsdienst eingeteilt war, ereignete sich nachts ein Wildunfall. Wir sollten nach Mitternacht auf die Hochrhön fahren. Kollege „Xiti" wohnte fast neben der Dienststelle und war entsprechend früher anwesend als ich, der ich von Sondheim erst 10 km anzufahren hatte. Ich fuhr von hinten, von der Kirche aus, an die Dienststelle heran. Im Dienstzimmer rüstet ich eilig auf (Pistole, Anorak, Kappe, Diensttasche usw.) und Koll. „Fonse", der Dienststellenbesetzung hatte, teilte mit mir, dass

Kollege „Xiti“ schon vor der Dienststelle, am Marktpatz, auf mich wartet. Ich eilte die Steintreppe zum Haupteingang hinunter und sah den etwas älteren Kollegen an der Fahrertüre des dienstlichen VW-Kombis stehen. Er rief, dass das Vorderrad des Polizei-VW-Busses auf einem seiner Füße steht und er weder einsteigen noch den Funk bedienen kann.

Vor lauter Lachen konnte ich ihn zunächst nicht befreien.

Doch dann erlöste ich ihn, schob das Dienstfahrzeug nach hinten und Kollege „Xiti“ war wieder frei.

Er erklärte später, dass er, weil das Fahrzeug nicht ansprang, den Bus anschieben wollte. Er öffnete die Fahrertüre, griff zwischen Türe und Holm ans Lenkrad und schob, indem er gegen den Fensterholm der Frontscheibe drückte. Als der linke Vorderreifen dann auf seinem Fuß stand machte das Auto aufgrund der Schräglage des Marktplatzes keine Bewegung mehr. Nun war „Xiti“ nicht der kräftigste und konnte den VW-Bus weder nach vorne noch nach hinten schieben und auch nicht weiter ins Fahrzeuginnere zum Funkhörer greifen, da er ja die Fensterscheibe der Fahrertüre nicht herunter gedreht hatte und nur durch den Spalt zwischen Frontscheibenholm und Türe lenkte.

Lange, lange musste sich „Xiti“ dieses Missgeschick von uns vorhalten lassen.

Guter Freund, Kollege „Xiti“: „Ein Fass“ voller unsäglicher Geschichten

„Xiti“ war mittleren Alters, also 8 Jahre älter als ich, stammte aus dem Hopfenanbaugebiet Schrobenhausen und sprach auch den dortigen Dialekt. „Xiti“ war ein exzellenter Schifahrer und hatte schon mehrere Schilehrgänge erfolgreich besucht. In Bierlaune erzählte er gerne von diesen Lehrgängen mit den kleinen Eskapaden. Er war ein Kollege der auch gerne den Mädchenröcken hinterher geschaut hatte….

Zum Beispiel berichtete er von einem Schilehrgang, als er in der Nacht von einer anderen Schihütte kommend nach Hause lief, dass er sich ein Widerlager treten musste: „I hoab`mir a Widerloger einitreten!“ Weil er bei der entsprechenden Situation/Position im Schnee, den erforderlichen Widerstand gebraucht hatte……

Oder er erzählte in seiner verschmitzt-grinsenden Art, dass er so viele Bekanntschaften hatte, „doß mers in das one Dienstzimmer groad aso einischichten könnt`, damits einipass`n“. (Man müsste sie ins Dienstzimmer hinein stapeln, damit sie hineinpassen.)

Während seiner Anfangsdienstzeit war er in dem kleinen Polizei-Posten in Leubach eingesetzt. Hier war er einer von drei Mann (Helmut, Ernst und „Xiti“). Er hatte das Brieftagebuch zu führen. Es waren vom Brieftagebuchführer jährlich tatsächlich (mindestens!) zwei Eintrage zu machen: Die Tagebuch-Eröffnung am 1.1. und der Abschluss am 31.12.!

Danach verrichtete „Xiti“ in der kleinen Grenzortschaft Weimarschmieden Dienst. Dort hatte er natürlich auch Freunde mit denen er sich zusammensetzte und sie in der Kneipe traf.

Einer davon war der „Gewaltig“. Er war ungefähr gleichen Alters wie „Xiti“ und hatte eine besondere Angewohnheit an sich. Beim Erzählen, egal ob er oder ein anderer etwas vorbrachte, es „riss“ ihn, meist in drei Stufen. Also mit der Steigerung der Geschichte nahm auch seine Gestik, sein „Reißen“, zu.

Es fing an -also die erste Stufe- mit starkem, deutlichem Händereiben.

Die zweite Stufe war der Hosennahtriss. Hierbei strich er, egal ob im Sitzen oder im Stehen, mit beiden Innenhandflächen vom Gürtel bis zu den Waden der Hosennaht entlang.

Und dann beim Finale, z. B. beim Witzende, beugte er sich mit dem Oberkörper fast bis zum Boden und warf auch die Hände nach vorne. Das war dann die dritte und letzte Gestik-Stufe, der sog. „Gewaltrieß“! Deshalb der Spitzname: „Gewaltig“.

Wenn „Xiti“ gut drauf war, machte er für uns diese drei Stufen mit den entsprechenden Erklärungen und der Mimik nach. Hier blieb kein Auge trocken…

Ich glaube hundert Mal habe ich ihn in entsprechender Laune angestachelt, bis er wieder diese Vorstellung zum Besten gab.

„Xiti“ war, wie alle Greponesen (Grenzpolizisten), ein guter Pilzkenner und Pilzesammler. Er kannte viele Pilzflecken (z. B. das „Russeneck“ zwischen Brüchs und Weimarschmieden). Diese Flecken wurden zur Pilzsaison nicht nur in der Freizeit, sondern auch während der Grenzbegehungen überprüft und abgeerntet. Unter dem großen Grepo-Umhang fiel es gar nicht auf, wenn in Plastiktüten

Steinpilze, Maronen, Birkenpilze, Rotkappen, im Sommer auch Wiesenchampignons von den Brüchser Wiesen, heimtransportiert wurden.
Es stand ja schon so ähnlich in der Bibel:

„Sie trugen seltsame Gewänder und irrten planlos umher!“

Irgendwann sammelte „Pfiffikus Xiti“ auch Bitterlinge, die zwar nicht giftig sind, aber eben bitter. Als wir in der Mittagspause auf der Dienststelle eine Eier-Pilz-Pfanne zubereiten wollten, warf er die Bitterlinge (ähnlich kleiner Steinpilz od. Marone) mit in den Topf. Trotz allem Würzen schmeckten die Pilze diesmal anders und „Xiti“ erzählte danach schmunzelnd seinen Streich. Er flämmte dabei immer so mit den Lippen wie ein brunftiger Schafbock.

An einem Herbsttag wollte er, der als gelernter Bäcker auch gut und gerne kochte, einen Kürbis haben. Ich besorgte ihm einen aus Oberfladungen von meiner Mutter. Sie hatte jährlich einige Kürbisse und verschenkte die übrigen. Sie legte sie vor ihrem Haus am Kirchberg zurecht und schrieb ein Schild „Bitte mitnehmen“. Kollege „Walberi“ der bei der Kürbisfahrt mit dabei war, mahnte meine Mutter, dass dies leicht dazu führen könnte, dass Leute die Kürbisse mitnehmen und dies dann kein Diebstahl sei.
Meine Mutter meinte, dass ja die Leute die Kürbisse mitnehmen sollen. Auch sollte „Walberi“ ihre, mit ein paar Weintrauben süßsauer eingelegten Kürbisstückchen probieren. Er lehnte zunächst ab, nahm sich jedoch anstandshalber doch ein Stück und meinte nach dem Probieren mit total verzerrtem Gesicht: “Frau Bach, sind Sie mir nicht böse, aber ich möchte keinen Kürbis mitnehmen…..!“

Wir nahmen für „Xiti“ den größten, ca. 15 kg schweren Kürbis mit. Ich hatte Mühe die unförmige Frucht die drei Treppenetagen zur Dienststelle hoch zu tragen, wollte ihn aber bewusst nicht unten liegen lassen, damit ihn Koll. „Xiti“ wieder herunter tragen musste. „Xiti“ war zwar ein schlaksiger Typ, aber, wie schon gesagt, nicht gerade der Stärkste. Er hatte schon Feierabend und trank sich noch ein „Rots“.

Er hatte dem Getränk deshalb diesen Namen gegeben, weil die Euro-Flasche rot etikettiert war; im Gegensatz zur anderen, damals grün beschrifteten Flasche.

Als er nach Hause gehen wollte, halfen wir ihm den Kürbis auf die Schulter zu nehmen und er ging mit den Worten los: „Ihr Noarrn, hoabts mir ein so an großen Kürbis g`holt! Ihr seid`s doch die Noarrn von Goagenboach!“

Erwartungsvoll stellten wir uns ans Fenster, drei Etagen über der Türe vom Hinterausgang, zu der er herauskommen musste. Er zog hörbar die selbstschließende Türe auf, zwängte sich hindurch und in diesem Moment fiel ihm der Kürbis von der Schulter nach vorne in den gepflasterten Kirchhof. Der Kürbis zersprang in mindestens fünf Teile. Fluchend sagte „Xiti“ in seinem Schrobenhausener Dialekt zu sich: „Hoab i mir glei` denkt, doss`d oabi foallst!“ (Ich habe mir gleich gedacht, dass du herunter fällst.) Schnell raffte er vor den Augen der zur Abendmesse gehenden älteren Kirchgängerinnen die Kürbisteile zusammen und legte sie, einen nach dem anderen, in die angrenzende Hecke.

Dann lief er pfeifend weiter zu seiner 100 m entfernten Wohnung und wartete das Zusammenläuten (Kirchenbeginn) ab. Er kam mit Plastiktüten wieder, sammelte die Kürbisstücke ein und trug sie nach Hause.

Wir oben am Fenster hatten die riesengroße Schadenfreude!

Da“ Xiti“ der Meinung war, dass diese Aktion unbemerkt geblieben war, fragten wir am nächsten Tag nach dem Kürbis und er outete sich zunächst nicht. Als wir ihm Details vorhielten und auch seinen Fluch wiederholten: „Hoab i mir glei denkt, doss`d oabi foallst“, gab er kleinlaut die Sache zu.
Noch Jahre danach war dieser Satz immer wieder ein geflügeltes Wort!

Er war auch derjenige Kollege, der sich ein Stück von der Fingerkuppe regelrecht abgeschossen hatte. Beim Schießen am Schießplatz der Bundeswehr in Mellrichstadt legte er die MP so an, dass er den Mittelfinger der linken Hand vorne am Mündungsrohr hatte. Nach dem Schuss zuckte er zusammen und schüttelte den Finger. Der Mittelfinger blutete, da er den Finger teilweise „vors Rohr“ gehalten hatte. Zu seiner Entschuldigung kann festgestellt werden, dass er zu dieser Zeit am linken Zeigefinger einen Gipsverband hatte und deshalb wahrscheinlich der Mittelfinger vor die MP-Mündung geriet.
Jedenfalls hatte der damalige Chefarzt vom Krankenhaus Mellrichstadt, Dr. Kaiser, bei der anschließenden ärztlichen Versorgung, die entsprechenden Worte, ja die passende „Breitseite“ in seinem bayrischen Dialekt parat…
Ein andermal hatten Udo und ich Grenzbegehung und wir saßen „nach getaner Arbeit“ beim „For-You“. „Xiti“ kam später hinzu um uns abzuholen; der etwas ältere Melperser Schmied war gerade auf Besuch da. Er war über den Grenzübergang (GÜG) Eußenhausen angereist.
Nach der Brotzeit saßen wir in trauter Runde und versuchten von dem DDR-Bürger etwas vom Osten zu erfahren, um dies in der Grenzlagemeldung zu berichten. Irgendwie wollte ich dann „Xiti“ etwas erklären und faste ihn dabei an seiner Uniformjacke. Scheinbar war der Griff etwas fester oder der Ärmel der

älteren Jacke war schon spröde, jedenfalls riss der Ärmel aus der Jacke. Erst nur zum Teil, doch weil wir keine halben Sachen machten, schließlich ganz! Wobei hier auch das Zutun von Udo entsprechend war.
Zunächst war es dem „Xiti“ nicht Einerlei und er betitelte uns u.a.: „Ihr Noarrn“ usw.
Doch dann meinte er, dass diese alte Jacke hiermit endlich ausrangiert werde.
Am Lachen mangelte es in dieser Situation auch dem Melperser Schmied nicht!

„Xiti“ war neben Gustav ein eifriger Leser von Western-Romanen. Meist lasen sie „Lassiter“. Sie tauschten die Romanhefte untereinander aus und markierten mit ihrem Namenszeichen, dass sie den jeweiligen Roman schon gelesen hatten.

Ich schaute lange Zeit ein solches Revolver-Heft nicht an, doch irgendwann las ich rein und konnte, da mich Karl-May-Western schon früher interessierten, nicht mehr aufhören. Vereinzelte Erotikpassagen machten den Westernhelden dann noch interessanter: „Lassiter ritt den Canyon hinunter, machte seinen Rappen vorm Salon fest und trat durch die Schwingtüre ein. Er traf die rote Mary. Nach einem Tänzchen nahm er mit ihr am Tresen ein paar Whiskys und beide verschwanden oben im Zimmer. Nachdem er ihr das Kleid abgestreift hatte, schillerte ihr seidenweicher Körper mit den üppigen Rundungen im Kerzenlicht…“

Wenn „Xiti“ mal wieder von einem „Ramasuri-Trubel“ zu spät nach Hause kam, musste er oftmals auf dem Sofa schlafen. Er erzählte uns dann, indem er leicht den einen Mundwinkel verzog und spitzbübisch grinste: „Heit hoab i wieder im roten

Salon g`schloafen….!“ (Im rot tapezierten Wohnzimmer; das Schlafzimmer war dann tabu.)

Weil Kollege Emil immer viel „Fachwissen“ hatte, er war sehr interessiert und kramte überall herum, fertigten wir für „Xiti“ mal eine Urkunde und legten sie in einem offenen Kuvert, das mit österreichischer Briefmarke frankiert und der Poststempel nachgezeichnet war, in das Dienstfach von „Xiti“. Das Schreiben hatte einen von unserem „Karikatur-Kollegen Felix“ gefertigten Briefkopf, derer „Von Haslmayr“, und war eine fingierte Erbenmitteilung. „Xiti“ wurde in dem Schreiben eröffnet, dass, nach Ableben seines Großvetters, die Haslmayr-Ländereien auf ihn übergehen. Er solle sich zu einem Erbtermin beim Gericht in Österreich einfinden…..

Tage darauf munkelte Emil bei der Dienststelle, dass „Xiti“ ein großes Erbe angetreten hat:

„Der Teifel mächt` doch immer auf den großen Haufen scheißen!“

Lange hielten wir die Sache geheim und konnten dadurch letztendlich Emil nicht mehr vom Gegenteil überzeugen.

Zumal „Xiti“ sich in der Zeit auch einen neuen BMW zugelegt hatte, war dem Emil das fingierte Erbe nicht mehr auszureden.

Mit einem Betritt als Mitglied beim Fußball-Club FC Bayern München war es ein ähnliches Spiel. Felix fertigte fast originalgetreu eine mit Logo und Vereinswappen ausgestellte Urkunde, die wir zusammen mit einem Überweisungsträger in einem offenen Kuvert in „Xitis“ Dienstfach legten.

Emil meinte:

„Dass er beim FC Bayern beitreten mächt ist noch zu verstehn, dass er aber 1000,-

DM Vereinsbeitrag überwiesen hat, ist verrickt. Hätt` lieber einen ausgeben soll`n! Jetzt mächt` er so viel Geld haben und versaut alles!"

Beim PASV-Angelverein war „Xiti" der Vereinskassierer und peinlichst genau, fast geizig bei den Ausgaben. Er hatte eine Mietwohnung in Fladungen und somit viel mehr Freizeit als wir. Er verbrachte manche Freizeitstunde auf der Dienststelle, „auf`m Dienstzimmer", oder an unseren Angelteichen am Steinbruch „Pfeust"

Sieger-Ehrung beim Preis-angeln: 1. Sieger „Xiti" (Bild-mitte) mit Zinn-teller-

Leider verstarb „Xiti" nicht lange nach seiner Pensionierung ganz schnell. Er stand vorm Küchenherd und fiel nach rückwärts um. Ein schöner, weil schneller Tod; aber auch ein verdammt früher Tod.

Ich war zu diesem Zeitpunkt mit dem Fußbodenlegen in meinem Gartenhaus in Oberfladungen beschäftigt, als mir Pfarrer Wolfgang B. die erschreckende

Nachricht überbrachte. Ich arbeitete zwar noch ein wenig weiter, weil ich die Arbeit fertig machen wollte, doch waren meine Gedanken eben bei „Xiti“, meinem guten Freund.
Mit ihm bin ich nach der Grenzöffnung mindestens einmal im Monat in den „Osten“ nach Kaltensundheim gefahren, um unseren Freund Ewald, den Schneepflugfahrer, zu besuchen. Wir hatten ihn bei der Grenzöffnung an der Wegesperre Oberfladungen/Melpers kennengelernt und später ein wenig unterstützt. Ich besorgte Ewald sein erstes Auto, einen gelben VW-Polo. Diese Ost-/West-Freundschaft besteht heute noch und ich fahre zusammen mit meinem Freund Roland -alle Quartal mal- „nach drüben“, in die ehemalige DDR, zu Brieftaubenliebhaber Ewald.

Bei „Xitis“ Beerdigung hörte der protestantische Ewald zum ersten Mal ein Rosenkranzgebet und er fragte mich anschließend, warum wir das Gebet so oft wiederholen…..?

Fischtreiber

Bei einem herbstlichen Abangeln an unserem Teich auf der Hochrhön, im Steinbruch „Pfeust“, setzten wir den neuen, jungen Kollegen Arnold, der auch der „B“-Schicht zugeteilt war und später Hundeführer wurde, als „Fischtreiber“ ein. Wir erklärten ihm, dass jährlich der neu hinzugekommene Kollege diese Funktion

übernehmen müsse. Mein Schreiner-Schwiegervater hatte eine Holzsitzfläche von der Kinderschaukel übrig, die ich mit grüner Farbe angestrichen und einen abgebrochenen Besenstiel daran angeschraubt hatte. Mit dieser Patsche, dem Treiberinstrument, machten wir auf der Dienststelle erst eine Trockenübung und dann rüsteten wir Arnold mit ein paar großen, grünen Watstiefeln, einem grünen Nylonumhang, einem Jägerhut und der großen Polizei-Handleuchte aus.
Er hatte in der rechten Hand die Patsche und in der linken die große Lampe oder auch einen kleinen Kescher . Es war ein Bild für die Götter!
In die alten Gummistiefel hatte Kollege Udo zuvor jeweils ein Loch in die Sohle gestochen.

Beim Abangeln im Herbst musste also Fischtreiber Arnold ins bauchhohe, kalte Wasser und sollte uns die Fische vom Steilufer her zutreiben, indem er immer wieder mit der Patsche aufs Wasser schlagen und „Hopp, hopp, hopp" rufen musste. Ähnlich einer Treibjagd. Auch die Nichtanglerkollegen, inklusiv damaligem Stationsleiter Bertold, feuerten ihn lautstark und auch lachend vom Teichufer aus an und so steigerte er sich mit Einfach- und Doppelschlägen und mächtigem Geschrei regelrecht in seine Aufgabe hinein.
Nach einer dreiviertel Stunde war das Fischtreiber-Spektakel beendet. Der Treiber machte gute Miene zum bösen, fußnassen Spiel und hatte anschließend die Getränke frei.
Allerdings hatte er seitdem auch den Beinamen „Knurgel", abgeleitet von dem patschen- oder knurgelartigen Treibergerät.

Fisch-Treiber am Uferbereich des großen Basaltsees.
Rechte Hand: Treiber-Patsche „Knurgel",
linke Hand: Kleiner Kescher.

Es wurde direkt am großen See auf einem kleinen Plateau, auf dem wir tags zuvor ein altes Bundeswehrzelt aufgestellt hatten, gefeiert. Udo hatte eine deftig-scharfe Gulaschsuppe in einem, an einem Dreibein hängenden, großen Topf, auf offenem Feuer, vorbereitet. Wir ließen uns mit Weiß- und Bauernbrot die Suppe munden. Bis um Mitternacht hielten wir es mit im See gekühlten Getränken und einem Verdauungsschnaps, am offenen Lagerfeuer in der rauen Rhön gut aus.

Als am Spätnachmittag der eingeladenen Gastwirt Fritz von der Erlesmühle hinzu kam, nahmen „Walberi“ und ich ihn auf die Schultern und so trugen der 1. und 2. Vorstand des PASV (Polizei-Angel-Sport-Verein) ihn wie auf einer Sänfte ins Festzelt.

„For You“ hieß er deshalb, weil er immer beim Skatspiel -meist in seiner Kneipe- das Ausreizen seiner Karten nicht mit „weiter“ weg gab sondern mit „For you“. Daraus lässt sich zwar schließen, dass Fritz Englisch gelernt hatte. Aber nein, im Gegenteil! Er hatte das „For you“ irgendwo aufgeschnappt.

Beim Angelfest 1987: Gastwirt „For-you“ wird vom vom 1. und 2. Vorstand des PASV höchst persönlich zum Festzelt getragen.

Mysteriöser Fisch?

Ich saß eines Abends alleine beim Angeln an den Rhönteichen und zwar an der steil abfallenden, basaltsteinigen Seite, direkt am Wasser auf einem großen Basaltstein. Man musste zu diesem Angelplatz von einem kleinen Plateau etwa 10 Meter über basketballgroße Basaltsteinbrocken absteigen. Es war bereits am Dämmern als plötzlich direkt vor mir, von rechts kommend, ein größerer, dunkler Fisch delphinähnlich aufstieg und wieder im Wasser verschwand Ich sah eigentlich nur den etwa 50 cm langen Rücken ca. 20 cm aus dem Wasser ragen.
Ich war total erschrocken und dachte an das Ungeheuer von „Loch Ness“. Kleinlaut holte ich meine Angel ein, packte meinen gelbbraunen, ausgemusterten Polizei-(Angel-)Rucksack zusammen und verschwand lautlos….
Als ich dies tags darauf meinen Kollegen erzählte war natürlich das Gelächter groß und man meinte, dass dies eher einer der spanferkelgroßen Graskarpfen gewesen sein könnte und kein Ungeheuer.

Irland-Angeln

Wir beschlossen noch einmal zum Angeln nach Irland zu fahren. Ein Jahr zuvor war bereits eine kleine Gruppe dorthin geflogen. Ich war beim ersten Mal nicht dabei und so war es für mich Pflicht diesmal mitzufliegen.

„Xiti“, Edgar, Ottmar, „Mander“, Gossi, Udo und ich fuhren also im Jahr 1983 zum Flughafen Frankfurt und flogen von dort mit dem grün-orangen Irland-Flugzeug zur Insel. Es war eine schöne Zeit, wieder mit einigen Anekdoten.

Am Frankfurter Flughafen hatte sich jeder Zweite im Duty-free-Shop noch mit schottischem Whisky eingedeckt.

Gelandet am Flughafen in Irland ging es gleich mit der ersten Story los, als wir die beiden Leihfahrzeuge bekamen. „Xiti“ bestand darauf als First-Driver eingetragen zu werden, da er als BMW-Fahrer hierzu besonders befähigt sei. Er legte deshalb eigens den BMW-Fahrzugschein seines Privat-Pkw vor und betonte in Germany der beste Fahrer zu sein.

Udo wollte Second-Driver werden, doch sagte ich in meinem gebrochenen Schulenglisch zur Autovermieterin: „This man is balla-balla!“, und machte den entsprechenden „Scheibenwischer“ dazu. Sie musterte streng den in Trachtenanzug mit Gamsbart-Hut gekleideten Udo und nickte mir verständnisvoll zu. Somit durfte Udo nicht fahren, er bekam keine Driver-Lizenz. Udo verstand unser Englisch-Kauterwelsch nicht, pflichtete unwissend der Unterhaltung bei und so bemerkte er missmutig erst später, dass „Mander“ der eingetragene Second-Driver war.

Eines Abends fuhr “Xiti“ mit dem Ford Sierra mit uns zum Guinness-Trinken. Wir erkannten auf einer geraden Landstraße weit vor uns einen 10-Liter-Plastikkanister auf der Fahrbahn. Als wir uns dem Kanister mit mittelmäßiger Geschwindigkeit näherten, tat es plötzlich einen Schlag und „Xiti“ hatte den Behälter „voll getroffen“.

Seine Worte waren nur: „Hoab i mir glei` denkt, dos i die erwisch!“

Glück gehabt

Wir gingen zum Moorangeln und ich wollte auf der anderen Seite des breiten Flusses laufen, doch keiner ging bei mir auf dieser Seite mit. Ich lief alleine an diesem moorigen Ufer. Mit den großen Gummistiefeln trat ich immer näher zum Flussbett hin und sank immer tiefer ein. Als ich schließlich bis über den Knien im Moor steckte und die Stiefel bereits voll Wasser waren, bekam ich Panik und schrie. Ich wollte zurück, doch die Stelle war so moorig, dass ich nach und nach, fast bis zum Schritt, einsank. Nach einigen Metern der Panik wurde das Gelände fester und ich bekam mit der Zeit wieder festeren Grund unter die Füße.
Wäre ich tatsächlich weiter eingesunken, hätte mir keiner meiner Kollegen helfen können, da sie eben am anderen, ca. 50 Meter entfernten Ufer unterwegs waren.
Sie dachten, ich mache einen Scherz.
Doch ich wäre jämmerlich ertrunken!

Am Abend hatte Udo gleich wieder einen Spitznamen für mich: "Mr. Moorman!"
Der Name begleitete mich nicht nur während der restlichen Irland-Fahrt.

Irland-Angeln: Auswerfen des Köderfisches

Als wir tags darauf „auf Hechte gegangen sind“, lief ich mit dem fast gleichaltrigen Kollegen „Gossi“ an einem kleineren Rinnsal vorbei und wir sahen zwei große (80 cm lange) Hechte im Wasser stehen. Da sie nicht beißen wollten versuchten wir, sie mit dem Blinker „zu reißen“ und tatsächlich holten wir diese beiden kapitalen Hechte aus dem Wasser. „Xiti“, der Hobbykoch, bereitete uns abends ein vorzügliches Hecht-Abendessen mit Kartoffeln und zuvor einem „Hechtsüpperl.“

Rückspiegel vom Leih-PKW abgebrochen

Wir waren wieder mit dem Leihwagen unterwegs und unterhielten uns angeregt. Dabei gestikulierte ich mit den Händen und schlug versehentlich den Innenspiegel des PKW ab. Wir konnten den Spiegel nicht selbst reparieren; wir mussten zu einer Reparaturwerkstatt.

Um unsere Getränke einzukaufen fuhren wir nach Nordirland (dort kostete der Kasten Bier statt 80,- DM nur die Hälfte) und suchten dabei auch eine Kfz.-Werkstätte.

Wir fuhren also mit „Xiti" als First-Driver in die nächste nordirische Kneipe. Ich ging voraus, öffnete die Kneipentüre und es kam mir laut bellend ein Rottweiler-Hund entgegen. Blitzschnell warf ich die Türe wieder zu und ging voller Schreck rückwärts.

Wieder war das Lachen der Kollegen nicht zu überhören.

Vom Wirt bekamen wir die Auskunft, dass gleich um die Ecke, bei einer kleinen Tankstelle, unser Spiegel repariert werden könnte. Ich fuhr gleich mit dem Ford-Sierra dorthin und half bei der Reparatur mit.

Ein kleiner Obolus war zu entrichten und ich konnte mich wieder zu meinen Kollegen gesellen. Jedoch gab es beim Betreten des Lokals nochmal eine von Udo inszenierte Situation mit dem bellenden Rottweiler. Wieder hetzte er das Vieh auf mich und lachte, **dass die Fische ausgerissen wären…**

Schließlich ging es -voll beladen- über die stark bewachte Grenze (ähnlich der DDR-Grenzkontrolle) wieder nach Irland zurück und wir kehrten zum Abendessen in unser Stammlokal „Railway-Inn" in Bundoran ein.

Zoll-Problem beim Rückflug

Dann kam der Rückflug!

Wir hatten für uns und unsere zu Hause gebliebenen Kollegen zollfreie Zigaretten besorgt. Leider bekamen wir in Irland die falsche Auskunft bezüglich der Stückzahl und so meldeten wir im Flughafen Frankfurt beim Zoll für jeden von uns 400 Zigaretten an. Gleich stellte der Zöllner fest, dass wir zu viele Zigaretten-Stangen dabei hatten und Zigarettensteuern nachbezahlen müssten.
Ich verlangte sofort den Zoll-Chef, um die Sache zu klären. Doch die junge Zollchefin hörte sich meine (Grenzpolizei-)Version an und blieb logischer Weise bei der Nachzahlung.

Mit deftigen bayerischen Worten entrichteten wir schweren Herzens die „Zollgebühr" und hatten fast Probleme, dass wir, insbesondere Udo, nicht noch anderweitig, z. B. wegen Beleidigung etc. belangt wurden.

Die Zigaretten waren nun teurer als in Deutschland.
Wer sich nicht richtig informiert muss Lehrgeld bezahlen…auch Polizisten!

Angeln im Bergischen

Über Udos Connections besuchten wir in den 80er Jahren die Gummersbacher Jäger. Sie hatten zu dieser Zeit die Jagd im Bereich Oberfladungen gepachtet. Wir waren in der kleinen Ortschaft Odenspiel zum Wildbachangeln eingeladen und bei Arnold & Doris untergebracht. Sieben Mann stark rückten wir an und nahmen neben etwas Rhöner Wurstwaren auch eine von meiner Frau gebackenen „Marmorschnitte“ (mit Buttercreme gefüllte Schnitten) mit.
Wir verbrachten ein herrliches, verlängertes Wochenende.
Beim Angeln hatte ich wieder Pech, ich hatte keinen Biss. Ich besann mich auf mein Jugendprinzip und fing die Fische mit der Hand, aus einem kleinen, schmalen Bergbach. Vorsichtig griff ich mit beiden Händen unter die Ufersteine, spürte den Fisch (die lassen sich am Bauch streicheln), schnappte zu und warf ihn an Land. In kürzester Zeit hatte ich vier mittelgroße Forellen gefangen.

Abends wollte Fritz, Udos Schwager und einziger Nichtpolizist, die geangelten und gefangenen zehn Fische räuchern. Fritz hatte sich längere Zeit, feuchtfröhlich unterhalten und die zehn Forellen entsprechend gut geräuchert, dass diese farblich sehr dunkel waren und sich die Schwänze nach oben rollten. Wir versuchten beim Essen aus den verkohlten Teilen zu retten was zu retten war. Viel Fisch gab es aufgrund des Super-Räuchermeisters nicht mehr. Zum Glück hatte Doris reichlich Kartoffelsalat serviert.

Im Laufe des Abends war dann „Xiti" verschollen. Beim Zigarettenholen musste er natürlich „austragen" was in der örtlichen Gastwirtschaft los war. Spät abends brachten ihn zwei Einheimische zu uns zurück…

Arnolds Lebensgefährtin, Frau Doris, kümmerte sich während dieser Angel-Tage liebevoll um unser Wohlbefinden. Sie unterhielt uns gut, versorgte uns bestens und ließ sich die mitgebrachten Marmorschnitten zum Nachmittagskaffee auch recht gut schmecken.

Am letzten Tag der Angeltour ging Waidmann Udo nicht mehr mit zum Fischen, er wollte im Bergischen einen Rehbock schießen.
Tatsächlich erlegte er ein Stück Rehwild und wir bekamen das Wildbret von Arnold als Gastgeschenk.

Zu Hause ließ Udo in Ostheim, in der Gaststätte „Lichtenburg", das Reh von seinem Cousin zubereiten und wir hatten einen Super-Odenspiel-Erinnerungsabend, bei dem wir nochmal alles Revue passieren ließen.

Betriebsausflüge

Alljährlich angesagt waren Polizei-Betriebsausflüge, die natürlich in Zivil gestartet wurden. Hierfür gab es einen Tag Dienstbefreiung (DB).

Für eine Busfahrt reichte die Teilnehmerzahl nicht und zudem wollten wir lieber Kurztrips in der Rhön unternehmen.

Udo spannte sein wirklich kleines Pony an ein Wägelchen und wir liefen neben dem mit Bier und Grillgut beladenen Gespann her.

Teilweise lief ich neben dem Pony und führte es am Zaumzeug.

Es war ein Bild für die Götter; denn man konnte meinen ich führe einen Hund aus: Das kleine Pony und der 2-Meter-Mann.

Wir wanderten von Fladungen aus in Richtung Sands und machten an der „Dicken Eiche“, nach etwa zwei km, bereits die erste Rast oder besser gesagt Frühschoppen. Weiter ging`s Richtung Willmars. Bis abends hatte das Pony nicht mehr viel zu ziehen; es war nur noch Leergut auf dem Wagen…

Ein anderer Betriebsausflug führte zum Überlandwerk-Wochenendhaus, im Wald bei Oberfladungen. Udo hatte an einem großen Drehgrill ein Spanferkel vorbereitet. Als wir nach einstündigem Marsch dort hungrig und durstig ankamen, war das Spanferkel noch roh. Wir mussten unseren Hunger zunächst mit Bier stillen. Getreu dem Motto:

„Sieben Bier gibt auch ein Schnitzel

und dann haben wir noch nichts getrunken!“

Da der Hunger immer wieder spürbar war, fing ich an, an dem sich über der Glut drehenden Spanferkel herum zu schneiden. Dies passte Udo nicht und er nahm kurzerhand ein längeres, teilweise in der Glut liegendes Aststück und stieß mich vom Grill weg. Nicht nur aufgrund des heißen Holzstückes fiel ich im Nebengebäude des Überlandwerkhauses über die anderen Kollegen in das vorrätige Brennholz. Mein hellblauer Pulli hatte an der „Berührungs-Stelle“ ein entsprechendes schwarzes Fleck, das sich nie mehr auswaschen ließ.

Auch der nächste Betriebsausflug zum Kreuzberg war lustig und interessant. Wir setzten uns im Fürstensaal zu einer ungefähr gleichaltrigen Frauengruppe an den Tisch. Das Kreuzbergbier zeigte bald seine Wirkung und die Gespräche wurden sowohl bei den Frauen als auch bei uns immer lockerer.

Als der Abholungs-VW-Kombi eintraf und die erste Gruppe einladen wollte,

boten wir den Frauen an, sie Richtung Hilders/Hessen mitzunehmen. Kavaliermäßig ließen wir sie zuerst einsteigen.
Das laute Reden ging nach halber Strecke schon in ein Gekicher, ja in ein Gekreische über; denn mancher Kollege hatte seine Hände nicht mehr so ganz unter Kontrolle. Deshalb erhielt seit dieser Fahrt der eine ältere Kollege einen entsprechenden „ergreifenden“ Beinamen…
Nichtsdestotrotz wurde in Hilders noch ein kurzer Stopp gemacht. Wir hatten noch viel Spaß mit diesen Frauen und man verabschiedete sich herzlichst, auf Nimmer-Wiedersehn…

Unbewusst Formblatt falsch ausgefüllt

Bei einer anderen Sache wäre ich im Jahre 1975 fast entlassen worden. Nicht wegen eines übertriebenen Streiches sondern wegen eines falsch ausgefüllten Formblattes. Ich war noch Beamter auf Probe, also noch keine 27 Jahre und hatte einen kleinen Dienstunfall und die Arztrechnungen waren ordnungsgemäß (in Ansbach) abgerechnet.
Als nun der nächste Beihilfeantrag einzureichen war, gab meine Frau unbeabsichtigt, quasi fahrlässig, auch diese bereits beglichene kleine Rechnung nochmals mit bei. Das war Betrug!
Anzuführen wäre hier noch, dass ich damals die schriftlichen Arbeiten meiner Frau übertragen hatte, da sie ja -als Industriekauffrau geschult- mehr Ahnung von dieser

Art Schreibkram hatte als ich. Unterschreiben musste ich natürlich meinen Beihilfeantrag selbst und war somit dafür verantwortlich.
Es kam nun ein Anruf aus München zu meiner Dienststelle, der GPS Fladungen, und der damalige Dienststellenleiter, Fritz H., ein guter, fähiger Dienststellenleiter, stellte mich kameradschaftlich zur Rede.
Ich erklärte ihm und auch dem Stellvertreter „Luck" den unglücklichen Sachverhalt. Also dass ich die Beihilfe zusammen mit meiner (Industriekauf-)Frau gemacht habe, diese Rechnung versehentlich nochmal mit reingerutscht sein muss oder wahrscheinlich auch ein Kreuzchen im Beihilfeantrag falsch gesetzt wurde.
Daraufhin rief Fritz H. in München zurück und erklärte die unangenehme Sache.
Als ich von der Streifenfahrt zurück kam, meinte er, dass meine Nichtentlassung 19,80 DM koste; denn so lange habe er mit München telefoniert.
Sehr erleichtert zahlte ich die, wenn auch schmerzlichen, 19,80 DM Telefonkosten, bedankte mich beim Chef und wie konnte es anders sein, die nächste Runde ging auf meine Kappe…
Diese Beihilfesachen soll ein junger Polizist gleich kennen und wissen, wenngleich dies in der Ausbildung nie geschult wird. Während der Ausbildungszeit in der Kaserne gab es freie Heilfürsorge und keine Abrechnungen mit der Privatkasse und der Beihilfe. Privatkasse & Beihilfe, mit denen nach der Kasernierung abgerechnet werden musste, waren quasi „Spanische Dörfer"! Denn alle Arztrechnungen kommen per Post ins Haus und müssen dann sowohl bei der Krankenkasse (Originalrechnung) als auch bei der Beihilfe (Duplikat) eingereicht werden, damit man wieder ans Geld kommt…
Für den pflichtversicherten Laien ist diese Krankenkassen-Arbeit bestimmt unverständlich, ja kaum zu erklären…

Besondere Einsätze

Dienstlich war manch besonderer Einsatz zu verzeichnen.
In Fladungen in der Badergasse hatten die Nachbarn festgestellt, dass der Briefkasten einer älteren Frau nicht mehr geleert wurde.
Ich stieg mit der Holzleiter des Nachbarn Valentin übers Nebengebäude in die Wohnung ein. Eine Fensterscheibe musste ich vorher einschlagen.
Als ich in den zweiten Raum eintrat, lag Frau Karoline H. vor ihrem Bett.
Sie war zwar noch ansprechbar, jedoch sehr schwach. Vermutlich war sie aus dem Bett gefallen oder beim Aufstehen umgefallen und lag, evtl. schon zwei Tage lang, total unterkühlt auf dem Bettvorleger.
Nach schnellem Abtransport durchs Sanitätsauto erholte sie sich wieder.

Zusammen mit dem älteren Kollegen Willi hatte ich die Frau gerettet!

Überbringen von Todesnachrichten

Nicht unbedingt zum Polizeialltag gehört das Überbringen einer Todesnachricht an die Angehörigen. Ab und an ist diese nicht leichte Aufgabe zu erledigen

.

Zwei besondere Situationen ergaben sich für mich, als Todesnachrichten an zwei Fladunger Unternehmer überbracht werden mussten. Bei der einen war ich noch bei der GPS Fladungen bedienstet, bei der anderen bereits bei der Landespolizei in Mellrichstadt.

Beim ersten Fall erhielt ich nachts die telefonische Vorinformation von der Polizei aus Frankfurt (ein Fernschreiben folgte), dass der mir persönlich bestens bekannte Unternehmersohn bei der Heimfahrt mit einem Taxi schuldlos tödlich verunglückt war.

Ich selbst war total erschrocken, doch auch erleichtert, dass nicht ich die Todesnachricht an den mir ebenfalls gut bekannten Vater überbringen musste, sondern die Streifenbesatzung die auf Außendienst war. Ich verständigte per Funk Streifenführer „Walberi", beorderte ihn zur Dienststelle und wir besprachen die Strategie; denn auch „Walberi" kannte diesen Unternehmer sehr gut.

„Walberi" berichtete nach der Verständigung, dass sich fast ein Drama abgespielt hatte, zumal der Sohn die Firma hätte übernehmen sollen.

Die Nachtschicht war für uns gelaufen, denn das Thema beherrschte die ganze Nacht. Wahrscheinlich auch, weil dies -für uns junge Polizisten- die erste Benachrichtigung war.

Beim zweiten Benachrichtigungsfall, einige Jahre später, ging es um den tödlich verunglückten, künftigen Schwiegersohn eines anderen Fladunger Unternehmens. Hier war ich bei der zuständigen Streifenbesatzung und musste zusammen mit einem jungen Dienstgruppenleiter (DGL) die Nachricht überbringen. Obwohl nur mir die Angehörigen bestens bekannt waren, ließ es sich der Dienstgruppenleiter nicht nehmen, diese Aufgabe selbst zu übernehmen. Ich konnte ihn noch überreden nicht direkt zur alleine wohnenden Freundin des tödlich Verunglückten zu fahren, sondern erst zu ihren in der Firma lebenden Eltern. Auch hier logischerweise die grausame, schock ähnliche Situation beim Unternehmerehepaar. Im Laufe des Gesprächs bat der Unternehmer darum, selbst Einsicht in das Mitteilungsfax der anderen Polizeidienststelle zu erhalten. Der junge DGL erklärte, dass dies nicht sein dürfe. Trotz mehrmaliger Nachfragen reichte er dem Unternehmer nicht das „Papier“. Auch seinem hilfesuchenden Blick an mich gerichtet, konnte ich leider nicht entsprechen, da der DGL hart blieb und die Herausgabe verweigerte.

Vorschrift hin, Vorschrift her; in einem solchen Fall wäre es menschlicher gewesen dem Wunsch zu entsprechen!

Die Leute, eh schon in aufgelöster Stimmung, waren nun noch mehr verärgert und begleiteten uns, zumindest den DGL, sehr frostig zum Haus ihrer Tochter. Wobei hier (wie von mir gewünscht!) die Mutter die Regie übernahm und ihrer Tochter selbst die Nachricht aussprach. Zusammen mit der Mutter nahm ich die junge Frau in den Arm, für sie brach die Welt zusammen…..

„Zweiter Prager Fenstersturz“

Wie es in der Geschichte den Prager Fenstersturz gab, so ähnlich endete auch ein weiterer, ähnlicher Polizeieinsatz für mich. Unwillkürlich erinnerte ich mich bei diesem Ereignis an den im Geschichtsunterricht gelernten Fenstersturz von Prag.

Es gibt Parallelen sowohl bei der ersten Vertreibung zur zweiten Vertreibung aus dem Paradies als auch vom Prager zum Fladunger Fenstersturz.

Der Fall ereignete sich in Fladungen, in der Ludwigstraße, gegenüber der Post und hatte für mich keinen besonders angenehmen Ausgang.

Die neben dem Frisör-Geschäft Sturm wohnhafte, alleinstehende, alte Frau Rosa B. wurde ebenfalls tagelang nicht mehr gesehen. Wieder mussten mein Kollege „Gossi“ und ich vom Frisör-Nachbarn her einsteigen. Ich ging nach dem Einstieg auf der hölzernen Bodentreppe voraus und hinunter ins Erdgeschoß. Am Stiegenende öffnete ich eine Holztür um in den Ern (fränkischer Hausflur) zu kommen. Als sich an der einen Zimmertüre nichts tat, ging ich zur zweiten. Ich hatte diese Zimmertüre noch nicht richtig geöffnet, da kam mir die alte Frau Rosa schreiend, mit einem Besen in der Hand, entgegen. Die noch sehr rüstige, kleine Frau schrie: „Ihr Einbrecher, macht bloß, dass ihr fortkommt!“ und schlug mit dem Besen auf mich ein. Während Koll. „Gossi“ mit den Worten: „Mir nach!“, gleich wieder die Stiegentüre zuschlug und die Holztreppe hinauf hetzte, machte ich kehrt und versuchte durch Flucht in die andere Ern-Ecke den Schlägen der Frau zu entkommen. Ich hechtete in einem Satz auf ca. 30 Stück, in mehreren Reihen, vor einem Fenster bis zur Fensterbankhöhe aufgeschichteten und mit allerlei „Krimskrams“ gefüllten Bananenkartons.

Mein Ziel war, mit den Fingern den Fensterrahmen zu erreichen. Leider erwischte ich um ein paar Zentimeter den Rahmen nicht und landete auf den hüfthoch gestapelten Bananenkartons. Meine so daliegenden zwei Meter Körpergröße boten nun genug Fläche für die kleine, hagere, aber drahtige Frau. Ich verspürte mehrmals Rosas Stubenbesen deutlich auf meinem Hintern und Rücken. Schließlich gelang es mir, auf den Kartons weiter nach vorne zu robben und das Fenster zu öffnen.

In der Hektik fiel ich kopfüber, mit den Händen voraus, nach draußen ins schmale Gässchen Richtung Mittelmühle. Dabei rutsche das rechte Hosenbein hoch und ich schürfte mir vermutlich am Metall-Wetterschenkel des Fensters mein Schienbein auf einer Länge von ca. 25 cm blutig auf.
Die herumstehenden, schaulustigen Nachbarn und krümmten sich vor Lachen.

Da lag ich nun am Boden, etwa 1,20 m tief aus dem Fenster gefallen, mit blutendem Schienbein. Ich hatte quasi einen ähnlichen Kopfsprung „(Köpfer“) wie beim Schwimmen gemacht, nur ohne Wasser!

„Ja, Schadenfreude ist die schönste Freude!“

„Gossi“, der quirlige Streifenpartner, war inzwischen unverletzt und ohne Schläge schön brav die Leiter des Nachbarn hinabgestiegen und konnte sich ebenfalls an meinen Fenstersturz erfreuen. „Gossi“ übernahm anschließend auch die Er-/Aufklärung für Frau Rosa, denn ich war noch sehr in Rage...
Trotz allem meldete ich natürlich keinen Dienstunfall an, die Wunde heilte von alleine.

Fliesenleger Kollege „Gossi“

Dieser kleine, kameradschaftliche Kollege, der nach der Schule erst den Fliesenlegerberuf erlernt hatte, wäre beinahe nicht bei der Polizei eingestellt worden. Seine Körpergröße ist nur 167 cm und 168 cm war damals das Mindestmaß. Was machte er bei der Polizeiarzt-Untersuchung, der pfiffige „Gossi“? Er stellte sich beim Messen der Körpergröße einfach ein wenig auf die Zehenspitzen. Und schon war er mit 168 cm Mindestmaß eingestellt.

Dass er bei den meisten Kollegen für ein Butterbrot, evtl. für ein Wurstbrot, Fliesen verlegt hat, versteht sich von selbst. Er war nur zur Polizei gekommen, weil sein Lehrmeister ihm das Leben nicht gerade leicht gemacht hatte. Und so war es nicht von ungefähr, dass der Sportsmann, der natürlich auch Sportangler in unserm Verein (PASV) war, auch den Polizei-Skilehrerschein gemacht hat. Dadurch konnte er seinem Hobby teilweise auch im Dienst frönen.

Leider geriet auch er nach der „Zweiten Vertreibung aus dem Paradies“ in den dienstlichen „Sumpf“ und schaffte nicht doch noch -wie ich- den letzten Dienstgrad, die A-11-Besoldungsgruppe, den Polizeihauptkommissar. Er musste 2012 leider als Oberkommissar in Pension gehen; genau wie Lubber, Felix und „Berni“. Elmar „durfte“ sogar seine Dienstzeit um ein halbes Jahr verlängern, er ist zu spät Oberkommissar geworden. Man muss das Amt gesetzmäßig eine gewisse Zeit „inne haben“, bevor es pensionsfähig wird.

Und das nur, weil man:

“Von der milden Luft der Grepo in den rauen Wind der Lapo!“

gekommen ist.

Man begegnet sich im Leben immer zweimal! oder

Die Rache für „Zweiten Prager Fenstersturz“

Nun ergab es sich, etwa 10 Monate nach meinem „Fladunger-Fenstersturz“, im Jahre 1980, dass ich „Rache“ an Frau Rosa, nehmen konnte, die mich damals „leicht verdroschen“ hatte.
Die alte, meist schwarz gekleidete, kleine Frau, streunte manche Nächte durch Fladungen. Sie hatte wie immer schwarze Gummistiefel an, trug eine lange, dunkle Schürze, eine Strickjacke oder einen schwarzen Pelzmantel und ein Kopftuch.

Eines Nachts, kurz vor Mitternacht, wir waren gerade von der Streifenfahrt zur Dienststelle eingerückt und machten Brotzeit, da hörte ich Geräusche im Garten, direkt hinter der Dienststelle und dem angebauten Rhönmuseum.
Die Polizeistation war inzwischen im zweiten Stock des Rathauses untergebracht. Ich ging ans Fenster um nachzuschauen. Ich sah, ca. 15 m vor mir im Mondlicht, eine kleine, dunkle Gestalt vor der Stadtmauer, zwischen den schmiedeeisernen Grabkreuzen des Museums herumschleichen. Bei genauerem Hinsehen erkannte ich meine „Freundin“ Rosa, bekleidet mit schwarzem Pelzmantel und schwarzen Gummistiefeln. Ich holte eine Taschenlampe, eilte zum Fenster, riss es auf und schrie lautstark: „Pistolen raus!“
Ein verängstigter äußerst kurzer Blick von Rosa zu mir herauf -direkt in den Taschenlampenstrahl- und die betagte aber noch flinke Frau huschte wie ein Wiesel zum eisernen Eingangstor zurück.

Ich rannte gleich zum anderen, entgegengesetzten Fenster der Dienststelle ins Treppenhaus und sah noch Rosas Schatten über den Marktplatz huschen, als sie eilig in Richtung ihrer Wohnung zurück lief.
Mein Lachen und das Lachen meiner Nachtschichtkollegen „Walberi" und Hans wollte nicht mehr verstummen. Ich hatte meine Genugtuung für den zuvor berichteten „Fenstersturz" mit den von Rosa erhaltenen Hieben.
Meine Kollegen hatten ihre helle Freude an dem Ausruf: „Pistolen raus!"
Den eigentlichen Grund, warum Rosa „Nächtens" dort herumgeschlichen ist, habe ich nie hinterfragt, er ist eigentlich rätselhaft! Vielleicht konnte sie einfach nicht schlafen?

Abordnung wegen Großfahndung

Im Jahre 1977 waren, wegen der (Hans-Martin-)Schleyer-Entführung (5.9.1977) dienstliche Abordnungen angesagt. Es wurden kurzfristig südliche Dienststellen, insbesondere Grenzübergänge, verstärkt.
Das Ganze ging so schnell, dass ich es gar nicht glaubte oder den Kollegen nicht für „voll nahm", der mir dies mitteilen sollte:
Ich war wie immer, am Mittwoch nach dem 18. Oktober, auf dem traditionellen Kirchweihtanz in meinem Heimatort, in Sondheim v. d. Rhön.
Jahre zuvor hatte ich meine Frau beim Tanzen kennengelernt.
An diesem Kirmesabend kam so gegen 22:00 Uhr der Hundeführer-Kollege Udo

in „voller Montur“, also während der Streifenfahrt, auf den Tanzboden und teilte mir -vom Marsch-Walzer abgehetzt- mit, dass ich morgen früh, um 06:00 Uhr, zur Abordnung nach Kiefersfelden eingeteilt worden bin. Ich sagte in meiner Kermesstimmung zu Udo, dass es schön sei ihn auf der Kirmes zu sehen und, dass ihm eine wunderbare Story eingefallen sei. Ich lud ihn in die Bar ein. Er lehnte ab und versuchte immer wieder mir klar zu machen, dass dies kein Scherz sei, sondern ich tatsächlich um 06:00 Uhr mit Kollegen, Ottmar und „Stäbi“ nach Kiefersfelden fahren muss. Ich ignorierte weiterhin diese Mitteilung/diesen Befehl, da ich wirklich der Meinung war, es handelt sich wieder mal um einen der Scherze von Udo und bestellte einen neuen Drink.

Als nun meine Frau hinzu kam, erklärte Udo alles nochmal. Ich jedoch sah es weiter als einen von Udos (Max-&-Moritz-)Streichen an.

Da packte mich Udo, der kräftige ehemalige Boxer am Kragen und erklärte mir die Sachlage ein letztes Mal. Ab da kapierte ich zwar, dass ich tatsächlich abgeordnet war, was mich jedoch nicht vom Kirmesfeiern abhielt. Auf den Abordnungsfrust musste noch einer getrunken werden. Nach Mitternacht trat ich, zusammen mit meiner Frau, den Heimweg an.

Jetzt schickte sie mich eiligst ins Bett und packte mir die Koffer.

Um 06:00 h kam der grüne Polizei-VW-Käfer bei mir vorgefahren. „Stäbi“, der Jüngste, war Fahrer, Ottmar war Beifahrer und ich saß mit meinen 2 Metern hinten quer, die Füße hinter dem Fahrersitz, Korpus und Kopf hinter dem Beifahrer.

Einen Kofferraum gab es beim VW-Käfer nicht und wir mussten unsere Koffer im Fahrzeuginneren verstauen. Einen Koffer stellten wir hinter die Rücksitzbank, also unter das kleine Heckfenster, und zwei standen aufrecht auf der Rücksitzbank hinter dem Fahrer, sozusagen neben mir.

Einer dieser beiden Koffer war ein größerer, hellbrauner von „Stäbi“ und er engte mich total ein.

Mir brummte der Schädel und auch sonst war mein Befinden nicht gerade gut. Ich konnte auch nicht schlafen, weil der „Haarspitzenkatharr“ dies nicht zuließ.
Dann war es soweit, in Schweinfurt, Nähe Stadion, in der Rechtskurve Richtung Bahnhof, kamen mir die Kirmesdrinks samt Bratwurst wieder hoch. Ottmar versuchte noch sich zu ducken und das Beifahrerfenster herunterzukurbeln. Ich zielte an Ottmars Kopf vorbei zum Fensterschlitz hinaus, leider schaffte ich es nicht mehr. Der VW hatte keine Kopfstützen und Ottmar bekam einen Großteil des „Auswurfs“ auf die rechte Schulter.
„Stäbi“ hielt in der nächsten Einfahrt rechts an und wir reinigten so gut wir konnten das Auto und auch Ottmars Pullover. Die Fahrt ging nun mit leicht süßlichem Geruch weiter bis zum nächsten Autobahnrastplatz. Nach einer gründlicheren Reinigung setzten wir die Fahrt nach Kiefersfelden fort.
Dort angekommen, meldeten wir uns bei der Dienststelle und mit uns auch Kollegen, die zwar auch aus dem Frankenland kamen, jedoch waren es keine Unterfranken….
Hier kam es schon zum ersten Disput zwischen einem älteren Abordnungskollegen und dem Beamten vor Ort. Der andere Franken-Kollege wollte gleich Verköstigungsgeld, weil er kaum Bargeld dabei habe. Er brachte den Kollegen von Kiefersfelden dermaßen in Schwierigkeiten, weil er immer wieder fast drohend in seinem urigen Dialekt vorbrachte: „Eines sage ich Ihnen, Herr Oberkommissar! Wenn Sie`s nicht regeln, dann gibt`s enorme Probleme für Sie!“
Der gute Kollege aus „Kiefer“ schaffte es nur damit, diesen „besonderen

Kollegen“ zu beschwichtigen, indem er ihm aus seinem Geldbeutel 20,- DM vorgestreckt hatte.
Als wir dann die Zimmer in einer Privatunterkunft bezogen, sahen Ottmar und ich, was „Stäbi“ in seinem großen Koffer eingepackt hatte. Als er nämlich das Gepäckstück öffnete, fiel lediglich der aus schwarzem Lodenstoff gefertigte, knöchellange Grenzpolizei-Umhang heraus, sonst war nichts im Koffer…..!
Ich dachte ich müsste „Stäbi“ fressen, solche Wut hatte ich angesichts der eingeengten Platzverhältnisse im VW-Käfer. “Stäbi“ entschuldigte sich damit, dass auch bei ihm die Frau den Koffer gepackt hatte…..
Während dieser zehntägigen Abordnungszeit verstärkten wir die einheimischen Kollegen beim Paßkontrolldienst.

Eines Nachts gab es in unserer Privatunterkunft in Kiefersfelden etwas Radau. Hatte doch ein anderer abgeordneter Kollege -von der Kneipe kommend- seine Zimmertüre mit der der Haustochter verwechselt. Die junge Frau dachte eventuell berechtigt an eine zwischenmenschliche „Straftat“ und reagierte entsprechend lautstark. „Gott sei Dank“ konnte die peinliche Situation schnell bereinigt werden.
Ob der Kollege, mit seinem tollen Kopf, bewusst oder unbewusst dieses Haustochter-Zimmer gewählt hatte, wer weiß?!
Am letzten Abordnungstag konnten wir, nach entsprechender Abschiedsfeier, mit unserm Dienst-Käfer wieder nach Hause fahren. „Stäbis“ großer Koffer wurde diesmal hinter die Rücksitzbank gedrückt. So hatten „meine 2 Meter“ -wieder hinten quer im VW-Käfer sitzend- etwas mehr Beinfreiheit bei der Heimfahrt als bei der Hinfahrt, die ja unter „erschwerten Polizeiumhang-Umständen“ stattfand…

Verlorene Pistole

Nach einer Grenzbegehung, bei der wir -wie bereits erwähnt- zum jeweiligen Ausgangspunkt angefahren und danach abgeholt wurden, bemerkte ich nach meiner Rückkehr auf der Dienststelle, dass meine Pistole fehlte. Ich suchte alle Dienstzimmer ab, suchte im Waffenschrank, nirgends war die Pistole zu finden.

Ich ließ mich nochmal bei Leubach zum Ausgangspunkt fahren, lief teilweise rennend die fünf Kilometer Grenze ein zweites Mal ab; die Pistole war weg.

Ergo: Verlustmeldung, Unannehmlichkeiten, Probleme, all dies schwirrte mir durch den Kopf.

Nun durchsuchte ich noch, fast akribisch das Dienstauto, den VW-Käfer, mit dem wir transportiert wurden und tatsächlich, rechts neben dem Beifahrersitz zwischen Sitz und Einstieg fand ich die Pistole.

Wieder mal fiel mir ein Stein vom Herzen!

Irgendwie hatte sich das Schießeisen zwischen Beifahrertüre und Sitz verklemmt und der Befestigungsverschluss der ledernen Pistolentasche hatte sich gelöst.

Dieses Glücksgefühl ist in so einem Fall unbeschreiblich!

Verlorenes Handfunksprechgerät

Ähnlich erging es mir mit einem Handfunksprechgerät „Rufname: Raute".

Das Gerät FuGe7b, etwa halb so groß wie eine Pralinenschachtel, war ebenfalls beim Einrücken nicht mehr im Pkw.

Gleich wurde die Streifenstrecke nochmal abgefahren und tatsächlich konnte das Funkgerät wieder gefunden werden.

Eventuell sogar mit Hilfe des Heiligen Antonius; denn zu diesem „Schutzpatron der Verlierer" habe ich in meinem Leben so manches erfolgreiche Stoßgebet abgesandt.

Das Funkgerät lag am Wurmberg in Fladungen, in der Rechtskurve gegenüber dem Eingang zum Hotel „Sonnentau", Richtung Ferienhäuser. Ich hatte am Wurmberg bei Udo, der kurzzeitig hier gewohnt hatte, ein dienstliches Schreiben abgeben müssen. Wahrscheinlich hatte ich das Funkgerät beim Einsteigen aufs Fahrzeugdach gelegt und es ist tatsächlich ca. 2 km auf dem Dach mitgefahren und fiel erst in dieser Rechtskurve herunter.

Leider war das Gehäuse beschädigt, weil ein anderes Fahrzeug teilweise darüber gefahren war.

Wieder musste ich mir, eine Ausrede einfallen lassen und schrieb eine entsprechende Schadensmeldung.

Mit der schriftlichen Aufforderung oder Belehrung des Dienstherrn, künftig mit dienstlichem Gerät pfleglicher umzugehen, konnte ich den Fall abhaken.

Beschädigter Dienst-PKW

Ein weiteres Malheur passierte mir bei einer Streifenfahrt mit dem Dienst-Kombi. Ich fuhr mit dem VW-Bus im Dienstbereich bei Sands/Filke, da sah ich an den „Schwarzen Teichen“ Kollegen „Walberi“. Er hatte die Teiche gepachtet und war gerade dabei, den Abfluss oder Mönch mit Jutesäcken und Lehm abzudichten. Wir hielten ein kurzes Schwätzchen.

Als ich wegfahren wollte, musste ich mit dem Kombi einige Meter rückwärtsfahren. Plötzlich krachte es und ich war mit dem linken Hinterreifen gegen die Schnittseite eines abgelagerten Buchenstammes gefahren. Hinterreifen und Felge waren „im Eimer“.

Was nun? Schon wieder Stellungnahme oder Schadensmeldung?

Nein! Wir wechselten den Reifen, fuhren nach Ostheim zu einem VW-Autohaus und erkundigten uns nach einem gebrauchten Reifen. Für 10,- DM konnte ich eine gebrauchte Felge mit noch einigermaßen gutem Profilreifen kaufen.

Fall erledigt!

Ohne Stellungnahme, Belehrungen und „großem Dienstweg“, nur „kleiner Dienstweg“!

Hausunfälle

Verschiedene, teilweise kuriose Hausunfälle hatte ich während meiner Dienstzeit auch. Beim Brennholz hacken mit der Axt in den Finger gehackt zu haben, war noch das Einfachere.

Aber beim Vogelsandtrocknen die Finger der linken Hand verbrannt zu haben, bedurfte schon genauerer Erklärung. Dabei war es ganz einfach.

Wieder einmal war ich dabei die Außenvolieren für meine etwa 20 Kanarienvögel zu reinigen. Als ich Mainsand in die Bodenplatten streuen wollte, war mir dieser aufgrund der winterlichen Jahreszeit zu nas. Ich nahm eine alte metallene Kehrrichtschaufel (Zimmer-Blechschaufel), schaufelte diese voll Sand und legte sie auf den alten Herd meines Schwiegervaters in der Schreinerwerkstatt. Als der Sand getrocknet war wollte ich die Schaufel vom Herd nehmen. Ich packte sie am Griff, den ich seitlich hin ausgerichtet hatte. Der Griff der alten Schaufel war schon sehr lädiert und natürlich auch sehr warm. So passierte es, dass beim Anheben der Schaufel der Griff abbrechen wollte. Geistesgegenwärtig versuchte ich dieses Absacken zu verhindern, indem ich mit der linken Hand unter die Schaufel griff. Sofort zischte und rauchte es kurz und ich hatte mir alle Fingerspitzen der linken Hand nicht unerheblich verbrannt.

Durch das schnelle Reagieren hatte ich zu spät realisiert, dass die Schaufelfläche diese hohe Temperatur hatte. Entsprechend ehrlich fiel die Stellungnahme aus. Logisch, dass dieses tapsige Verhalten oft genug angesprochen und mir, insbesondre von Chef Bertold gerne mit verschmitztem Lächeln, vorgehalten wurde.

Kulinarische Genüsse

Kulinarisch wurden wir im Paradies Fladungen natürlich auch verwöhnt. Der stellvertretende Dienststellenleiter „Luck“ bekam von seiner Frau täglich zwei frische, belegte Brötchen oder frischgeschmierte Brote. Seine Frau, „Elisabeth the second“, wie wir sie liebevoll nannten, (abgeleitet von Elisabeth II, der Königin von England, die 2012 ihr 60jähriges Thronjubiläum feiern konnte) brachte ihm anfangs die fertigen Brötchen zur Dienststelle. Später rief sie immer öfter an, dass die belegten Brötchen abholfertig sind. Entweder wurde während einer Streifenfahrt bei ihr in Fladungen kurz vorbeigefahren oder man machte eine Extra-Ortsstreife zu ihr hoch und holte die Brotzeit ab. Tatsache war, dass der Abholer die Wurstsemmeln immer selbst essen durfte, da Luck meist mehr Durst als Hunger hatte.

Hierbei lernte ich den sehr guten Streichkäse „Bresso“ kennen, der verhältnismäßig dick von Frau Elisabeth aufgestrichen wurde.
Das zweite Brot/Brötchen war mit kleingeschnittenen, mageren Schinkenwürfeln belegt, damit der „Luck“ dies besser hätte beißen können…
Wir Jungpolizisten waren immer begeistert, diese leckeren Spezialsemmeln bei der lieben Frau Elisabeth abzuholen!

Als später Fernschreiber Harry zu uns kam, verwöhnte dieser uns mit selbstgemachten Pizzen und mehr. Es war herrlich diese Köstlichkeiten in der Mittagspause serviert zu bekommen.

Meister Lampe und „For you“

Als ich wieder einmal mit Udo auf Streifenfahrt war, kreuzte auf der Hochrhön ein Feldhase unseren Weg. Der totgefahrene Meister Lampe war erheblich verletzt und entsprechend zerfetzt. Wir fuhren zurück um den Hasen von der Fahrbahn, als Fuchsfutter oder Geierfutter, in den Straßengraben zu legen.
Nein, es wurde wieder ein Gag daraus gemacht. Wir hatten die Idee, den Hasen beim Gasthaus und Bauernhof Erlesmühle an den Kiosk zu hängen. Gesagt getan. Der Hase wurde unter die Vorderhaube des VW-Käfer gelegt, zur Erlesmühle von Gast- und Landwirt Fritz („For you“) transportiert und dort am Kiosk -an der Speiseeisfahne- aufgeknüpft. Kopf nach unten baumelte nun der zerfetzte Feldhase am Bratwurst-Kiosk vor der Kneipe.
Danach wurde Fritz von der nächsten Telefonzelle aus angerufen und ihm eine Wilderei vorgeworfen. Antwort: “Ihr seid wohl verrockt, ich hob kein Hoas gewildert. Ich ess` im Labe ken Hoas.“ Er wurde nun darauf angesprochen, dass der Hase doch an seinem Kiosk zum Aushängen befestigt ist.
Abschließend meinte er abwertend: „Ihr könnt mich emorl….! Ich konn mir schu gedenk bär does widder gemocht hoat!“. Schnell entfernte er den Hasen am Kiosk.

„Kiox“ nannte übrigens Fritz seinen Kiosk…zumindest hörte es sich wegen seiner Zahnlücke so „indianisch“ an!

Ähnlich seines Ausrufes beim Skatspielen, wenn er passen musste: „For you, Tschatschend for you!“

Oder er malte mit dem rechten Zeigefinger eine Null auf den Tisch und reizte dann: „Das Nüllchen noch!"
Ja, die eine oder andere Kartrunde, auch Bierlachs genannt, wurden nach Feierabend in der Erlesmühle schon gezockt. Da ließ Fritz Kühe und Schweine warten, erst wurde noch ein „Boller" (ein Skatspiel) gemacht.

Preisschafkopf

Einen von mir organisierten Polizei-Preisschafkopf veranstalteten wir alljährlich beim Fritz („For-you"). Das warme Essen wurde vorbestellt und dann ging es mit 3 x 24 Spielen rund. Die Startgebühr betrug 5,--DM. Dieses Einnahmen wurden jedoch als Geldpreise (50,-, 30,- 20,- Mark) wieder zur Verfügung gestellt.
Die weiteren Preise wurden von Fladunger, Bastheimer und Oberfladunger Firmen gestiftet, um nicht zu sagen gefechtet. Die Chefs dieser Firmen wurden als Gast-Kartenspieler eingeladen und haben mitgespielt.
Es gab lukrative Preise, z.B. Ster Brennholz, Autopolitur/-öl, Zwetschgenschnaps, Schinkenspeck, Knackwurst; einmal sogar ein Spanferkel vom Fritz.
Die sechs Schafkopf-Kart-Partien wurden von Otmar und Hans ausgelost und ausgewertet.
Während der Partien war der Tisch, an dem „For-you" Karten spielte, immer der lauteste und wir versuchten, was uns auch jedes Mal gelang, beim Auslosen den Fritz, den Walberi und mich, mindestens eine 24er Runde lang, zusammen zu

losen. Das Geschrei konnte man wahrscheinlich zum einen von der Erlesmühle bis nach Obefladungen (1 km) hören und zum anderen bis in die östliche Richtung nach Melpers (600 m). Es ging dabei eigentlich nicht um irgendwelche Kartfehler sondern nur um **Aktion**, um Schau, um Spaß!
„Mameli", der als (Haupt-)Preis meist einen Ster Brennholz aus seinem eigenen Wald gestiftete, war ein Freund der Polizei. Zu dieser Zeit, 1970/1980/1990, hieß es nicht nur so, sondern es war auch so:

„Die Polizei, D e i n Freund und Helfer!"

Nach der zweiten Vertreibung aus dem Paradies, hieß es zwar ähnlich, aber eben anders und es wurde teilweise auch anders praktiziert:

„Die Polizei! M e i n Freund, D i r helf` ich!"

Wenn man beim Aussprechen des neuen Slogans noch mit dem rechten Zeigefinger droht, hat man das teilweise neue Polizeiverhältnis zum Mitbürger und somit den Spruch verstanden.

Nach der Preisverteilung wurde noch weit bis nach Mitternacht „scharf" -5, 10, 15 mit Doppeln usw.- weiter gekartet.

Alljährlich in der Fastenzeit trinke ich -40 Tage lang!- keinen Alkohol. Da der jährliche Preisschafkopf mal in diese Zeit fiel, gönnte ich mir an diesem Abend drei Flaschen Selterswasser und eine große Flasche Spezi.

Beim Bezahlen kam es deshalb zu Eklat. Ein Angestellter des Hauses (der Praktiker) kassierte mich ab und wollte von mir 25,- DM. Ich meinte, dass er sich verrechnet haben müsse. Er erwiderte, dass 1 Flasche Selters 7,- DM (!) kostet und Spezi 4,- DM. Er teilte mir folgende Selterswasser-Rechnung mit: „Wenn
0,1 Liter Selters 1,- DM kostet, dann kosten 0,7 Liter eben 7,- DM.
Mit der Bestätigung: "Diese Rechnung stimmt!", bezahlte ich die 25,- DM, verließ als Preisschafkopfveranstalter total verärgert die Kneipe und betrat sie ein ganzes Jahr lang nicht mehr!

Fritz musste am nächsten Tag für seine Kühe Trester in der Brauerei in Ostheim abholen und deshalb war er nach Mitternacht bereits zu Bett gegangen. Wir besuchten ihn jedoch nochmal oben im Schlafzimmer und zogen ihn mitsamt dem Bettlaken aus dem Bett heraus. Der Schreck und die dazugehörige Laustärke waren groß!

Nach einem Jahr wurde sich einvernehmlich und entschuldigend geeinigt und die Ära „For-you" ging weiter. Ich/wir möchte(n) sie nicht missen!
Denn auch ich hatte bei dieser einjährigen „For-you"-Abstinenz Entzugserscheinungen….

Detonationen

Fritz war einmal rein zufällig mit dabei, als wir direkt an der Wegesperre Oberfladungen/Melpers die Arbeiten der NVA-Soldaten (Nationale Volksarmee) im Minengürtel beobachteten. Wir standen an dem großen Lindenbaum direkt an der Grenze und 10 – 20 Meter vor uns waren die DDR-Soldaten in Schutzanzügen mit Helm und Visier damit beschäftigt, die alten Holzkastenminen mit langen Stangen zu suchen und frei zu stochern. Anschließend fuhr das Minenräumgerät über diese Minen und sprengte sie hoch. Bevor der Minenräumer losfuhr machte ein DDR-Offizier eine Megaphondurchsage, dass wir wegen der Sprengung zurücktreten sollten. Wir, und erst recht der Fritz, gingen etwa 10 Meter zurück. Es erfolgte eine erneute Aufforderung weiter zurückzutreten. Wir kamen dieser Aufforderung nicht nach, da wir uns sagten, dass eigentlich keine Erdbrocken oder Steine auf Bundesgebiet fallen dürften.

Dann fuhr der Minenräumer los. Als die erste Mine in ca. 30 m Entfernung detonierte, gab es einen mächtigen Knall und eine enorme Druckwelle.

Fritz schreckte dermaßen zusammen, dass er sich bäuchlings unter die große Linde warf und sich verängstigt die Ohren zuhielt. Er war quasi in „volle Deckung" gegangen.

Vorsichtshalber, aber auch beeindruckt, gingen auch wir nochmal fünf Meter zurück und die Sprengungen gingen weiter.

Am Abend wurde diese minenfreie Stelle mit dreifachem Personal, also sechs Mann, darunter mindestens ein Offizier, bewacht. Am nächsten Tag verlegten die DDR-Soldaten neue Plastiktretminen.

Über den Angsthasen Fritz konnten wir uns noch lange amüsieren. Insbesondere beim Kartenspielen kam es immer wieder durch, dass er wegen eines Luftzuges in „volle Deckung“ gegangen ist.

DDR-Flüchtlinge

Im Zusammenhang mit Detonationen darf nicht fehlen über zwei der vielen Flüchtlingsdramen zu berichten. DDR-Bürger, die es trotz Selbstschussapparaten, trotz Tretminen, geschafft haben, unversehrt den Metallgitterzaun zu überwinden, um von Ost nach West zu gelangen.

Wir hatten wie immer mit drei Mann Nachtdienst, als wir gegen 23:30 Uhr, fernmündlich von der etwa 600 m an der Grenze liegenden Gaststätte Erlesmühle, Gastwirt „For-you“, verständigt wurden, dass sich vier Flüchtlinge bei ihm gemeldet haben. Nach zehn Minuten waren wir vor Ort und sahen eine junge Familie, Vater, Mutter und zwei Kleinkinder. Sie waren unter Vaters Leitung von Melpers/Thüringen kommend über den Erlesberg zu Fuß geflüchtet. Der junge Vater, der mal bei der NVA Dienst in diesem Bezirk verrichtet hatte, wusste, dass im Bereich der Streuquelle keine Verminung möglich war. Er führte seine Familie durch den kleinen, kniehohen Bach und anschließend den steilen Erlesberg hinauf. Hierbei rutschte eines der mit Schulranzen bepackten Kleinkinder (7 Jahre), etwa auf halber Höhe, ca. 30 Meter auf dem mit Laub übersäten Waldboden ab und blieb schließlich an einem Baumstamm leicht verletzt hängen.

Ohne Worte stieg der Vater wieder nach unten und holte den Sohn zurück. Angeblich dauerte diese Bergung gefühlte 20 Minuten.
Inzwischen hatte die patrollierende NVA-Nachtstreife schon etwas bemerkt und machte auf ihrem Grenz-Fahrzeugweg mobil.
Die Flüchtlinge trennten nur noch wenige Meter vom Westen und erreichten, zwischen Gut Huflar und dem Bauernhof Erlesmühle, rechtzeitig das Westdeutsche Territorium.

Die Büchertaschen der beiden kleinen Schulkinder hatten die Eltern nicht nur mit ein paar Schulbüchern bepackt, sondern zwischen den Buchseiten sämtliche wichtige Dokumente versteckt.
Kaffe und Cola schmeckten den etwas verängstigten Flüchtlingen zum einen vorzüglich und zum anderen steuerten diese West-Getränke auch zur eh schon vorhandenen Freude bei:
Die lebensgefährliche Flucht war geglückt!

Bei der Dienststelle musste -bei allen Flüchtlingen- ein ausführliches Flüchtlingsprotokoll mit genauen Koordinaten der Übertrittstelle erstellt werden. Anschließend leitete man die Flüchtlinge ins Notaufnahmelager nach Gießen weiter.
Die Übertrittstelle wurde nochmal in Augenschein genommen und da war auf DDR-Seite enorme Aktivität festzustellen.
Zu spät!

Auch zwei jungen Burschen gelang in den 70er Jahren die Flucht über den einreihigen, mit Selbstschussapparaten bestückten Metallgitterzaun (emgz).

Die 16- und 17jährigen Bäckerlehrlinge wurden eines frühen Morgens von Bewohnern aus Weimarschmieden zu uns zur Dienststelle gebracht. Sie waren aus einer DDR-Grenzortschaft gegenüber des kleinen (West-)Dörfchens Weimarschmieden, wohnten also innerhalb des sog. „Sperrgebietes" direkt an der Grenze und hatten tatsächlich den Kontrollstreifen passieren und den Metallgitterzaun unverletzt übersteigen können.

Da sie in entsprechender Laune waren, war es unverkennbar, dass sie dem Alkohol zugesprochen und mit diesem Mut die gefährliche Flucht gewagt hatten.

Auf die Frage nach dem Grund der Flucht erklärten sie, dass sie „es satt hätten täglich um 03:00 h aufstehen zu müssen und Brötchen zu backen". Daraufhin meine nächste Frage: „Meint Ihr denn, dass in der Bundesrepublik die Bäcker nicht so früh aufstehen müssen. Auch im Westen fliegen einem die gebratenen Tauben nicht in den Mund!"

Drei Tage später hörte man, dass die beiden Bäckerlehrlinge -ungefähr an gleicher Stelle- die Grenze des Nachts wieder von West nach Ost überstiegen hatten, um doch lieber wieder DDR-Brötchen zu backen….

Wie zu erfahren war, konnten sie lange Zeit keine Brötchen backen, da sie wegen Republikflucht eingelocht wurden.

Tolle Gestalten

Zur Dienststelle, die in den 80er Jahren von der Bahnhofstraße in das Fladunger Rathaus umgezogen ist, kamen die tollsten Gestalten, die urigsten Typen, die sonderbarsten Menschen. Diese Leute waren keine Kriminellen, sondern eben ganz einfache, oft auch liebe Menschen. Sie suchten die Unterhaltung, wollten sich mitteilen und wünschten manchmal nur wegen Kleinigkeiten für sich eine Aufklärung.

Man musste ihnen nicht selten das Gesprächsende schon mehrmals deutlich mitteilen.

„Angst“ & „Bang“

Da war im Dienstbereich aus dem Rheinland eine Frau mit ihren zwei, ledigen, erwachsenen Frührentner-Söhnen zugezogen. Die Söhne, etwas älter als ich, waren nicht nur von der Statur total unterschiedlich. Der eine war hager, fast dürr, der andere etwas vollschlank. Entweder waren sie das vom Rheinland her so gewohnt, jede Sache mit einem Polizisten besprechen zu wollen, oder es lag daran, dass sie es hier in der Rhön gerne mit uns zu tun hatten. Jedenfalls kamen sie mindestens einmal wöchentlich mit ihren „Anliegen“ zur Wache. Das dürre Männchen hatte so eine jammernde, helle Stimme und treue, schwarze Augen, die wie ein Dackel schauen konnten. Die Anrede war immer höflich mit: „Herr Wachtmeister“…!

Sie erzählten meist zwischenmenschliche Problemchen.

Als sie wieder einmal am Dienstzimmer erschienen und ihre Klagen vorbrachten, saß auch ein Kollege mit dabei, der einmal mehr mit den Augen zwinkert als normal. Und so ergab es sich, dass dann der Eine der beiden „Wanderprediger" während seines leisen, engagierten Vortrags anmerkte, quasi dazwischenrief:
„Herr Wachtmeister, Sie brauchen deshalb gar nicht zu zwinkern! Ich habe es genau gesehen!"
Wegen ihres Naturell wurden die beiden von uns „Angst" & „Bang" genannt.
Bei der Dienstablösung hieß es dann nur: „Der Angst & Bang war wieder da….!"
Als der etwas Molligere gestorben war, kam der Hagere im Rhöndörfchen „Löbbich" bei zwei jüngeren Frauen unter, die aus Frankfurt zugezogen waren. Er war hier quasi der Haustrottel, denn die beiden aus dem Milieu gekommenen Damen (wie gemunkelt wurde) waren froh, ihm Einkaufsfahrten und Hausarbeiten aufdrücken zu können. Mehr ließen sie angeblich bei ihm nicht zu?!
Auf meine Nachfrage, ob denn mehr Entlohnung, also auch zwischenmenschlicher Art, stattfindet, kam von „Angst" nur die Antwort: „Aber Herr Wachtmeister, wo denken Sie denn hin!" Er legte den Kopf leicht zur Seite und setzte sein Dackel-Smiley (treues, verschmitztes Lächeln) auf.
Es kam dann die Zeit in der sich „Angst" von seiner kargen Rente kein Auto mehr leisten konnte und mit dem Fahrrad die 3-km-Strecke von „Löbbich" nach Fladungen fahren musste. Dadurch besuchte er, bis zu seinem Tod, die Dienststelle immer weniger.

Wellensittich-Frau

Eine andere, vor Jahren im Dienstbereich zugezogene Dienststellen-Dauerbesucherin, wohnte in Oberfladungen zur Miete. Sie war eine kleine, zierliche Frau mittleren Alters, ihr Lebensgefährte war ein großer hagerer, etwas älterer Mann.

Sie war in der kleinen Ortschaft meist mit dem Schubkarren, auch Radbern genannt, in Richtung „Schmankerl“ unterwegs. Der Getränkevertreiber „Votter“ freute sich immer, wenn sie zu ihm kam. Er band ihr so manchen Bären auf!

Auch, dass sie an ihrem Schubkarren eine Klingel und eine Beleuchtungs-Einrichtung braucht. „Votter“ installierte dies natürlich bereitwillig.

Auch sie verband jeden Einkauf in Fladungen mit einem Besuch bei der Polizei und gab unter anderem auch die von „Votter“ erfahrenen Geschichten zum Besten.

Sie legte die 1,5-km-Stecke immer zu Fuß zurück, weil sie weder Auto noch Führerschein hatte.

Als die Frau wieder einmal bei der Dienststelle aufgetauchte, brachte sie vor, dass vergangene Nacht ihr Wellensittich von der Stange gefallen sei.

Der immer zu einem Spaß aufgelegte Kollege „Berni“, der diesen „Sachverhalt“ entgegen nahm, sagte ihr unter anderem, sie solle ihren Vogel doch wieder auf die Stange setzen.

Am anderen Tag kam sie wieder und sagte, dass er nicht mehr sitzen bleibt….

Kurz nach dieser Aussage war die kleine Frau, die nur bis zur Nasenspitze über den Tresen schauen konnte, weg. Es hatte ihr die Füße weggezogen und sie lag vorm Tresen. Mühsam rappelte sie sich wieder auf und verließ mit „ihrem Affen“ die Dienststelle.

Ab und zu hatte sie ihren kleinen, Kurzhaar-Haushund mit dabei. Es war ein kleiner Rehpinscher.
Auf die Frage ob man den Hund streicheln könne und welche Rasse das denn sei, meinte sie ganz streng: „Das ist ein angriffslustiger Hund, den ein Fremder besser nicht streicheln sollte. Es ist ein gefährlicher **„Oktobermann!“**
Wir konnten das Lachen nicht mehr verkneifen!

Mit der neuen Hunderasse **„Oktobermann**“ hatten wir bei anderen Gelegenheiten noch so manchen Spaß.

„Sir“ oder „Sör“

Der nächste Dienststellen-Dauergast, wenn auch durch seine weitere Entfernung nicht so oft anwesend, war der „Sör („Sir“). „Sör“ war etwa 15 Jahre älter als ich, nicht gerade groß und leicht untersetzt. Er wohnte am 10 km entfernten Weiler Hillenberg, trug meist jägerähnliche Kleidung, mit passenden, schwarzen Hut, mit dunkelgrünem Band, an das er sich immer etwas Fichtengrün gesteckt hatte.
Er kam mit seinem Rucksack etwa alle zwei Wochen nach Fladungen gelaufen um

einzukaufen. Hierbei gab es auch bei ihm den Drang zum Polizeirevier.

Eines Tages, er stand mit welchem Thema auch immer, bereits eine viertel Stunde am Tresen und erzählte und erzählte. Ich bat ihn zu gehen, weil ich tatsächlich eine Sachbearbeitung hatte und diese auch endbearbeiten wollte.

Er erzählte weiter, immer weiter, zumal er zuvor bereits die Gaststätten „Reichelbräu" oder „Goldener Adler" aufgesucht und dementsprechend konsumiert hatte.

Bei der nächsten Aufforderung zu gehen wurde ich schon lauter und bei der dritten stellte ich mich ihm am Tresen gegenüber und wies ihm mit dem rechten Zeigefinger die Tür. Alles half nichts.

Nun habe ich „ihm wissen lassen, dass ich Waffenträger bin!"

Daraufhin ging er langsam zurück, blieb aber nach drei Metern im Türeingang wieder stehen und lamentierte weiter vor sich hin.

Ich lief aufgebracht durch die Tresen-Pendeltüre auf ihn zu. Grinsend huschte er die zehn Stufen der ersten Flurtreppe hinunter und blieb auf dem Steintreppenpodest erneut schimpfend stehen.

Als ich ihm eine „noch präzisere Möglichkeit sich zu entfernen" zuschrie, ging er endlich, rasch und mit angstvoller Miene, aber trotzdem polternd und mürrisch seiner Wege…

Freilich kam „Sör" wieder, allerdings waren dann -wenn ich anwesend war- seine Aufenthalte, mit nun grimmigen Blicken, nur von geringer Dauer!

Absägen der Fußballtore

Eine Sachbearbeitung wurde mir übertragen, die mir eigentlich nicht so recht war. Es ging um einen übertriebenen Kirmesbrauch, der mal Kirmesbaum-Absägen hieß, jetzt aber in Umsägen von Fußballtoren ausgeartet war…

Was war geschehen?

Oberfladunger Jugendliche hatten den Kirmesbaum in Fladungen abgesägt. Die Fladunger Jugendlichen wollten sich natürlich revanchieren. Da die Oberfladunger zu dieser Zeit keinen Kirmesbaum hatten, sägten sie kurzerhand ein Holztor am DJK-Sportplatz ab.

Welche Rache folgte nun?

Die Oberfladunger durchtrennten am Fladunger FC-Sportplatz die Alu-Torpfosten.

Trotz guter Kontakte zu Oberfladungen -ich war zu diesem Zeitpunkt der Spartenleiter des Alt-Herren-Fußballs- wusste ich weder von der einen noch von der anderen Seite einen Täternamen. Wobei man mir von Seiten meines Sportvereins berufsbedingt bestimmt diese Informationen vorenthielt.

So begann ich meine Arbeit mit der ersten Panne. Einen deutlichen Straßenschuhe-Profilabdruck, am Sportplatz in Oberfladungen im weichen Strafraumbereich, wollte ich, neben fotografischer und eingemessener Sicherung, auch mit Gipsabdruck festhalten. Zusammen mit dem mit aufnehmenden, aber nicht Sachbearbeitung übernehmenden Koll.“Xiti“, formte ich -wie im Kriminal-Unterricht gelernt- einen Kartonstreifen um den Fußabdruck und goss diesen mit angerührtem Gips aus. Zur Verstärkung drückte ich ein paar Stücke Draht hinein und wartete, wartete, wartete. Der Gips wurde nicht fest. Wir fuhren zwischendurch eine Streife, der Gips war immer noch nicht fest und auch nicht am nächsten Tag.

Der Gips war zu alt, weil er noch nie gebraucht wurde. Ich puhlte den dickflüssigen, weißen „Baatz“ aus dem Rasen und entsorgte ihn.

Die heiße Spur war vernichtet.

Trotz fehlendem Gipsabdruck kam ich, wenn auch nicht gerade gesetzesgerecht, einen Schritt weiter.

Ich lud potentielle Fladunger Jugendliche zur Dienststelle vor und sagte ihnen, dass ich aufgrund meines guten Verhältnisses zu Oberfladungen, die Namen der Fladunger Täter erfahren habe. Um Ruhe und Frieden zwischen den beiden Ortsteilen zu halten werde ich keine Anzeige vorlegen, sondern man sollte sich auf Vereinsebene, insbesondere die beiden Vorstände, „Vati“ und „Der Wetzels Gerhard“, selbst einigen.

Tatsächlich outete sich einer der Fladunger und teilte mir unter vier Augen vertraulich die Oberfladunger Namen mit.

Diese Namen steckte ich in ein verschlossenes, mit Dienststellenstempel versiegeltes Kuvert und ging zu meinen Oberfladunger Sportfreunden. Ihnen erklärte ich das Gleiche wie den Fladungern. Ich wettete sogar mit „Schwabbes“ einen Kasten Bier, dass hier die richtigen Namen im Kuvert stehen und wenn etwas Gras über die Sache gewachsen ist, wird der Umschlag geöffnet und der, von Euch verlorene Kasten Bier, getrunken.

Daraufhin bekam ich die Namen der Fladunger Täter mitgeteilt.

Ich hatte zwar den Fall ermittelt, konnte dies gegenüber dem Dienststellenleiter Bertold nach wie vor nicht zugeben, weil ich bei den Jugendlichen im Wort stand.

„Ich bin noch am ermitteln", teilte ich dem Chef auf Anfragen immer wieder mit.

Nun schickte ich die beiden Vorstände mit dem Auftrag zum Chef, keine Täterangaben zu machen. Sie sollten lediglich versuchen die Anzeigen zurückzunehmen.
Auch wenn ich wusste, dass Sachbeschädigung ein Offizialdelikt ist und somit immer eine Anzeige an die Staatsanwaltschaft vorgelegt werden muss.
Die Vorstände erklärten dem Chef die Situation, dass eben seit dem 30jährigen Krieg die beiden Ortschaften wegen der Schweden im Clinch liegen. Weil die Schweden beim Erobern der Stadt Fladungen die Leitern aus Oberfladungen geholt hatten, um die Stadtmauern zu übersteigen. Zwar wurden die Schweden von den Fladunger Bürgern mit Steinwürfen von den Leitern vertrieben, doch der Unmut wegen der Leitern hielt lange an. Man wolle nicht weiter Öl ins Feuer gießen, sondern die Angelegenheit im beiderseitigen Einvernehmen abschließen.
Ich vereinbarte mit dem Chef, einen Ermittlungsbericht mit dem momentanen Erkenntnisstand zu erstellen und der Staatsanwaltschaft vorzulegen und auf die besondere Situation der beiden Ortschaften hinzuweisen.
Gesagt – getan! Es war tatsächlich okay, auch für den Staatsanwalt!

Nur die Wette muss noch eingelöst werden; denn das mit dem Dienststellenstempel versiegelte Kuvert liegt noch immer verschlossen im Handschuhfach meines Pkw…

Der Maulaff

Deshalb, wegen dieser den Schweden „geborgten" Leitern, streckt heute noch am Maulaffenturm in Fladungen, ein steinernes, gebücktes, murmeltiergroßes Männchen sein entblößtes Hinterteil Richtung Oberfladungen.
Die Schweden wurden quasi abgewehrt, weil ein pfiffiger Bäcker von Fladungen eben dieses, etwa einen halben Meter großes Maulaffen-Männchen aus dem restlichen, in allen Haushalten gesammelten Mehl, gefertigt und gebacken hatte.
Er hielt diese Backfigur über die Mauer der umlagerten Stadt, um den Schweden anzuzeigen, es ist noch so viel Brot vorhanden, dass sogar ein solches Männchen gebacken werden konnte. Daraufhin gaben die Schweden auf.

Wie bereits erwähnt hat(te) Fladungen, die Maulaffen, seitdem zu den Oberfladungern, den Gersteneseln kein gutes Verhältnis. Es gab fast keine Freundschaften, geschweige denn Eheschließungen untereinander. Die, die sich trauten zu heiraten, ließ man es lange spüren.

Diese Zeit ist zum Glück vorbei.
Das Gras ist wieder entsprechend hoch gewachsen….

„Django“

Auch „außermärkisch“, also im Nachbardienstbereich, hatten wir den einen oder anderen Einsatz; besonders wegen der Dringlichkeit: 1.Hilfe, Gefahrenabwehr. Die Nachbarpolizeiinspektion Bad Neustadt a.d.Saale hatte bis zu der in ihrem Dienstbereich liegenden Rhöngemeinde Hausen ca. 30 km Anfahrtstrecke, wir hingegen nur 3 km. Wir von Fladungen wurden, wenn es z. B. an der gefährlichen Kreuzung am Aschenbach (Fladungen/Stetten/Hausen/Heufurt) „gekracht“ hatte, zur Unfall-Erstaufnahme geschickt.

Oder wenn in einer amtsbekannten Familie die drei jugendlichen, teils auch volljährigen Brüder, sich in den Abendstunden, nach etwas Bierkonsum, wieder einmal mit Fäusten unterhielten. Selbst der schmächtige Vater der drei stämmigen Burschen, die mit Künstlernamen **„Cäsar“**, **„Django“** und **„Hondo“** hießen, wurde oftmals mit einbezogen.

Bei unserem schnellen Eintreffen war nicht selten das Gerangel noch im Gange oder die Kontrahenten saßen abgekämpft bereits wieder mit seiner Flasche am Küchentisch. Beim Schlichten oder auch bei der Aufnahme der Körperverletzungsanzeige baute sich insbesondere der bullige „Django“ vor dem jeweiligen Polizeibeamten immer auf und versuchte, ihn einzuschüchtern. Als er wieder einmal aus etwa einem Meter Entfernung zu meinen 202 cm Körpergröße drohend aufschaute, meinte ich nur: „Bei dir brauche ich keine Knarre, da reicht der Gummiknüppel“.

Hier kann ich wegen meiner Körpergröße anmerken, ich hatte in meiner Polizeilaufbahn nie Widerstand.

Meistens konnte, wenn auch mit leichten, nicht auf die Waagschale gelegten Beleidigungsworten, inklusive einigen Remplern, „Diango" und Co. immer beruhigen und der Familienstreit geschlichtet werden. Wenn auch manchmal erst beim zweiten Eintreffen!

Den Vollzug teilten wir der Nachbardienststelle per Funk mit:

„Alles okay! Ruhe wieder hergestellt!"

Pack schlägt sich, Pack verträgt sich!

Rhönhofbauer

Ein Notruf wegen eines beim Holzmachen auf der Hochrhön Verletzten ging im Sommer, am 1.6.1985, ein. Es handelte sich um den Rhönhofbauer Clemens. Ein großer, muskulöser, bärenstarker, ca. 45jähriger Mann. Ehrlich, gastfreundlich, bescheiden. Manchmal lief er abends durch den Wald die ca. 600 m von seinem „Rhönhof" zur „Sennhütte" herüber und trank sich ein Feierabend-Bier.

Zusammen mit meinem Kollegen fuhr ich mit dem Dienst-VW-Käfer zum Ort des Geschehens auf die Hochrhön, nahe dem Rhönhof, südlich des „Schwarzen Moores".

Auf der Verbindungsstraße Hochrhönstraße/Hausen (Rennstrecke) stand kurz vor der Einmündung zur Hochrhönstraße die zwar verzweifelte, aber trotzdem

gefestigte Frau von Clemens und winkte. Wir stiegen aus und rannten die etwa 100 Meter zu Fuß durch den Wald. Wir sahen an einem kleinen Graben Clemens auf dem Rücken liegen, ein großes, metriges Holzstück lag neben ihm.
Er atmete nicht mehr, der Puls stand still. Sein Hemd war aufgeknöpft und er roch sehr stark nach Zwetschgenschnaps.
Wir verständigten sofort nochmal den Notarzt und erhielten die Funk-Mitteilung, dass der Rettungshubschrauber von Fulda kommt.
Inzwischen erzählte uns die Frau, dass sie Clemens hier leblos fand. Sie ist dann die ca. 500 m nach Hause, zurück zum Hof gerannt und holte eine Flasche Schnaps. Sie rieb fast die halbe Flasche, insbesondere auf der Brust ein, doch vergebens….
Vermutlich wollte Clemens, das große Holzscheit über den Graben wuchten, als ihn ein Infarkt überkam und er zusammensackte.
Ich hörte nun den Rettungshubschrauber und rannte aus den Wald um ihn einzuweisen. Nach kurzer Zeit überflog er die Örtlichkeit ohne mich, der ich wedelnd und fuchtelnd im Wald auf der Straße stand, zu erkennen. Ich rannte zum Polizeiauto und funkte erneut, dass er umkehren, also die Richtung wechseln soll. Nach einigen Minuten war es dann so weit und der Hubschrauber konnte auf der nahen Wiese landen.
Der Notarzt konnte jedoch nur noch den Tod attestieren.
Rhönbauer Clemens, der uns ab und an auf seinem Hof zu einem Glas Apfelmost eingeladen hatte, war auf der Rhön verstorben.
Er hinterließ eine nicht aus der Rhön stammende zierliche Frau mit 3 bzw. 4 Kleinkindern. Clemens hatte spät geheiratet; seine tapfere Frau war mit dem vierten Kind schwanger.

Wie sagt man in der Rhön: Sie hatten Kinder wie die Orgelpfeifen!
Es war schwer, dieser Frau Trost zuzusprechen; vielmehr erzählte ich ihr von alten, gemeinsamen Zeiten, als Clemens noch alleine mit seinen Eltern auf dem Hof war und betonte, dass er ein herzensguter Mann war.
Ich kannte ihn länger als seine Frau, zu der ich vor diesem Vorfall kaum Kontakt hatte.

Dieses Leid, diese Hilflosigkeit, diese Trauer, hatte sich sehr in mir festgesetzt und ich sagte mir: Hier musst Du etwas tun!
Ich ging zum Dienststellen-Chef Bertold und bat darum, ein Rundschreiben an die Kollegen richten zu dürfen. Wir Fladunger Polizisten wollen eine Sammlung machen um diese Familie, die jetzt ohne Vater dasteht, finanziell ein wenig zu unterstützen.
Ich erstellte das Bittschreiben und betonte, dass nur Scheingeld in größeren Geldscheinen hilfreich wäre. Ich regte an, dass ab einer Besoldungsgruppe von A 8, mindestens der blaue DM-Schein gespendet werden sollte.
Tatsächlich kam eine ordentliche Summe zusammen, den wir noch mit einem entsprechenden Betrag aus der Kaffeekasse aufgerundet hatten.
Meine Frau bot mir an, für die Kinder Nikolausstofftüten in Form von roten Nikolausstiefeln zu nähen, die sie -zusammen mit meiner 13jährigen Tochter- noch mit entsprechenden Süßigkeiten, Nüssen, Apfelsinen gefüllt hatte.
Am 6. Dezember 1985 fuhr ich zusammen mit meinem Chef Bertold zum Rhönhof und wir überreichten der Rhönhofbäuerin das Kuvert und die vier Nikolaustüten. Die Freude war riesengroß; auch Freudentränen waren

unübersehbar. Ganz herzlich bedankte sich die leidgeprüfte Frau bei uns. Sie trug tapfer ihr schweres Los.

Tage später, kurz vor Weihnachten, kam die Rhönhofbäuerin zur Polizei nach Fladungen und überreichte für die Dienststelle eine selbstgebastelte Weihnachtskiste. Sie hatte einen Karton mit Weihnachtspapier und Tannenzweigen ausgelegt und darin einige ihrer Hausmacher-Darmwürste mitgebracht: Presssack, Leberwurst, Blutwurst, Knacker, Dauerwurst usw.

Total erstaunt wollten wir die Annahme ablehnen. Wie es vom Dienstherrn her auch sein soll! Nur die Annahme eines kugelschreiberwertigen Geschenkes war erlaubt.

Wir dachten vorrangig an die hungrigen Mäuler die sie doch zu stopfen hatte!

Es gab nicht die geringste Chance, die gute Frau mitsamt ihrem so gut gemeinten Geschenk wieder wegzuschicken.

Sie habe sich so über die „große Aufmerksamkeit" der Dienststelle und der damit einhergehenden (An-)Teilnahme gefreut, dass sie nie und nimmer die Hausmacherwurst zurücknehmen würde.

Sie wünschte „Guten Appetit und ein fröhliches Weihnachtsfest im Kreise unserer Familien…..!"

Mit herzlichen aber auch Mut machenden Dankesgrüßen verabschiedeten wir die junge Mutter und boten ihr jede weitere, in unserer Macht stehende Hilfe an.

Die Wurst ließen wir selbstverständlich nicht verderben…

Dies war ein menschliches Schicksal, das hier in der Rhön nicht weiter verfolgt werden konnte. Bald schon gab die Frau mit ihren vier Kindern den Rhönhof auf und zog weg. Clemens Frau ging mit ihren Kindern zurück in ihre Heimat.

Auch wenn man sich aus den Augen verloren hat, kam bei jeder Streifenfahrt oder beim späteren Privatausflug, bei einer Einkehr in den dazwischen mal als Gaststätte umfunktionierten Rhönhof, immer wieder dieses Schicksal in Erinnerung.

Große Glaubenszweifel musste ich hier verdrängen. Ich konnte nicht verstehen, warum der Herrgott es zulässt, dass vier Kleinkinder ohne Vater aufwachsen müssen.

Wobei ich schon weiß, dass das Verständnis im Glauben liegt!

Einige Monate später wurde auf Antrag des Hausener Gemeinderates, bei der Fernsehsendung „Dalli, Dalli" mit Hans Rosenthal („Sie sind der Meinung: Das war Spitze!"), die eine Hälfte vom erzielten Gewinnspiel, an diese Rhönhofbäuerin mit ihren vier kleinen Kindern überwiesen.

Mit diesem Tausender-Betrag konnte unsere Spende natürlich nicht mithalten. Es war auch nicht Sinn der Sache. Das eine war unsere bescheidene, herzliche Ersthilfe-Spende und das andere war dieser erspielte, superhohe Betrag.

Diese große Finanzspritze erfreute auch uns „paradiesische" Polizeikollegen, wir wussten ja, wie sehr das Geld an dieser Stelle angebracht war.

Frühlingsboten

Im Frühjahr, wenn sich die ersten Frühlingsboten zeigten, war immer der Handstrauß (100 Stück) Märzenbecher oder Schlüsselblumen (5-Wunden-Blumen)

obligatorisch. Egal ob in Fladungen oder dann in Mellrichstadt, der jährliche Frühlingsbotenstrauß wurde von mir über Jahrzehnte hinweg gepflückt.
Ebenso das kleine Weihnachtsbäumchen fürs Großelterngrab. Mit dem Förster abgesprochen, durfte ich mir zur Adventszeit von den Flugsamenbäumchen immer eines holen.
Märzenbecher-Flecken hatten wir einen hinten an der Streuquelle, bei Huflar, und einen bei Ostheim im Wiesengrund Richtung Mehlweg. Ich pflückte jährlich während einer „Naturschutzstreife" einen kleinen Blumenstrauß fürs Grab von Oma Fuchs. Später auch für Vaters Grab und auch für das meiner Mutter.
Obwohl im Laufe der Zeit rote Rosen immer mehr zu meinen Lieblingsblumen wurden, waren im Frühjahr Märzenbecher angesagt.

Zu Lapo-Zeiten fuhr ich mit Kollegen „Berni" Naturschutzstreife. Im feuchten Wiesengrund bei Ostheim fuhr ich den Polizei-Audi fest und wir bekamen trotz Schiebens das Fahrzeug nicht mehr frei. Selbst das Unterlegen der Fußmatten brachte nur Verschmutzung, denn es haute die Matten nach hinten raus. Ich sah schon aus wie ein Waldarbeiter und der Pkw saß mittlerweile auf. Was tun?
Ich lief etwa einen Kilometer nach Ostheim zurück und bat den mir über die Taubenzucht gut bekannten Ostheimer Vorstandsvorsitzenden und Landwirt Willi um Hilfe. Er fuhr sofort mit seinem weißen Schlepper zum Ort des Geschehens.
Mit leichtem Ruck hatte er unser Einsatzfahrzeug wieder befreit.
Natürlich verlangte er für seine Hilfe nichts, aber ein Trinkgeld war ihm sicher.
Trotz allem hatte ich den Straus Märzenbecher nicht vergessen.

Der Märzenbecher

Nun galt es den Einsatzwagen wieder zu reinigen. Wir fuhren bei Streifenende in die Polizeigarage mit Waschanlage und ich reinigte ihn mit dem Dampfstrahler. Das Auto glänzte wieder und somit war „alles im Lot"!

„Und viel mehr Blumen während des Lebens;
denn auf den Gräbern sind sie vergebens…"

Tierfreund…?

Ich bin jedoch nicht nur ein Blumenfreund, sondern auch ein Tierfreund. Nur vor Hunden habe ich großen Respekt.

Im Alter von 12 Jahren, hetzte „For-you" mal seine schwarze Dogge auf uns. Mein Freund „Harper" und ich konnten uns gerade noch bei der Erlesmühle im offenen Holzlager auf die Dach-Querbalken retten. Wir hechteten auf einen dieser Balken und zogen uns hoch. Dort oben konnte uns der kalbgroße Hund nicht fassen. Um ein Haar hätte er mich beim Hochziehen noch am Bein erwischt.

Ich sehe heute noch die schwarzglänzende Dogge mit dem tiefen Bellen zu uns hochspringen. Sie konnte uns zwar nicht erreichen, aber Angst hatten wir doch.

Lachend erlöste uns „For-you" aus unserer misslichen Lage und kommandierte. die Dogge wieder in den Zwinger.

Tiere hatte ich auch für meine kleine Tochter angeschafft, nämlich zwei Stallhasen. Später holte ich noch ein Schaf bei Hochrhönschäfer Vincenz.

Bei Grenzöffnung kaufte ich im „Osten", beim Bruder meines DDR-Freundes Ewald aus Kaltensundheim, zwei Lämmer.

Ich hatte in meinem Garten eine Koppel eingezäunt und einen Schafstall aus Bretterschwarten gebaut.

Mein Tochter Sandra, der 7 Jahre jüngere Sohn Marcus und die Nachbarskinder, sowie Schulkameraden, spielten mit diesen beiden zahmen Schafen täglich.

Als dann der Schafbock in die Pubertät kam, ging er schon mal auf meine Tochter

los und rammte sie. Zeit dafür, ihn kluppen (kastrieren) zu lassen. Ich holte Rhön-Schäfer „Vinz“ nach Sondheim. Wir setzten den Schafbock auf sein Hinterteil, ich hielt ihn fest und der Schäfer nahm die Kluppzange…..
Mit „Mander“ zusammen holte ich gleich nach der Grenzöffnung, auf dessen Pkw-Anhänger aus der DDR von der LPG (Landwirtschaftliche Produktionsgenossenschaft), einen großen Rundballen Heu als Winterfutter. Rainer, der „LPG-Boss“ aus Reichenhausen, lud uns noch zu einem „Arme-Dick“-Likör ein.
Bevor wir dann wieder rüber in den Westen fuhren drückte ich meine Zigarre (Gelegenheitsraucher) in dem auf dem Anhänger verladenen, großen Heu-Rundballen aus. Beim Losfuhren überprüfte „Mander“ noch die „Brandstelle“.
Zum Glück hatte der Ballen kein Feuer gefangen, die Zigarre war aus!
Als dann die Schafe im zweiten Jahr weggegeben werden mussten war die Trauer bei der ganzen Familie, insbesondere bei meinen Kindern, riesengroß…

Weiter ging es mit einer jahrzehntelangen Kanarien-Vogelzucht, mit einzelnen Boxen und Volieren unter dem Balkon. Ich hatte manchmal bis zu 25 Kanarienvögel und erfreute mich am Gesang der Hähne.
Zwischendurch tummelten sich auch ein Pärchen Nymphensittiche, ein paar Zebrafinken und Wellensittiche in den Volieren.
Als dann meine mit im Haus wohnenden Schwiegereltern starben und ich für die Urlaubszeit keine Tierbetreuer mehr hatte, habe ich nach fast 20 Jahren die Vogelzucht aufgegeben. Die letzten sechs Vögel singen jetzt in der großen Voliere bei meinem Schulkameraden Klaus („Harper“), in der Nahbarortschaft in Urspringen.

Die Rhönschäfer Vinzenz und Hans

Den ledigen Rhönschäfer Vinz habe ich gleich in den ersten Dienstjahren kennengelernt und lieb gewonnen.
Er war ein einfacher Mann aus Reupelsdorf und hütete für seinen Chef die Schafe auf den kargen Rhönmatten.
Ein Polizei-Einsatz in den 70er Jahren war ein Weidefrevel. Vinz hatte versehentlich die ca. 400 Schafe über eine hektargroße Wiese „Am Stellig" bei Oberfladungen getrieben und somit die Wiese fast ab gehütet. Der Bauer, der diese Wiese von meinem Vater gepachtet hatte, erstattete Anzeige.
Man hatte oft Schwierigkeiten, den Vinz in seinem schnell gesprochenen Reupelsdorfer Dialekt zu verstehen, auch bei dieser Anhörung zum Weidefrevel.

Ansonsten kam der Zwei-Zentner-Mann Vinz mit seinem Mofa abends von der Hochrhön in die Rhönortschaften herunter und wir tranken das eine oder andere Bier miteinander.

Zu seinem 50. Geburtstag lud er mich ein. Ich trug zur Feier in der „Sennhütte" eine Laudatio vor und schenkte ihm eine Literflasche alten Zwetschgenschnaps.
Der Schnaps wurde gleich nach dem guten Essen ausgeschenkt; denn der Hammelbraten war „zu fett" und musste mit einem Schnaps verdaut werden.

Rhönschäfer Vinzenz

Schon im Alter von 50 Jahren hatte mein gleichaltriger Freund Vinz einen Hodenbruch, der immer schlimmer (handballgroß) wurde. An dieser Krankheit ist er -weil er Respekt vor dem Arzt hatte- schließlich jämmerlich und schreiend vor Schmerzen in seinem Wohnwagen auf der Oberfladunger Hut, Nähe Heimatblick, verstorben. „Seppele" hatte noch eine Krankenhauseinweisung organisiert, zu spät…

Ob -wegen eventueller Schäferstündchen- bei seiner Beisetzung des ledigen, kernigen Schäfers auch mehrere Frauen anwesend waren, entzieht sich meiner Kenntnis.

Sein ebenfalls freundlicher, etwas redegewandter Nachfolger Hans, der schon Jahre zuvor mit Vinz zusammen gehütet hatte, ist noch immer mit einer großen Schafherde auf der Hochrhön anzutreffen. Hans ist immer sehr erfreut, wenn ich anhalte und mit ihm nicht nur über alte Zeiten ins Gespräch komme.

Beförderung zum Polizeihauptmeister PHM (A9)

Jede Beförderung wurde in Fladungen feuchtfröhlich gefeiert. Bei meiner Beförderung zum Polizeihauptmeister (PHM) im Jahre 1986 gab es wie üblich eine Riesenfete. Es begann bereits um die Mittagszeit. Der damalige zweite Inspektionsleiter kam zur Dienststelle und überreichte mit entsprechender Würde und in gebührendem Rahmen die Urkunde. Alle anwesenden Kollegen standen im Kreis und Herr PI-Stellvertreter ließ mich wegen meiner 2-Meter-Körpergröße hinknien. Er selbst stellte sich noch auf einen kleinen Hocker, dann verlas er die Ernennungsurkunde.

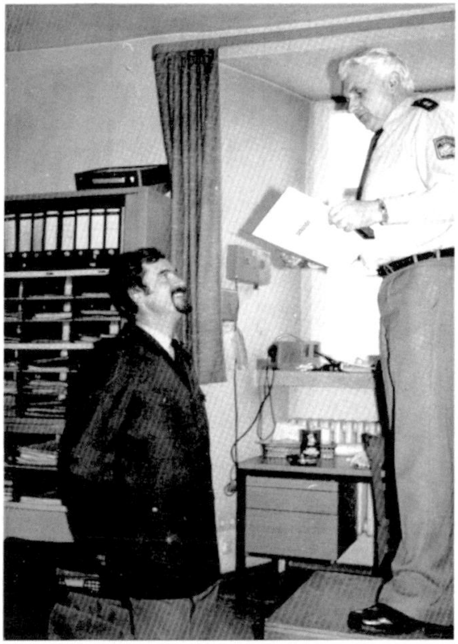

Links: Karikatur von Felix zum Beförderungstermin. - Rechts: Beförderungszeremonie.

Anschließend gab es eine Brotzeit. Am Spätnachmittag war die Wurstplatte verzehrt. Was nun? Kein Problem. Ich hatte Tage zuvor ein Schwein geschlachtet und die Wurst hing noch zum Räuchern bei meinem Vater in Oberfladungen in der Räucherkammer. Schnell fuhr ich den einen Kilometer dorthin und schnitt von jeder Sorte (Presssack, Blutwurst, Leberwurst, Knackwurst) eine Wurst aus der Räucherung. Rauchwarm und mit Bauernbrot von meiner Mutter ging dann die Brotzeit weiter. Hm…hm…hm…

Selbstverständlich aßen wir Wurst und Brot nicht trocken. Die Hausmacherwurst ist bekanntlich etwas fetter, sie musste auch im Magen entsprechend behandelt werden, damit man nicht „ranzenwärtig“ (magenkrank) wurde.

Die Medizin hierfür war natürlich mein selbstgebrannter Zwetschgenschnaps…

Radarkontrollen

Bei der Grepo gab es auch schon angesetzte Radarkontrollen, die zusammen mit einem Messbeamten der Polizeidirektion (PD) Scheinfurt und entsprechend ausgerüstetem, zivilem Dienst-Pkw, dem sogenannten Radarfahrzeug, durchgeführt wurden.

Als wir wieder einmal eine solche Kontrolle machten, war Kollege „Xiti“ mit mir zum Anhalten und Beanstanden eingeteilt. Vom „Radarmenschen“ bekamen wir, die in 400 Meter Entfernung postierenden „Wegelagerer“ (wie uns der Volksmund nannte), die jeweilige Überschreitung per Funk mitgeteilt.

„Xiti“ stoppte mit der Winkerkelle, dem Polizei-Anhaltestab, den Pkw-Fahrer und begann mit folgenden Worten die Beanstandung zu erklären: „Grüß Gott, Sie sann`s in ä Radarfallen einigefoahr``n.“(Sie sind in eine Radarfalle gefahren.). Der aufgeregte Fahrer fragte: „Oh, Entschuldigung! Habe ich etwas kaputt gemacht?“
„Naa, naa…“, versuchte nun „Xiti“ die Sache abzuschwächen und erklärte dem Betroffenen mit anderen Worten die Geschwindigkeitsüberschreitung.
Mein Lachen verbarg ich hinterm Streifenwagen; doch das Lachen der Kollegen bei der Dienststelle „hallte“ jahrelang nach.

Es gibt natürlich auch Spezialisten in der Bevölkerung, die gleich zweimal in eine solche Radarkontrolle reinfahren. Einmal auf dem Hinweg und eine halbe Stunde später auf dem Rückweg…
So geschehen am Ortseingang Ostheim, von Nordheim kommend. Unser Erlesmühle-Landwirt und Gastronom Fritz, „For-you“, wollte bei einer der Brauereien in Ostheim (Stadt des BIONADE-Erfinders), Trester für seine Kühe holen und fuhr sowohl beim Einfahren nach Ostheim in die Radarkontrolle als auch beim Ausfahren. Die Überschreitung lag im Verwarnungsbereich, also mit nur 10,- DM zu ahnden, deshalb haben wir ihn das zweite Mal „begnadigt“.
Eigentlich sollte solch eine Dummheit doppelt bestraft werden, doch lag es gewiss nicht daran, sondern eher an Gedankenverlorenheit. Vielleicht war „For-you“ im Kopf schon beim nächsten Skat….

Schmerzliche Verwarnung

Eine andere, weit zurückliegende 10,-DM- Verwarnung (Gesperrte Straße befahren, Zeichen 250) habe ich bis heute nicht vergessen und werde sie auch nicht vergessen. Denn Jahre später wurde der damals Verwarnte einer meiner besten Kollegen.

Ich war auf Streifenfahrt unterwegs, da kam, am Ortsausgang von Heufurt Richtung Nordheim, von rechts aus einer schmalen, gesperrten Straße ein Pkw-Fahrer. Wir stoppten den uns unbekannten, etwa gleichaltrigen Mann und ich verwarnte ihn mit 10,- DM. Er beteuerte zwar, dass er Anlieger sei, doch war die Straße auch für Anlieger gesperrt. Er bezahlte, missmutig, diese 10,- DM.

Ein paar Jahre später machte „Berni", der Verwarnte, eine Umschulung und kam von der Bundeswehr zu uns nach Fladungen.

Er hat mir wegen dieser Barverwarnung nie eine Vorhaltung gemacht.

Ich musste jedoch die Sache irgendwann mal ansprechen und mit ihm einen „Vergessenstrunk" nehmen.

Manche Sachen kann man halt nicht streichen.

Wenngleich es eigentlich eine Bagatelle ist.

Ein Auge zudrücken

Ich wurde sowieso von Chef Bertold, als ich mal sagte, dass ich bei kleinen Delikten gerne mal ein Auge zudrücke und es bei einer deutlichen, mündlichen Verwarnung belasse, darauf aufmerksam gemacht, dass man, **„wenn man ein Auge zudrückt, nicht auch noch das andere zudrücken soll....“** Er ließ dies ohne weitere Erklärung so im Raum stehen, meinte aber damit, dass man sonst ins Stolpern kommt. Was so viel heißt, nicht gut beurteilt und somit nicht befördert zu werden. Die Beförderung war nur zweitrangig, der nächste Stern unbedeutend, wichtiger war der Inhalt des Geldbeutels!

Eine weitere Info von Chef Bertold war die, dass er bei einem Fehler in meiner vorgelegten Verkehrs-Ordnungswidrigkeiten-Anzeige (damals noch als 5facher Trennsatz) unter anderem den Vermerk anbrachte: „Blauen Akt genießen!“ So legte er dem jeweiligen Beamten, in diesem Fall mir, die Anzeige zur Verbesserung wieder in mein Fach zurück (Gummianzeige!)

Das bedeutete, dass ich/wir in einem Rundschreiben-Akt (RdS-Akt), der auf blaue Seiten geschrieben war und detaillierte Erläuterungen zum VOWi-Verfahren beschrieb, nachzulesen hatten, was falsch ausgefüllt war.

Eine Schulung die nicht die schlechteste war.

Die nächste VOWi-Anzeige ging ohne Beanstandung raus.

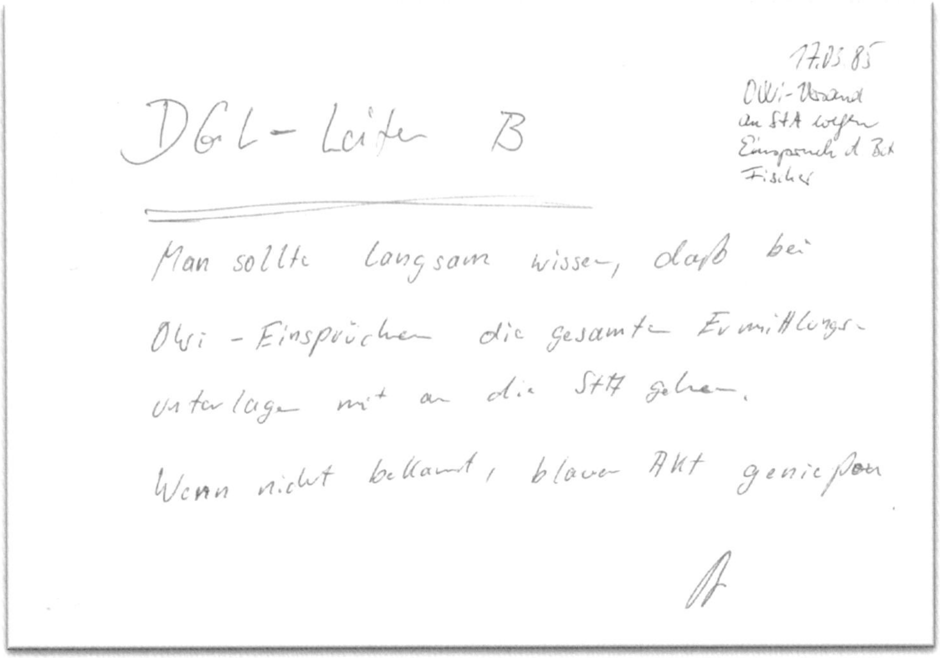

17.05.85
OWi-Versand
an StA wegen
Einspruch d. Bet.
Fischer

DGL-Leiter B

Man sollte langsam wissen, daß bei OWi-Einsprüchen die gesamte Ermittlungsunterlage mit an die StA gehen.

Wenn nicht bekannt, blauen Akt genießen

Handzettel von Chef Bertold mit der kollegialen, süffisanten Anmerkung: „Blauen Akt genießen…“

Kontrolle Heute

Mir selbst ist es in Nürnberg so ergangen, als ich im Fasching 2013 mit meinem 33jährigen Sohn, von einer Faschingsveranstaltung in Röttenbach gegen 02:00 Uhr zur Südstadt fuhr. Wie ausgemacht lenkte mein Sohn, der nichts getrunken hatte, meinen Daimler und er hatte versehentlich das Fernlicht eingeschaltet. Er kennt sich mit den Mercedeseinrichtungen logischerweise nicht so gut aus wie in seinem Ford, weil er sehr selten meinem PKW fährt.

Als wir nun auf der Autobahn mit ca. 130 km/h eine Polizeistreife überholten, überholte diese uns sofort wieder und geleitete uns zur die nächsten Raststätte.

Nun begann das volle Programm:

Fahrzeugkontrolle mit Alcotest und Urin-Test. Dass der Alcotest, bei einer aus dem Pkw-Inneren wehenden „Fahne“ vertretbar war, (Meine Frau hatte zwei kleine. Rotwein, ein Freund von Marcus hatte zwei Radler und ich hatte vier „Russen“ getrunken.), ist okay.

Dass bei klirrender Kälte noch der Augentest (Taschenlampe auf Pupille) mit anschließendem Urin-Test an Ort und Stelle (hinter Lkw) durchgeführt wurde, geht für mich nur auf das Beurteilungssystem zurück. Denn Arbeitsnach-
weise = gute Beurteilung = Beförderung; schlechte Beurteilung – weniger Geld!

Übrigens war sowohl der Alcotest (0,00) als auch der Drogentest negativ.

Erst zum Schluss der Kontrolle habe ich mich geoutet, mich nicht mit den jungen Polizisten angelegt, im Gegenteil, habe ihnen im Weggehen bei der nächsten Kontrolle mehr Erfolg gewünscht.

Was soll`s?!

Die Polizei macht ihre (Mehr-)Arbeit und wir haben uns darauf entsprechend einzustellen. Wer sich korrekt verhält, braucht keine Polizei-Kontrolle zu fürchten!

Obwohl schon auffällig ist -wie ein Freund angemerkt hat- wenn du vom Italienurlaub nach Hause fährst, wirst du nicht in Italien, evtl. aber in Österreich, ganz bestimmt aber in Unterfranken kontrolliert, ja „gefilzt“!

Kollegen-Spezialist Udo

Hundeführer Udo mit seinem Rottweiler-Diensthund „Bando".
Die Riesenfleischwurst war für einen erfolgreichen Einsatz.

Ein „Spezialist", ähnlich wie der „For-you"-Fritz von der „Erlesmühle", war auch der bereits erwähnte Hundeführer Udo. Er ist ein paar Jahre älter als ich, aber umso verrückter was Blödsinn anbelangte. Kaum ein Tag verging an dem er nicht irgend „einen Kalauer" auf Lager hatte:

Kollege „Luck", der stellvertretende Dienststellenleiter, hatte dienstfrei und Udo rief mit verstellter Stimme des Rhöner Originals oder gar Unikums Leonhard, bei „Luck" zu Hause an. Seine Frau war am Apparat und Udo fragte nach dem

„Luck". Er verdrehte den Nachnamen, sprach Frau Elisabeth mit Frau „Reisbrunner" an und fragte nach seinem Foahrrädle (Fahrrad): „Hier ist der Leonhard und ich wollt` emorl den Herrn Reisbrunner frooch, ob er weiß, wo mei Foahrrädle ess. Ich glaub` es wurd` mir geklaut."

Frau Elisabeth betonte, dass ihr Mann Nachtdienst hatte und noch schlafe. Leonhard solle später bei der Dienststelle vorbei kommen.

Udo bohrte jedoch mit verstellter Stimme weiter nach und beschäftigte so die gute Frau fast zehn Minuten mit seinem Leonhard-Gerede.

Leonhard war der Onkel meiner Mutter und seit dem Krieg nicht mehr so intelligent wie zuvor. Ein Kopfschuss beeinträchtigte sein Leben. Er stand unter Betreuung bei Herrn „Scherben-Pitroff" und hatte manchmal sein wöchentliches Taschengeld kurz nach der Ausgabe bereits in „flüssiges Brot" umgesetzt.

„Lenhard" war auf jeden Fall immer lustig, listig, leutselig und freundlich.

Leonhard & Peter

Ich fuhr mit dem Polizei-VW-Käfer, zusammen mit Udo, den Brüchser Berg hinauf. Auf halber Strecke sah ich auf der Anhöhe, rechts etwa 300 m im Feld, den „Lenhard" stehen, sein Fahrrad auf dem Feldweg abgelegt. Er war gerade dabei im großen Rübenfeld einen Krautkopf abzuschneiden.

Ich fuhr auf ihn zu und schrie ihn an, dass sei Diebstahl, er werde jetzt

festgenommen und in den „Maulaffenturm" gesperrt.
Er entschuldigte sich und meinte mit kleinlauter Stimme: „Der Rudolf hat doch so viel Krautsköpf`, da kann ich mir doch einen hol`!" Zu Udo gewandt meinte er: „Der Lange Bach ist auch noch mit mir verwandt und will mich in den Maulaffetorm sperr`. Bos obber does schlömmst ess; ich hoab jetzt bei der Aufregung mei` gut Töschemesserle vom Fredi verlor`n!"

Bei Rudolf in Brüchs nachgefragt, ob „Lenhard" den Krautkopf behalten kann, meinte er zwinkernd, dass er beim nächsten Holzhacken diesen dem „Lenhard" von seinem Salär abziehen werde. Für beide Seiten eine weitsichtige und richtige Entscheidung.
Wir brachten den „Mundraub" natürlich nicht zur Anzeige, war „Lenhard" doch genug gestraft mit seinem verlorenen Taschenmesser.

Einen späteren Holzdiebstahl verfolgten wir auch nicht weiter; denn „Lenhard" gab schließlich zu -ehrlich war er und stand zu seinen „Taten"-, einen „Armvel" (Arm voll) Holz beim Nachbarn geholt zu haben: „Die ham doch so viel Holz, dass es aus dem Kellerloch guckt!", war seine einfache Begründung.
Nach strenger Belehrung klaute er kein Holz mehr. Er sägte danach fast jeden

zweiten Sparren seines Hausdaches heraus und verschürte die Eichenbalken.
Es ging dann weiter mit Stallhasen-Diebstähle. Ich kam einmal in seine Küche und er kochte sich den Hasen in einem großen Topf. Allein vom Geruch wäre mir schon der Appetit vergangen.
Durch diese schlechte Ernährung wurde „Lenhard“ krank und kränker und kam schließlich in ein Seniorenheim. Alljährlich zur Adventszeit besuchte ich ihn in Münnerstadt, meist zusammen mit meiner Mutter. Er fühlte sich dort -so umsorgt- bis zu seinem Tod recht wohl.
Ich brachte ihm immer eine Packung Zigaretten oder seine heißgeliebten „Fehlfarben“-Zigarren mit. Beim letzten Mal meinte er: „Die Rauchwoar konnste widder mitgenahm, mir schmacke se nimme!“ (Die Rauchware kannst Du wieder mitnehmen; mir schmecken sie nicht mehr.)
Ein Jahr später musste ich mich um seine Beerdigung kümmern. Als älteste Verwandte wurde meine Mutter angeschrieben und sie fragte dann mich, ob ich die Beisetzung regeln wolle.
Ich glaubte, ich könnte den mir gut bekannten Sohn ausfindig machen. An einem Falscheintrag beim Einwohnermeldeamt in München lag es , dass ich nicht an seine Adresse kam. Statt „geboren in Fladungen“ stand dort im Einwohnermeldeamt „geboren in Flandungen“ (also mit noch einem „n“ in der Mitte).
Ich nahm die Beisetzung selbst in die Hand. 2000,- DM standen mir zur Verfügung. Das ist der Geldbetrag der den Heiminsassen bleibt.
Stadtpfarrer Wolfgang zelebrierte würdevoll eine „Armenbestattung.“ Die 100 Sterbebildchen bekam ich von der Seniorchefin der Druckerei Mack in Farbe, für den billigeren Schwarz/Weiß-Preis.

Die Grabplatte fertigte ein Steinmetzbetrieb zu einem Sonderpreis von 80,- DM. Einige Leute -besonders der Chef des Ford-Autohauses in Fladungen- erklärten sich spontan bereit mir zu helfen, wenn das Geld nicht reicht.
Wir konnten die Urne im Grab seines Bruders, Opas Florian, bestatten.
Schließlich waren sogar noch ein paar wenige 100,- DM übrig, die ich meinem Cousin für die Grabpflege übergab.

Bei Fredi bekam „Lenhard" schon mal eine Brotzeit. Dafür brachte er ihm Würmer zum Angeln, die er nach Stückzahl bezahlt bekommen hat. Was machte nicht der listige Kerl, er schnitt die Würmer in der Mitte auseinander….

„Lenhard" brachte den Leuten des Öfteren mit seinem „Foahrrädle" ein Päckchen „Spreißele" (klein gehackte Fichtenholzstreifen zum Anschüren). Meist hatte er das Einpackpapier noch beschrieben oder gar bemalt. Meist bekam er ein paar Mark dafür, die er für „Rauchware" und Bier verwendete.
Leonhard war ein Original, wie der „Peter" von Fladungen.

„Peter" war älter und noch extremer, denn er kleidete sich im Sommer und im Winter meist mit einem Kartoffelsack als Jacke und war stets mit seinem alten Fahrrad unterwegs. Er arbeitete mehr oder weniger fast bis zum Schluss als „Knecht" in Fladungen und verdiente/verdingte sich dort seine Mahlzeiten.
Wir Kinder gingen ihm aus dem Weg. Nicht weil er uns etwas getan hat.
Nein, weil er uns durch sein Aussehen einfach Angst eingeflößt hat.
Begegneten wir ihm, sind wir mit unseren Fahrrädern seitlich weggefahren.
Grundsätzlich war der „Alte Peter" eigentlich ein lieber Mann.

Der „Alte Peter“ 4.1.1898 – 20.3.1974

Weitere Rhöner Originale

Jede Ortschaft im Dienstbereich hatte einen oder mehrere Originale und mit diesen Leuten konnte ich besonders gut umgehen. Ich durfte sie zur Rede stellen, konnte ihnen Freund & Helfer sein und erhielt von ihnen auch, was als Grenzpolizist sehr wichtig war, Erkenntnisse von der Grenze. Informationen, die dann in der täglichen, bereits erwähnten Grenzlagemeldung weitergegeben werden konnten.

Für Insider möchte ich diese Originale nochmal kurz ins Gedächtnis zurückholen.

Von Nord nach Süd war zuerst auf der Hochrhön anzutreffen, der Rhönschäfer „Vinz“, mit seinem Wohnwagen, ca. 400 Schafen und treuen Hirtenhunden.

Ebenfalls auf der Hochrhön waren wir willkommen beim guten Sennhüttenwirt Karl, und am Rhönhof beim Rhönhofbauer Clemens gab`s süffigen Apfelmost. Er hätte der kleinere Brüder von russischen Boxer Walujew sein können; denn er war ein großer 2-Zentner-Mann mit harter Schale und gutem Kern.

In Leubach („Löbbich“) waren der Erzähler „Oljö“, das“Löbbicher Seppele“, der den Satan auf der Feldfurche gesehen hatte und es gab „Stani“, den Gedeck-Trinker. Am Gut Huflar residierte „Mameli“, eine Seele von Mensch.

In Rüdenschwinden („Rudschwenne“) gab es „Seppele“, den Trompeterer.

In Fladungen sah man oft, in Säcke gekleidet, den „Alten Peter“ mit seinem noch älteren Fahrrad fahren, und die Brüder Fredi & Richard waren stets zu Späßen aufgelegt.

In der Erlesmühle thronte „For-you“, der kartenspielende Land- und Gastwirt.

In Oberfladungen (Öberfloaniche) gab`s neben „Lenhard“ den Scherben-Pitroff.

In Heufurt wohnte der (Orts-)Sheriff „Heinrich", der über alles informiert war.

In Brüchs lebte Gastwirt „Karl", der nicht nur mit seiner Schnupfmaschine eine Attraktion war.

In Weimarschmieden lachte ich mit „Lulu" oder „Reiner" und auch mit der zugezogenen „Bärbel".

In Sands residierte „Lothar", aber auch das Sandser Gastwirtehepaar „Gerlinde & Horst" waren immer gute Ansprechpartner. Gerlinde war in den 50er Jahren mein Kindermädchen, als ihre Eltern in unserer Nachbarschaft die Oberfladunger Gaststätte betrieben hatten.

In Filke sorgte Wirtin „Brunhilde" in der „Stacheldrahtbar" mit ihren Rühreiern fürs leibliche Wohl.

In Willmars (Wellmersch) gab`s den fidelen Landwirt Hermann, den Nichts abschreckenden, aber guten (Polizei-)Freund. Aufgrund einer Wette führte er eines Nachts seinen Jungbullen die Holzstiege hinauf in den ersten Stock des Willmarser Tanzsaales!

In Völkershausen lebten Herr & Frau „Merkel", ein besonderes, eigenartiges Paar.

In Hausen waren die starken „Sopp-Brothers" in der Stockbrunnengasse zu finden und gleich daneben auf dem Hillenberg wohnte „Sör", der Verbal-Spezialist!

In Neustädtles, direkt am Feuerwehrteich, „residierte" der „Sünkels-Kurt". Er beschäftigte uns nach seinen Alkoholattacken immer wieder intensiv, auch wenn Neustädtles gebietsmäßig zur PI Bad Neustadt/Saale gehörte. Bad Neustadt verständigte bei diesen oft dringenden Einsätzen meist unsere Dienststelle in Fladungen. Einmal warf er seinen Fernseher in den neben seinem Wohnhaus liegenden Feuerlöschteich….ein andermal legte er sich zum Schlafen auf die Kreisstraße……

„Wirtschaftsprüfer“

Fladungen hatte auch einen Herrn, der an einem Tag/Abend nahezu jede der sechs Wirtshäuser aufsuchte. Dies brachte ihm bei uns Polizisten den Spitznamen „Wirtschaftsprüfer“ ein. Wir nannten, wenn wir ihn sahen oder von ihm redeten, nie seinen Namen. Er hieß bei uns nur „Der Wirtschaftsprüfer“.
Als nun in den 80er Jahren der neu zu uns versetzte Kollege „Holly“ diesen Mann vorladen und als Zeugen vernehmen musste, ließ er sich die Personalien nennen und beim Beruf schrieb er „selbstständig“ und laut vor sich hinsagend „Wirtschaftsprüfer“ in das Zeugenvernehmungsformblatt. Der gewisse Herr berichtigte, dass er den Beruf des Wirtschaftsprüfers nicht erlernt hatte, sondern gelernter Maurer sei.
Die im Nebenzimmer sitzenden Kollegen waren, gelinde gesagt sehr amüsiert.

Salve

Mit dem Polizei-„Spezialisten“ Udo machte ich mein erstes und letztes „Heiligabend-Frühstück“. Wir waren auf Streife bei Willmars und trafen unterwegs die beiden nicht nur uns bekannten Elektriker, G. & P., mit ihrem Firmenfahrzeug. Nach kurzem Wortwechsel meinte Udo, man könne doch eine Kaffepause in der Gaststätte „Lichtenburg“ einlegen, zumal er dort sowieso eine Ermittlungssache habe.

Gesagt getan. Zehn Minuten später fuhren wir von Willmars aus durch den Wald zur „Lichtenburg“, bei Ostheim. Hier zeigte sich, dass die Gaststätte, die von Udos Verwandten gepachtet war, geschlossen hatte.

Udo machte lautstark auf uns aufmerksam, indem er nicht nur eine verbale Salve losgelassen hatte…..! Auch ein schlagstockähnliches, salvenartiges Geräusch war wahrzunehmen. Evtl. hatte er wiederholt gegen das eiserne Eingangstor geschlagen? Oder sonst wie ein Salvengeräusch erzeugt…..?

Da diese lauten Zeichen nicht zu überhören waren, wurde uns schließlich vom Wirt geöffnet.

Zu den polizeilichen Ermittlungen und dem Stromkreisüberprüfen bekamen wir nicht nur Kaffee gereicht und wir vergaßen das Dienstende.

Zum Abschluss sangen wir noch ein Weihnachtslied, das ich auf dem Klavier im Einfingersystem angestimmt und begleitet hatte…

Fingierter Einsatz wegen einer Kuh

Bei einer Nachtstreife mit Udo kamen wir auf den eigentlich größten, übertriebensten Max-&-Moritz-ähnlichen Streich. Udo hatte zu dieser Zeit ein schönes Wochenendhaus im Feriengebiet „Wurmberg“ bei Fladungen gemietet und musste mal zur Toilette. Von diesem Haus aus waren wir über Kleinfunkgerät zu erreichen. Da kam uns in den Sinn, den bei der Dienststelle alleine anwesenden Dienststellenbesetzer und Funker „Xiti“ zu ärgern. Ich rief mit verstellter Stimme und vorgehaltenem Taschentuch über Telefon so gegen 23:00 Uhr die Dienststelle an, mit folgender, fingierter Meldung eines Verkehrsteilnehmers/Autofahrers: „Zwischen Weimarschmieden und Filke liegt eine tote Kuh quer auf der Fahrbahn. Wahrscheinlich ist sie angefahren worden; jedenfalls blockiert sie den gesamten Verkehr. Ich kann nicht daran vorbeifahren." Dann legte ich auf.

„Xiti" verständigte nun uns als Streifenbesatzung über diesen Vorfall. Allerdings hatten wir uns zuvor außerhalb des Fahrzeugs gemeldet, so dass er uns nicht über Funk, sondern über Telefon rufen musste. Damit war klargestellt, dass der Funkkreis diesen Schabernack nicht mitbekommt. Wir sagten zu, unverzüglich anzufahren. Meldeten uns zehn Minuten später wieder per Telefon und gaben Funkschatten vor und wir deshalb wieder anrufen würden.

Wir bestätigten die tote Kuh auf der Fahrbahn, die wahrscheinlich vom angrenzenden Reinhardshof ausgebüchst und totgefahren wurde. Sie blockiere die ganze Fahrbahn und sei ein gefährliches Verkehrshindernis.

Aufgeregt erwiderte „Xiti", dass doch die Straße nachts nicht so sehr befahren sei. Als ich ihm erklärte, dass es unverantwortlich sei, wenn nur ein Auto in den Kadaver fährt, fragte er nach, was er tun soll? Ich beauftragte ihn, die Hubschrauberstaffel in Feucht anzurufen, die mit dem Helikopter die Kuh von der Fahrbahn wegheben soll.

Mit verschiedenen Ausreden versuchte „Xiti" dies abzuwenden. Auf mein Beharren hin, dass eine erhebliche Gefahr für den Fahrzeugverkehr ausging, meinte er nochmals, dass die Straße kaum befahren sei, sagte aber schließlich doch die Verständigung der Hubschrauberstaffel zu.

Außerdem gaben wir vor, den großen Weimarschmiedener Landwirt Reiner zu Hause nicht angetroffen zu haben. Er hätte nämlich das zentnerschwere Tier mit seinem großen Bulldog von der Fahrbahn ziehen können.

Dieser etwa fünfminütige Dialog lässt sich nicht mehr in Worte fassen; dabei ernst zu bleiben war schon eine schauspielerische Glanzleistung. Udo und ich krümmten uns fast vor Lachen, als ich den Hörer aufgelegt hatte. Nun warteten wir ab, ob „Xiti“ über Funk eine Verständigung machte, oder er es über Telefon probieren wollte. Nachdem wir über Funk nichts hörten war uns klar, „Xiti“ sucht die Telefonnummer von Feucht heraus. Wir warteten noch ein paar Minuten, dann meldete ich mich wieder per Telefon bei der Dienststelle. „Xiti“ war gerade dabei, auf einem anderen Apparat die Hubschrauberstaffel zu verständigen. Ich gab ihm Entwarnung und fragte: „Verstehen-Sie-Spaß“….. Die Schweißperlen waren später noch sehr deutlich an seinem Diensthemd zu erkennen.

Als diese Sache am nächsten Tag ein anderer Kollege erfuhr, der stetig im Fernschreibdienst war und auch Nachtbesetzung hatte, meinte er, dass ihm so etwas nicht passieren würde. Dies war für uns Ansporn genug, ihm nur eine gute Woche später einem ähnlich konstruierten Fall vorzuspielen. Natürlich fiel auch er auf uns herein.

Dies machte „Xiti“ versöhnlicher und auch wieder bereit ein spendiertes „Rots“ mitzutrinken.

Fehlendes Bier

War dieser Fall mehr auf meinem Mist gewachsen, so geht die nächste Attacke schon wieder auf Udos Konto, der mir diese Geschichte aus der Zeit um 1973 erzählt hat:

Udo hatte mit Heinz Grenzbegehung (GB: V), Weimarschmieden – Filke. An diesem Tage hatte sich, was eher selten war, der damalige, schon etwas ältere Stationsleiter Helmut angesagt, mitzugehen. Bestimmt wollte er auch mal aus seinem Chefzimmer heraus, sich die Füße vertreten und frische Luft schnappen. Oder er wollte sich tatsächlich wieder mal ein Bild von der Grenze machen.

In der Dienststelle übergab Helmut dem Heinz zwei kleine Flaschen Bier, die Heinz zusammen mit seiner Brotzeit in die Kartentasche verstauen sollte. Während der Begehung trank Udo die beiden Flaschen leer und warf das Leergut „in die DDR".

An der Stedtlinger Wegesperre wurde auf einer Bank unterm Birkenbaum Brotzeit gemacht.

Nun fragte Helmut nach seinem Bier. Heinz beteuerte keine Bierflaschen erhalten zu haben. Helmut grübelte und schüttelte den Kopf.

Wieder zurück auf der Dienststelle ging Helmut gleich an seinen Schreibtisch und suchte das Bier. Als er die Flaschen nicht fand, stierte er an die Wand, schüttelte den Kopf und meinte, dass er das Bier vermutlich zu Hause habe stehen lassen…

Udo auf der VW-Käfer-Stoßstange

Selten erging es Udo einmal umgekehrt, also dass er „verarscht“ wurde und dann auch nur aus Unachtsamkeit eines Kollegen.
Udo und Emil fuhren Streife auf der Hochrhön.
Es war Glatteis, doch Emil wollte unbedingt mit dem neuen VW Käfer die Straße Richtung Seiferts bis zur Bereichsgrenze nach Hessen fahren. Beim Wenden in der dortigen Ausbuchtung war kein Weiterkommen mehr möglich. Der Zweieinhalb-Zentner-Mann Udo stellte sich auf die hintere Stoßstange und wippend fuhr Emil den Berg wieder hoch. Emil hielt oben am Kamm nicht an und Udo musste die fast zwei Kilometer bis zum Parkplatz „Schwarzes Moor“, ohne Handschuhe und frierend auf der Stoßstange mitfahren. Festhalten konnte er sich am hinten unterhalb des Heckfensters montierten Schiträger. Selbst sein Klopfen gegen das Heckfenster bewirkte keinen Stopp.
Am Dreiländereck-Parkplatz hielt Emil an, stieg aus und schaute fragend und ganz entgeistert am Fahrzeug nach, woher das Klopfgeräusch kommen könnte.

Udo auf der hinteren Stoßstange hatte er total vergessen! Wie man Udo kennt, wird er diese Vergesslichkeit Emil gewiss lautstark mitgeteilt haben.

Hundeführer Udo

Udos ganzer Stolz galt immer seinen Diensthunden, angefangen vom schwarzen Riesenschnauzer „Bill", bis zum Rottweiler „Bando" bis hin zu verschiedenen Schäferhunden.
Selbst die Hunde machten Udos Späße mit.

Diensthund „Bando"
im Dienstanorak

Den Riesenschnauzer „Bill" hatte Udo besonders abgerichtet. So befehligte er ihn nicht nur an der Grenze, wenn die NVA-Soldaten Streife gelaufen sind, mit den Worten: „Wo sind die Kommunisten?" Dann fing „Bill" wie wild an zu bellen und zerrte an der Hundeleine.
Dies übertrug sich auch auf sonstige Veranstaltungen oder Begebenheiten, wie

etwa beim Einschreiten in einem Festzelt. Schon vorm Zelt stachelte Udo den Hund mit diesen Worten an: „Wo sind die Kommunisten?“ Und gleich fing „Bill“ wild zu bellen an und am Halsband zu zerren.

Die Ruhe und Ordnung war deshalb gleich hergestellt.

Natürlich führte sich „Bill“ auch dementsprechend auf der Dienststelle auf, wenn er diese Befehlsworte hörte.

Diensthund „Bill“‘
in PHK-Uniform

„Grenzpolizeiliche Ermittlungen“

Bei einer Nachtstreife fuhren wir durch eine kleine Grenzortschaft in unserem südöstlichsten Dienstbereich. Ich war Fahrer des weißen Gelände-PKW „Munga“. Im hinteren Fahrzeugteil stand Diensthund „Bill“, der schwarze Riesenschnauzer, auf den umgelegten Rücksitzlehnen.

Als wir am Ortsrand am Haus einer attraktiven, etwas älteren, alleinstehenden Frau vorbeifuhren, wettete Beifahrer Udo spontan mit mir, dass er diese Frau jetzt - Samstagabend 21:00 Uhr!- aufsuchen werde. Gesagt getan ging er ins Haus und kam längere Zeit nicht zurück.

Diensthund „Bill“ wurde immer unruhiger und ging hinten im „Munga“, hinter einem ausgeleierten, grobmaschigen Netz, auf und ab.

Die Mutter dieser Frau wohnte nebenan und musste ihre Neugierde befriedigen. Sie wollte zunächst zum Wohnungsfenster ihrer Tochter hineinschauen. Da sie nichts sehen konnte inspizierte sie das Dienstauto. „Bill“ wurde immer nervöser und die Fensterscheiben waren durch das aufgeregte Schnaufen des großen Hundes angelaufen. Ich saß stocksteif am Fahrersitz und der Speichel von „Bill“ hing mir im Nacken. Als er dann zu Bellen anfing, erschrak die alte Frau und huschte wieder ins Haus. „Bill“ war inzwischen so erregt, dass er beim Hin- und Herlaufen immer mehr Speichel produzierte und mich damit benetzte. Stocksteif blieb ich nach vorne gebeugt sitzen; den vermuteten Hundebiss im Nacken…

Udo erbarmte sich aufgrund des Hundegebells, kam zum Auto zurück und beruhigte „Bill“.

Tatsächlich hatte Udo in den 20 Minuten die Frau nicht nur, aber auch über Grenzangelegenheiten befragt. Bei diesem Gespräch bekam Udo angeblich sogar im Bademantel ein Getränk serviert….
Udo: Wette gewonnen!

Leberkäse-Aktion

Hundeführer/Jägersmann/Spitzbub Udo war auch ein guter Haus-Metzger. In den Anfangsjahren machte er immer `mal für sich einen groben Hausmacher Leberkäs und ließ ihn uns bei der Dienststelle verkosten. Daraufhin bestellte mancher Kollege einen „Riewes" (kuchenformähnlicher, größerer Tiegel, auch Kasserolle genannt) Leberkäsbrät und Udo bereitete nun zehn Pfund vor.
An Weihnachten 1990 kam eine Bestellung von eineinhalb Zentner zusammen. Udo und ich machten uns, bei Erich in der Metzgerei in Sondheim, an die Arbeit. Das fertige Leberkäsbrät verpackten wir in mehrere Plastikbeutel und verteilten es -zum Selbstkostenpreis- an die Kollegen.
Raus backen musste den Leberkäse schon jeder Kollege oder dessen Frau selbst.
Diese Leberkäseaktion gab es über viele Jahre an Weihnachten, bis zur Grenzöffnung.
Es war natürlich immer ein High-light, das Leberkäs-Fest!

Blaulicht

Ein Streifenwagen war bei der von Emil in der Bergstraße angemieteten Garage untergestellt. Emil wollte den neuen Dienst-PKW in die Garage einstellen und öffnete das Garagenklapptor. Er vergaß die Funkantenne einzuklappen und fuhr los. Es war dann ein lauter Knall zu hören und Glas splitterte. Was war geschehen? Die Antenne hatte sich mit dem Tor verhakt. Das Tor schlug das aufgesetzte Blaulicht kaputt und es war eine große Beule im Fahrzeugdach.

Emil rannte nun rasch die etwa 500 m zur Dienststelle, dem Herzinfarkt nahe, und meldete den Schaden.

Es war alles halb so wild. Udo besorgte mit seiner Überredungskunst ein gebrauchtes Blaulicht beim damaligen Schirrmeister und die Delle behob eine ortsansässige Kfz.-Werkstatt für einen Getränke-Kasten.

Das waren noch Zeiten!

„Link-Schorsch“

Während der Streifenfahrten ließen wir uns eben so manches Späßchen einfallen. „Xiti“ erzählte immer von einer von ihm ersonnenen, männlichen Person, namens „Link Schorsch“. Der Mann führe immer mit seinem Mofa von Urspringen nach Fladungen und auch sonst im Rhönbereich herum. Er betankte angeblich sein Moped immer gleich neben der Dienststelle, bei der Tankstelle „Röhr“. Er habe

grüne Packtaschen an seinem Zweirad, in der einen befände sich ein Schifferklavier.
Diese Beschreibung gaben wir einer anderen Streife unserer Dienststelle über den Funkkreis durch, als uns mal ein Mofa-Fahrer begegnete. Wir beauftragten die Streife diese verdächtige Person zu kontrollieren.
Tatsächlich fuhr der Mofa-Fahrer der zweiten Streife in die Hände und sie überprüften ihn. Jedoch kam die Durchsage, dass es sich zum einen nicht um den „Link Schorsch" gehandelt hat und zum anderen das Mofa zwar Packtaschen hatte, aber keine grünen und kein Schifferklavier darin war…
Nur gut, dass unser Lachen über Funk nicht zu hören war……

Schichtdienst: „B"-Schicht

Im Jahre 1979, also zehn Jahre vor der Grenzöffnung, wurde innerhalb der Fladunger Polizei-Mannschaft fast einstimmig abgestimmt, dass wir in Fladungen einen Vier-Schichtendienst einführen wollen. Der erste Tag beginnt mit 13:00 – 19:00 h, der zweite Tag mit: 07:00 – 13:00 h und 19:00 – 07:00 Uhr. Der dritte Tag, an dem man um 07:00 h nach Hause kommt, war dann frei und der vierte Tag war ganz frei. Am fünften Tag begann wieder die Mittagsschicht.
Diese Dienstzeiten konnten wir zuvor beim Fernschreibdienst, den bereits vier Mann (= 4 Schichten) machten, schon ausprobieren. Diese vier Mann waren: ein Angestellter, ein Innendienstkranker und die beiden anderen wurden immer

abwechselnd eingeteilt..

Mir selbst gefiel der Schichtdienst nicht besonders, da ich schon immer mit Schlafproblemen zu tun und nach der langen Nachtschicht, trotz Ruhephasen, sehr viele Probleme hatte.

Die überwältigende Mehrheit stimmte für die Einführung des Schichtdienstes. Wir vom mittleren Dienst, im mittleren Alter, mussten auch die Dienstgruppenleiterposten besetzen, da wir ja nicht genug Kollegen vom gehobenen Dienst hatten. So war es keine Schicht mit 1/2 (ein gehobener Beamte zwei mittlere Beamte), sondern eine Schicht mit 0/3, also nur drei Mittlere.

Bei der Dienstgruppe A (DGr.A) war Gerd Dienstgruppenleiter (DGL) , die Gruppe B führte ich als DGL, bei der DGr. C war Ottmar verantwortlich und bei der DGr. D zunächst der ältere Kollege Kurt.

Bei mir waren zugeteilt als mein Stellvertreter Hans und „Walberi“, dann noch das „Nesthäkchen“ Schorsch und später kam noch Burkard hinzu.

Zum Ehrenschichtführer und zum Ehrenhundeführer „beförderten“ wir “Xiti“ bzw. Udo. .

Auch der gute zweite Hundeführer und noch bessere „Fischtreiber“ wurde die letzten paar Jahre der „B“-Schicht zugeteilt.

„B“-Schicht der GPS Fladungen:
Von links nach rechts:
Udo, ich, Hans, Ehrenschichtführer „Xiti“, Schorsch, „Mander“;
später mit Burkard & Arnold (nicht im Bild).

Unser Schichtdienst war sehr harmonisch, die Mannschaft passte. Jeder konnte sich auf den anderen verlassen! Der Kosename für unsere „B“-Schicht war „Bloaderer-Schicht“.

„Bloaderer“ ist ein Mensch der etwas mehr spricht als ein normaler. Ist jedoch nicht zu verwechseln mit Schwätzer oder Wanderprediger. Nein, wir haben einfach nur alles hinterfragt und uns gekümmert. Auch die Lautstärke war vor allem bei

„Mander“ und bei mir etwas kräftiger. Das heißt wir hatten immer ein paar Dezibel mehr! Uns hörte man bei Diskussionen vom ersten bis ins letzte Zimmer und man durfte uns auch hören, wir hatten nichts zu verbergen.
Die langen Nachtschichten versüßten wir uns ab und an durch Kochen, manchmal auch mit „Formblatt 32“. Kochen musste der Kollege, der auf der Station war, während die anderen Streife fuhren. Es gab nichts Großes zu essen. Nur Bratkartoffeln, Tomateneier, Pizza, Hähnchen und dergleichen.
Bei so einem Essen wurde ab und an die bereits beschriebene Geschichte mit Rosa B. aufgefrischt, als sie nachts im dunklen Garten durch die Museumsmetallkreuze schlich und ich sie anrief: „Pistolen raus!“
Während der Nachtschicht erledigten wir manchmal auch die Geschäfte für unseren polizeieigenen Angelsportverein. „Mander“ war 1. Vorstand, ich 2. Vorstand.
Zwischendurch hatten wir einen Rhöner Jungkollegen zu unserer Schicht hinzu bekommen. Dessen Zeit war sehr begrenzt. Er musste wegen Privatangelegenheiten -die sich für einen Polizeibeamten nicht gehören- die Uniform wieder ausziehen.
Mit den Ablöseschichten „A“ und „C“ gab es nie Probleme, im Gegenteil man blieb manchmal nach Dienstende noch einige Zeitlang zusammen sitzen.
Mit der DGr. „D“ hatten wir fast keinen Kontakt. Für uns war sie die „Geisterschicht“. Also die Schicht die wir nur außerhalb des Schichtdienstes trafen, z. B. bei Sonderdiensten wie Stationsbesprechungen, Sport usw.
„Mander“, Burkard, Schorsch und ich bildeten eine Fahrgemeinschaft. Unsere Wohnorte Sondheim v.d.Rhön/Oberwald/Unterelsbach lagen auf der gleichen Strecke.

Wir waren sowohl dienstlich als auch privat eine verschworene Gemeinschaft. Privat gingen wir einmal im Jahr gemeinsam mit unseren Frauen zum Essen. Mehr musste es nicht sein, da wir ja dienstlich genug zusammen gefeiert haben.

Mitmachender EZ-Kollege

Da wir den „Link Schorsch" mehrmals monatlich, möglichst von immer anderen Streifenbesatzungen „überprüfen ließen", schaltete sich einmal die Einsatzzentrale (EZ mit Sitz in Schweinfurt) ein und fragte nach, ob eine größere Fahndung ausgestrahlt werden sollte. Schnell entschärften wir diese Funk-Nachfrage und teilten dem am EZ-Funk sitzenden, „ledernen" Kollegen, mit, dass die Person persönlich bekannt sei und es sich nicht um einen Rechtsbrecher handelt; mehr oder weniger ginge es um ein Rhöner Original!

Das gleiche ging dann umgekehrt auch mal von der EZ aus, indem sie uns auf Michael Jackson „hetzten", der angeblich gerade unseren Dienstbereich passierte.
Der damalige EZ-Sprecher, der auch „B"-Schicht hatte, war ein Mann, der in die (Polizei-)Welt passte. Seine Antworten kamen nicht immer dienstlich steif oder in Amtsdeutsch, sondern auch mal witzig und schelmisch.
Das machte natürlich uns „Jungspunden" Spaß und animierte uns freiere Funksprüche abzusetzen.
Die Dienstbereiche waren damals in Bergnamen eingeteilt. Die Leute, die das

Radiogerät weit genug nach rechts drehten und damit auf einer bestimmten Frequenz unseren Polizei-Funk mithören konnten, sollten nicht wissen, wo wir uns aufhielten oder sonstige Internas erfahren.
Unser Grenzpolizei-Tarnname war „Watzmann“. Wenn es nun um eine Streifenanmeldung ging, sollten wir uns über Funk melden: „Streife 1 im Raum Watzmann auf Empfang“. Wir änderten jedoch den Funkspruch so ab: „Streife 1 auf dem Watzmann auf Empfang“. Was dann der „lederne“ Kollege hinterfragte, ob es auf dem „Watzmann“ schon geschneit hätte, glatt oder neblig sei?
War dieser Kollege nicht im Dienst, kam schon mal die Maßregelung der Einsatzzentrale: „Funkdisziplin einhalten!“
Wir sollten also immer schön Dienst tun. Späße durften bei der Polizei kaum einen Platz haben. Gerade deshalb ließen wir uns immer wieder, wenn inzwischen auch vorsichtiger, etwas Aufheiterndes einfallen…

Wenn man ein wenig Zeit hat, kommt man halt auch auf dumme Gedanken!

„Doch Zeit verwandelt uns nicht, sie entfaltet uns nur!“

Mein Wohnort Sondheim v.d.Rhön

Sondheim v.d.Rhön ist eine kleine, eigenständige Ortschaft, die verwaltungstechnisch zu Ostheim v.d.Rhön, der BIONADE-Stadt, gehört.
Sondheim v.d.Rhön liegt in der bayerischen Vorderrhön, im nördlichsten Unterfranken, 330 m über dem Meeresspiegel, in einem schönen Tal von zehn Kilometer Länge. Im Nordosten angelehnt an die Hänge der Hochrhön und 22 km südöstlich der Wasserkuppe. Fast in Sichtweite liegt der mit 928 Metern hohe Kreuzberg, der „Heilige Berg der Franken" (Das Gegenstück zum Kloster Andechs, im tiefen Bayern.) Im Kloster Kreuzberg brauen seit 1731 die Franziskanermönche das dunkle, ungemein süffige Kreuzbergbier. Ein Käsebrot und ein/zwei Kreuzbergbier im Tonkrug, frisch gezapft, sind Pflicht, bei den jährlichen Kreuzbergbesuchen. Unser derzeitiger Herr Landrat Thomas hat dort ebenso seinen eigenen Tonkrug wie der ehemalige Herr Landtagspräsident Johann.
Der Wallfahrtsort mit seiner schönen Klosterkirche hat eine herrliche Fernsicht, weshalb nicht zu Unrecht die Hohe Rhön als das Land der offenen Ferne bezeichnet wird. Der Blick reicht von Nordost-Hessen über den Thüringer Wald bis weit ins Frankenland.
Die UNESCO hat im Jahre 2013 die Rhön als Biosphären-Reservat ausgewiesen. Aus diesem Grund waren schwerwiegende Entscheidungen im Gemeinderat zu fällen, da einige Hektar Wald zur Verfügung gestellt werden sollten. Und Wald ist eine der wesentlichen Einnahmequellen unserer Gemeinde.
Mit einem einigermaßen zufriedenstellenden Kompromiss hat der Gemeinderat von Sondheim v.d.Rhön letztendlich der Waldabgabe entsprochen, wenn auch mit

geringerer Menge und nicht gerade die besten Hektar (Eichen-)Wald. Diese Filetstücke gehören einfach den Gemeindebürgern.

Gemeinderat

Gemeindewappen
von Sondheim v.d.Rhön.
Aus diesem Wappen kreierte ich
das Faschingsmaskottchen der SFF:
„Roter Gebsattelbock“

Im Jahre 1984 -ich wohnte inzwischen 12 Jahre in Sondheim v.d.Rhön- ließ ich mich bei den Gemeinderatswahlen als Kandidat aufstellen. Ich schaffte gleich und zwar mit zweitbester Stimmenzahl, den Einzug ins Gemeinderatsgremium.

In meiner inzwischen 31jährigen Zugehörigkeit erlebte ich (sechs Perioden in Folge!) viele schöne Stunden, aber bei einem solchen Posten auch viel Kritik.

Ich „überlebte“ sechs Bürgermeister, vier männlich, zwei weiblich und werde noch -so Gott will- bis zum Jahre 2020 im Gemeinderat „meinen Mann stehen“.

Wir haben ein gutes Miteinander, auch mit den Räten des Ortsteils und es gab in diesem Gremium natürlich auch die eine oder andere fröhliche Feierstunde.

Und, was vom Gesetz her vorgeschrieben ist, bekam man (für den öffentlichen Dienst!) zur Gemeinderatssitzung dienstfrei, soweit nicht dienstliche Belange dagegenstanden. Dies war bei unseren nicht so sehr überlasteten Polizei-Dienststellen nie der Fall. Allerdings musste manchmal ein anderer Kollege den Dienst während dieser Abwesenheitszeit verrichten. Der Ersatzmann bekam die Dienststunden geschrieben und zugleich wurde auch mir die Zeit angerechnet.

Bei den Chefs waren Gemeinderatssitzungen nicht sehr beliebt, sie polterten meistens, wenn sie davon hörten und meinten, dass die Gemeinden rechtzeitiger einladen sollten, damit der Dienstplan entsprechend gestaltet werden kann. Das heißt, dass mir an diesem Tag ein Ruhetag, sprich frei, eingetragen worden wäre.

Die fünftägige Ladungsfrist der Gemeinde abzuändern wurde allerdings nicht erreicht.

Ich bekam zwar frei, wenngleich ich auch immer wieder den Unmut der Chefs und vereinzelt auch die Unzufriedenheit von ein paar wenigen Kollegen zu hören bekam.

Gemeinderats-Fortbildungsseminare

Auch über jährliche Gemeinderats-Fortbildungsseminare waren Dienststellenleiter wenig erfreut. Es bedeutete fünf Tage Dienstbefreiung, wenn der Bayer. Selbstverwaltungskolleg/Bayer. Gemeindetag zur Fortbildungswoche nach Fürstenfeldbruck eingeladen hatte. Beste Referenten und gute abendliche Kollegen-/innen-Gespräche machten uns nicht dümmer.

Selbstverständlich ist auch hier die Geselligkeit großgeschrieben worden, insbesondere beim Abschiedsabend am Donnerstag. Jedes Mal beteilige ich mich mit einem humorvollen Beitrag! Ebenso die aus der Frankenfassnacht bekannte Stadträtin Gerlinde aus Karlstadt. Mit ihr durfte ich vor ein paar Jahren ein solches Seminar besuchen und entsprechend beenden.

Anfangs war das Seminar gebührenfrei und es gab sogar Fahrtkostenzuschuss (350 km einfach). Später wurden die Fahrtkosten gestrichen und im Hotel muss inzwischen bei einem Einzelzimmer ein Obolus entrichtet werden.

Egal ob Kosten oder nicht, es war immer sehr interessant und sehr lehrreich. Außerdem stand man im November nicht auf der nasskalten Straße um zu Kontrollieren; man hatte ja Dienstbefreiung!

Da mein Kollege Hans, aus der Nachbarortschaft, und ich jährlich oder im Zwei-Jahres-Rhythmus diese Seminare besuchten -es gab Grundseminare, Fortgeschrittenen-Seminare, Rechnungsprüfer-Seminare , Spezialthemen-Seminare und dergleichen mehr- wollte uns nach ein paar Teilnahmen der damalige Chef, die fünf Tage Dienstbefreiung nicht mehr gewähren. Was nun?

Wir waren zunächst der Meinung, es wäre eine „Kann-Bestimmung“ und der Chef konnte uns, wenn dienstliche Belange dagegen stehen, die Dienstbefreiung (DB) verwehren. Deshalb wählten wir eh schon die „Saure-Gurken-Zeit“ aus, weil wir wussten, es steht genügend Personal zur Verfügung.

Hans, der Personalratsmitglied war, recherchierte und fand heraus, dass es bei der Polizei keine „Kann-Bestimmung“ sondern eine „Muss-Bestimmung“ ist. Kommunalpolitisch interessierten Kollegen m u s s Dienstbefreiung gewährt werden.

Freudestrahlend legte Hans dies dem Chef vor und Tage danach lag wortlos die zuvor nicht genehmigte Dienstbefreiung, nun genehmigt, wieder in unserem Dienstfach….

Keine C h e f s t ä r k e war zu hören,

nur C h e f s c h w ä c h e zu spüren!

Während der jetzt vierjährigen Pensionszeit besuchte ich diese politische Fortbildung weiter. Und künftig werde ich noch das eine oder andere Mal in Fürstenfeldbruck mit dabei sein, weil ich 2014 erneut ins Gemeinderatsgremium gewählt wurde. Nach dieser Wahlperiode habe ich dann 36 Jahre lang dieses Amt bekleidet; ich bin inzwischen Ältestenrat im Gremium.

Jetzt muss ich die „Dienstbefreiung“ allerdings bei meiner Frau beantragen…

Polizeiliche Fortbildung

Ab und an konnte man bei der Polizei ebenfalls Seminare oder Fortbildungslehrgänge belegen. Wie schon beschrieben gab es Skilehrgänge aber auch gesundheitsfördernde Lehrgänge oder fachbezogene Lehrgänge für Unfallaufnahme, Unfallfluchtsachbearbeitung, Ordnungs- und Sicherheitsdienst und andere mehr. Im Laufe von vier Jahrzehnten belegt man fünf oder sechs solcher Fach-Lehrgänge. Sie finden meist in Ainring, nahe Salzburg, im dortigen Fortbildungsinstitut der Bayerischen Polizei, statt.

Okay, Kollegen die mit den Vorgesetzten besser umgehen konnten hatten bestimmt einige Lehrgänge mehr; denn solche Seminare waren größtenteils begehrt. Man war bei Vollpension kostenlos in den jeweiligen Polizeihäusern untergebracht.
Es musste nur Tagesdienst/Unterricht verrichtet werden und abends saß man in der Kantine zusammen oder ging in der näheren Umgebung „auf die Pirsch".
Ein in Polizeikreisen, in Lehrgangskreisen, bekanntes Lokal in den 70er Jahren war gleich neben Ainring in Freilassing. In dieses Tanzlokal kamen auch Krankenschwestern aus Salzburg und so war für Unterhaltung gesorgt. Da die Frauen meist älter waren als wir, sprach man in Fach-/Polizeikreisen auch vom sogenannten „Mumienschieben".

Doch auch Anif oder Salzburg selbst machten wir unsicher. Bei einem dieser Lehrgänge hatte ich das Glück, dass ein Kollege aus dieser Gegend stammte und

sich in Salzburg auskannte wie in seiner Westentasche. Nicht zuletzt , weil er sich mit seinem Schifferklavier in Heurigenkneipen ein paar Schilling dazu verdiente. Er zeigte uns an einem Abend verschiedene seiner Lokale und spielte in einem kurz auf.
Ich hätte vor Neid erblassen können, was der alles spielen konnte und ich (verkappter Zerrwanstspieler) nicht. Von G`stanzel bis Volkslieder, von Schlager bis Hans Moser, er hatte alles in seinem Repertoire und vor allem spielte er auswendig!
Nie und nimmer hätte ich diese Kneipen gefunden und nie und nimmer hätten wir diese Gaudi erlebt. Ein unvergessener, österreichischer Abend.

Auf dem Weg zu unserm Auto, wir waren fünf Mann im VW und einer war selbstverständlich nüchtern, führte er uns noch am Salzburger Bordell vorbei. Wir unterhielten uns oben an einem Berg kurz mit den Etablissement-Damen. Sie sahen uns an, dass wir von der Polizeischule kamen und bemerkten, dass das eine oder andere Glaser Wein, zusammen mit dem Sauerstoff nun die entsprechende Wirkung hatte …Sie wünschten uns einen guten Heimweg…
Tags darauf fiel es uns nicht gerade leicht dem Unterricht zu folgen. Aber Hindernisse sind da, um übersprungen oder umgangen zu werden.
……...und der nächste Abend kam bestimmt!

Auch Schafkopf- oder Skatabende in der Polizei-Kantine in Ainring waren sehr kurzweilig. Mit Kollegen anderer Regionen Karten zu spielen war stets etwas anderes, weil einfach regional mit anderen Raffinessen gespielt wurde.

Z. B. wollten die meisten Oberpfälzer/Oberfranken immer mehr den kurzen Schafkopf, also mit weniger Karten (ohne die „Leeren“) spielen.
Das ungewohnte und schnelle Schafkopfspiel mit den Kurzen hatte für uns Unterfranken schon eher den Charakter eines Spielcasinos.

Egal ob einwöchiger oder zweiwöchiger Lehrgang, Freitagmittag durften wir dann wieder die lange Heimreise, quer, besser gesagt, diagonal durch Bayern antreten. Nicht selten kamen wir wegen des zähflüssigen Verkehrs mit zig Staus erst spät abends nach Hause.
Bedenkt man, wie schnell Kollegen von München oder Nürnberg zu Hause waren, hatten wir, bei dieser 40-Stunden-Abordnung, wie sich die Teilnahme an einem Seminar nannte, durch die Mehrstunden der An- und Abreise, einige Stunden in den Sand gesetzt.
Der eine oder andere Dienststellenleiter regelte dies jedoch auf seine Weise und rechnete die Fahrtzeiten als Dienststunden an.

Beschaffungsamt

Ähnlich war die Regelung in den 70/80er Jahren bei der Fahrt zum Beschaffungsamt mit Sitz in München. Alle Kollegen bekamen bayernweit für die Uniformbeschaffung einen Tag Dienst geschrieben. Also der Kollege aus München genau wie wir aus der Rhön oder aus Aschaffenburg. Wir Nordbayern kamen natürlich nicht mit acht Stunden aus. Diese Zeit war schon für An- und Rückfahrt (700 km) vertan, reichte also keinesfalls für mehrere Anproben, geschweige denn fürs Maßnehmen durch einen Schneider.
Für meine überschlanke Konfektionsgröße gab es damals noch keine Klamotten von der Stange. Erst mit fortgeschrittenem Alter erreichte ich die Bundweite mit Konfektionsgröße 114. Deshalb bekam ich in während der ersten Polizeijahre eine maßgefertigte Uniform.

.

Trotz Minusstunden, oder gerade deswegen, schauten wir vor der Heimfahrt kurz im Hofbräuhaus, Löwenbräukeller, Augustiner, Jodlerwirt oder Blauer Engel vorbei. Wir durften ja diese Dienstfahrt in Zivilkleidung und mit dem Privat-PKW durchführen.
Als das Münchener Beschaffungsamt in den 90iger Jahren wegrationalisiert wurde, musste ich zum Maßnehmen und zur Anprobe jeweils zum Schneider der Bereitschaftspolizei nach Würzburg (100 km) fahren.
Nach einigen Jahren hatte sich auch das erledigt. Es wurde Versandverkauf eingeführt und die Größe 114 war zu bestellen.
Warum nicht gleich Versandverkauf?

Wohnsitzlose

Wenn im Herbst die Tage kürzer wurden und im Winter die Kälte kam, waren die Nichtsesshaften, teilweise auch Landstreicher genannt, wieder auf Quartiersuche. Meist riefen Mitbürger bei der Polizei an, aber auch während der Streifenfahrten wurden solche Leute registriert. Mancher „schräge Vogel“ kam auch direkt zur Dienststelle. Was nun? Denn die geruchsintensiven, teils weniger gut gekleideten Leute tauchten meist in den Abendstunden auf.

Die erste Anfrage war beim Heimathof Simonshof bei Bastheim. War dort die Person registriert, wurde der Mann kurzerhand von uns in den Streifenwagen gesetzt und -im Rahmen der Streifenfahrt- die 15 km nach dort gekarrt. Das war der sogenannte „kurze oder kleine Dienstweg“.

War er im Heimathof nicht bekannt, wurde er in der Nacht nicht angenommen. Wir kamen dem Herrn dann insofern entgegen, dass wir ihn in ein anderes Bundesland verbrachten, wo er eventuell. auch zur Nachtzeit angenommen wird. Wir fuhren ihn deshalb über die Hochrhön nach Hessen, bis in den Bereich vom Ortsschild Seiferts, und schickten ihn los.

Manchmal kam es vor, dass derjenige eine Stunde später wieder bei unserer Dienststelle aufgekreuzt ist, weil die hessischen Kollegen ihn wieder nach Bayern herüber gefahren haben. Sie hatten quasi unseren Trick abgekupfert.

Einmal hatte einer der zu transportierenden „Edel-Herren“ bei einem solchen Abendtransport angemerkt, dass er die gleiche Strecke doch vor kurzer Zeit schon mal gefahren wurde. So unterließen wir schließlich diese „Sonderfahrten“.

Beförderungsfeiern

Wie gesagt, wurden Beförderungen stets groß gefeiert. Von ähnlichem Ausmaß wie meine bereits erzählte PHM-Beförderung waren auch die gleichzeitigen Beförderungen von „Walberi“ & „Berni“, im Jahre 1990. Auch wenn die Grenze inzwischen geöffnet und die Polizei-Dienststelle Fladungen schon geschlossen war, hatte jedoch das Dienstzimmer noch Bestand. Wir konnten in den altbekannten Rathaus-Räumlichkeiten noch Feiern.

Die beiden neuen PHM ließen kein Spanferkel herrichten sondern gleich eine halbe Sau und luden auch ein paar besondere Gäste wie den „For-You“ dazu ein. Mit Raimund, dem Bürgermeister der Stadt Fladungen, wurde abgesprochen, dass wir nochmal im Rathaus in dem größeren Vorraum zur Grenzinformationsstelle feiern durften. Der Saal war mit ein paar Glasvitrinen ausgestattet in denen einheimische Rhöner Kleintiere, wie Fuchs, Wildkatze, Hase, Roter Milan, Dachs, Waschbär, Sperber, ausgestopft/präpariert ausgestellt waren.

Die Feier begann schon nachmittags und gegen Abend, nach dem Spansau-Essen und dem Verdauungsschnaps, waren alle gut drauf. (Der Schnaps war übrigens wegen „ranzenwärtig“ = Unwohlsein im Bauch, obligatorisch.

Ich hatte noch einen lautstarken, Aufsehen erregenden, wenn auch nichts sagenden Schau-Disput mit „Grunix“ und Kollege Wisch scherzte und frotzelte mit dem älteren Kollegen Emil. Vom Alter her hätte Emil unser Vater sein können.

Der Höhepunkt der Wisch-Aussagen war, dass er Emil das Wort untersagte und **„ihn eh bald ausstopfen und in eine der genannten Wildtiere-Vitrinen ausstellen lassen wolle“**.

Emil war sichtlich geschockt. Er schickte noch ein paar verbale Giftpfeile zurück, konnte seine Betroffenheit nicht mehr unterdrücken und zog sein Taschentuch…..
In Fladungen wurden wirklich übertriebene Späße gemacht, doch keiner war dem anderen lange böse. Meist war am nächsten Tag wieder alles vergessen. Man einigte sich am Sozialraum-Tisch rasch wieder.

Aktfoto

Auch da gab es keinen großen Zwist, als „Walberi" ein Aktfoto in die Tasche seines Dienstanoraks gesteckt wurde und dies seine Frau, weil sie den Anorak waschen wollte, entnahm. Es war zwar bestimmt eine brenzlige Situation für „Walberi, der Spaß war wirklich übertrieben, aber wer konnte schon ahnen, dass das Bild einen solchen Weg geht.
Das prekäre war, dass es ein selbstgefertigtes Aktfoto war, also ein normales kleines Farbbild, das eine unbekannte, nackte Frau, mittleren Alters, auf einer Eckbank halb liegend zeigte. Der Kopf der Frau war nicht mit fotografiert, dafür alles andere.
Tage zuvor fand ich das Bild in meinem Dienst-Anorak. Ich steckte es heimlich einem andern Kollegen in die Jacke. So machte es den Weg bis zur Kollegenfrau. Wieder hatte Udo seine Hände im Spiel!

Neuer Hundeführer

In den 80er Jahren wurde ein zusätzlicher junger Hundeführer nach Fladungen versetzt. Uwe und sein Schäferhund waren ebenfalls gute Kumpel. Der neue Hundeführer stellte den leeren Fress- oder Trinknapf immer auf seinen Kleiderspind. Das gab Anlass für die nächste Attacke . Ich füllte das Metall-Schüsselchen halbvoll mit Wasser und stellte es so auf den Schrank, dass es beim Öffnen mit der Schranktüre nach vorne gezogen wurde.

Uwe kam zum Dienst, wir lenkten ihn wegen seines Hundes ab und er ging zum Kleiderspind. Plötzlich schrie er laut auf und kam tropfnass auf uns zu: „Wer war das?“ Wir paar Kollegen konnten vor Lachen kaum sprechen; der „nasse Anblick“ war sehr belustigend. Von uns Anwesenden war natürlich zunächst keiner der Übertäter, wir stellten uns dumm.

Erst später, als die erste Wut abgeflaut war, outete ich mich und lud Uwe zu `ner Tasse Tee ein.

Auch “Berni“ ärgerte Uwe nochmals, als er in seinen Teelöffel „Sau“ rein geritzt hatte. Uwe war leidenschaftlicher Teetrinker und er hatte angeblich von den teetrinkenden Engländern gelernt, dass man Teekanne, Teetasse und Teelöffel nicht mit Spülmittel behandeln darf, sondern nur unter fließendem Wasser abwaschen soll. Es ist normal, dass mit der Zeit auf dem Tee-Besteck ein bräunlicher Film zurück bleibt. „Berni“ meinte das sei Dreck und ritze das Wort „Sau“ in die Löffelmulde. Uwe war berechtigt „aus dem Häuschen“.

Der „Täter“ wurde wieder nicht so schnell ermittelt; jedoch stellte auch er sich.

Verkehrsunfall mit Polizeiauto

Einen „großen Wermutstropfen“ gab es für mich 1987, zwei Jahre vor der Grenzöffnung. Es war eine Dienststellen-Weihnachtsfeiere auf der Hochrhön am „Zollstützpunkt“ beim Hellmutlager angesetzt. Hierbei passierte mir ein Verkehrsunfall, ein Dienst-Unfall, bei dem ich enormes Glück hatte, quasi „von der Schippe gesprungen“ bin.

Wir feierten zunächst tagsüber bei der Polizei-Dienststelle in Fladungen und ich war als Grillmeister eingeteilt. Im Hof des Fladunger Rhönmuseums fungierte ich am Holzkohlegrill und versorgte die Kollegen und auch die liebe Museumsfrau Lydia mit Rostbratwürsten und Rostbrätchen.

Das Grillgut für diese Nachmittagsfeier war über die ehemalige Lotto-Kasse finanziell abgedeckt. Wir mussten diese ja mit dem restlichen „Gewinn“ auflösen. Für solche, wie manch andere, auch kleinere Angelegenheiten, gab es ein kleines Fest. Wir fanden immer einen Anlass, und wenn es nur der Geburtstag von Udos Polizeihunden war. Oder Udo in 25 Ehejahren zum fünfundzwanzigsten Mal umgezogen war. Oder, dass ein Pressebild in der Zeitung erschien. Oder, dass ein Kollege 15 Jahre auf eine Beförderung gewartet hatte, und dergleichen mehr.

Abends sollte dann die Weihnachtsfeier am Zollstützpunkt auf der Hochrhön, beim „schwarzen Moor“, sein. Viele der Kollegen waren schon hinauf gefahren. Ich hatte noch ein wenig aufzuräumen und sauber zu machen und fuhr später mit einem Polizei-Audi 80 nach. Oben angekommen unterhielten wir uns eine Zeitlang vor der Hütte, bevor ich gleich wieder nach Fladungen fahren wollte. Zum einen sollten noch Getränke besorgt werden und zum anderen war der Kollege Franz bei der Dienststelle und hielt die Stellung. Mit diesem wollte ich noch „ein Hühnchen rupfen".

So fuhr ich in der Abenddämmerung mit dem minzgrün-weißen Audi 80 auf der Rhön los, vorbei an der schön beleuchtete Gaststätte „Sennhütte", durchfuhr die erste Linkskurve und gleich darauf die zweite scharfe, mit Leitplanken versehene Rechtskurve. Dann ging`s vorbei am Steinbruch „Pfeust" und nun sollte sich die Zeit ändern…!

Ich weiß nicht, lag es am Wildwechsel (ein Reh überquerte von links nach rechts die Fahrbahn) oder lag es an der Geschwindigkeit, jedenfalls kam eine scharfe Linkskurve und es war vorbei….

Ich geriet mit dem Dienst-Pkw nach rechts aufs Bankett, fuhr die ins Erdreich eingelassene Leitplanke hoch und hob ab wie ein Flugzeug vom Flugplatz oder wie ein Skispringer von der Schanze. Der Pkw überschlug sich nach rechts hin zum bewaldeten Abhang. An einer dicken Rhönbuche kam ich -Gottlob!- mit dem Font des Pkw noch vorbei, mit dem Heck blieb ich jedoch an diesem starken Baum hängen. Der Pkw bekam einen Drall, überschlug sich und kam auf dem Dach zum Liegen.

Hätte ich den Baum frontal erwischt -es ging schätzungsweise um 20 cm- wäre der Unfall nicht so glimpflich verlaufen.

Wieder einmal hatte mein Schutzengel ganze Arbeit geleistet; ich war unverletzt.

Nun lag ich mit dem Polizei-Pkw auf dem Dach im Wald und bekam leichte Panik, da sich keine der Seitentüren und keine der Türscheiben öffnen ließen.

Mir kam das Bild vor Augen, wenn im Fernsehen nicht nur bei Kriminalfilmen die Fahrzeuge bei oder nach einem Unfall in Flammen aufgehen.

Ich schnallte mich aufgeregt ab, verdrehte mich im Pkw und trat mehr oder weniger, von innen auf dem Dach sitzend, mit beiden Beinen gleichzeitig die Heckscheibe hinaus. Nach mehrmaligem Treten schaffte ich es und die Scheibe flog komplett weg. Schnell kroch ich nach draußen und stand vor „meinem" Dienst-Pkw……. Er war total beschädigt, der Kofferraumdeckel war aufgesprungen und zwei Räder drehten sich noch.

Die Beleuchtungseinrichtungen des Fahrzeugs waren noch intakt.

Bevor ich den Unfallort verließ, wollte ich die Beleuchtung noch abstellen: Keiner sollte das Autowrack sehen. Da jedoch die Scheiben nicht zu öffnen waren und ich auf keinen Fall ins PKW-Innere zurückklettern wollte, nahm ich kurzerhand den nächstbesten Gegenstand und das war der große Handscheinwerfer des Pkw. Dieser war durch den aufgesprungen Kofferraumdeckel herausgeflogen. Er hatte eine größere Batterie und war deshalb entsprechend schwer. Mit diesem Handscheinwerfer zertrümmerte ich alle vier Beleuchtungseinrichtungen. Die zwei Rücklichter genauso wie die beiden Frontscheinwerfer.

Als alles dunkel war verabschiedete ich mich von meinem „Peterwagen" und lief die ca. 1,5 Kilometer zu Fuß zur „Zollstützpunkt"-Feierlichkeit zurück.

Ich kannte den Weg auswendig und so hatte ich trotz Dunkelheit kein Problem.

Als plötzlich ein Scheinwerfer aufleuchtete warf ich mich in den Straßengraben, ließ den Pkw passieren und setze danach meinen „Unfall-Fußdienstgang" fort.

Nach der nächsten Linkskurve kürzte ich ab, verließ die Hochrhönstraße und lief über die Wiesen direkt auf die beleuchtete „Sennhütte" zu.

Etwa 400 m vor der „Sennhütte" der nächste Schreck. In der Dunkelheit und in der Eile übersah ich einen etwa 1,50 m tiefen Graben und stürzte kopfüber in diesen Wiesengraben. Mit dem Kopf schlug ich auf einen schwarzen

Rhönbasaltsein auf und verletzte mich an der Nase. Es war eine kleine, blutende Schnittverletzung. Diese Kleinigkeit steckte ich weg und lief um die „Sennhütte“ herum zu den feiernden Kollegen am “Stützpunkt“. Nun hatte ich, obwohl beim Unfall unverletzt, doch eine kleine, blutende Wunde über dem Nasenrücken.

Einmal noch kam ein Scheinwerferlicht und ich ging wieder in volle Deckung, dann war ich am Ziel.

Ich meldete sogleich den Unfall meinem Chef Peter und musste natürlich in allen Einzelheiten berichten. Der ältere Kollege Willi bot mir an, mich nach Hause zu fahren. Mir war nicht mehr zum Feiern zumute und in guter gesundheitlicher Verfassung war ich auch nicht; denn Kopf und Bauch reagierten….

Zu Hause besprach ich mit meiner Frau die Sachlage und entschied mich dann, zwecks Behandlung zu meiner Verwandtschaft in die Nachbarortschaft zu fahren. Dort übernachtet ich auch, wobei an schlafen nicht zu denken war; denn zu viel hatte der Unfall in mir aufgewühlt.

Mir war bekannt, dass solche dienstlichen Unfälle von der Nachbardienststelle bearbeitet/aufgenommen werden müssen.

Ich hatte mit dieser Meldung meine Pflicht erfüllt, eine Strafverfolgung war -nicht nur meiner Meinung nach- nicht gegeben.

Am nächsten Morgen erfuhr ich jedoch, dass in der Nacht die Kollegen der Nachbardienststelle Bad Königshofen bei mir zu Hause vorstellig wurden und nach mir forschten. Sachbearbeiter war mein ehemaliger Bepo-Freund (ja wirklich Freund!) „Rambo“, der mit äußerster Akribie die Bearbeitung dieses Unfalls vornahm.

Die korrekte Unfallaufnahme war sein gutes Recht und bei einem Polizisten muss erst recht „rechtens“ ermittelt werden!

Dass eine Krähe einer anderen Krähe kein Auge aushackt, das steht auf einem anderen Blatt!

Ich gab eine schriftliche Stellungnahme ab und „Rambo“ erstattete gegen mich -auf Weisung seines Chefs, wie ich erfahren habe- Anzeige wegen Unfallflucht.

Eine Unfall-/Fahrerflucht liegt jedoch nur vor, wenn man den Geschädigten nicht informiert. Die Verständigung der Polizei ist dann nicht unbedingt erforderlich.

Uns war die Erstellung einer Unfallflucht-Anzeige total unverständlich und so sollte es sich auch bewahrheiten. Denn einige Monate später, als ich immer noch keine Nachricht von der Staatsanwaltschaft (StA) hatte, riet mir der gute Inspektionsvorgesetzte Peter, genannt Armin (später Bürgermeister seiner Heimatstadt), ich solle mich über den Sachstand erkundigen.

Ich schrieb an die StA ein kurzes Anschreiben mit der Bitte um Sachstandmitteilung. Einige Wochen danach bekam ich -wie erwartet- die Einstellung des Verfahrens mitgeteilt.

Diese Mitteilung war, nach der monatelangen Ungewissheit schon eine Erleichterung. Zumal ein-/zweimal während meiner Dienstzeit ein gerichtliches Urteil gegen einen Mitbürger für mich nicht nachvollziehbar war.

Zum Beispiel ein Verkehrsunfall mit einem korrekten, kommunalpolitisch engagierten Brüchser Bürger als Beteiligten. Hier verstehe ich heute noch nicht das Teil-Urteil gegen diesen Mann. Er fuhr mit seinem Traktor auf der rechten Straßenhälfte den Brüchser Berg hoch, als es zum Unfall kam. Der Pkw-Gegenverkehr kollidierte -auf der Gegenfahrbahn!- zunächst mit dem linken Schlepper-Vorderrad. Der Pkw wurde abgewiesen und stieß danach ans Anbaugerät (angehängte Düngerspritze), auf dem ein nicht gut gesichertes Gülle-Saugrohr lag. Durch dieses Rohr wurde der Pkw nochmal leicht beschädigt.

Diese zweite Beschädigung dem Traktorfahrer anzulasten geht einfach nicht in mein Hirn.
Wegen meiner eindeutigen polizeilichen Zeugenaussagen wurde ich bei der Verhandlung in zweiter Instanz vom Gericht fast gerügt, zumindest sehr deutlich „hinterfragt"…

Nach diesem Abschweif zurück zum Dienst-VU:
Inzwischen hatte ich über meine Gewerkschaft um Rechtsbeistand ersucht, doch musste dieser nicht mehr tätig werden.
Der alte Dienst-Pkw, Audi 80, hatte nur noch 3.000,- DM Zeitwert und der Schaden war über die dienstliche Versicherung abgedeckt.

Ja, so ging wieder einmal eine Sache positiv für mich aus!
Es halten sich scheinbar im Leben Glück und Unglück die Waage.

Und mit Gottvertrauen lässt sich einiges besser regeln!

Auflösungsfeier

Am 30.09.1990 „feierten" wir alle, also alle Bediensteten der GPS Fladungen zusammen mit unseren Frauen, die Auflösung der Grenzpolizeistation Fladungen.

Wir trafen uns aus Anlass der **„zweiten Vertreibung aus dem Paradies“** im Rhönstübchen in Brüchs, beim Karl.
Gastwirt Karl war ebenfalls ein geselliger, lustiger, polizeifreundlicher Mitbürger, bei dem wir das eine oder andere Mal eingekehrt sind. Man traf dort den Apotheker aus Ostheim, oder den alten Schreiner aus Hausen, oder Reiner, den Großlandwirt aus Weimarschmieden und seine Nachbarin die zugezogene Bärbel, und viele andere mehr.
Es war immer eine gesellige Runde beim Karl und seiner Frau „Rosamaria“. Sie hatten einst die alte, niedrige Kneipe von der Schwiegermutter, der alten „Hanne“, übernommen und später gegenüber neu gebaut. Die liebenswerte Hanne, -sie war halb so groß wie ich; ein Bild für die Götter, wenn ich die liebe alte Dame mit meinen 202 cm in den Arm nahm- konnte sehr gut mit uns „Grenzorganen“ umgehen. Ihre Brotzeit und ihre Eierpfanne waren vom Feinsten.
Diese „Beerdigungsfeier“ der Polizeistation Fladungen fand leider ohne „Hanne“ statt, sie war inzwischen verstorben.
Wir machten -wie immer- aus einer Feier keine Trauerfeier, sondern eben eine fröhliche Gesellschaftsrunde.
Getreu dem Motto:

„Die Feste müssen gefeiert werden wie sie fallen!“

Oder:

„Lebe, liebe, lache,
dann wird`s `ne runde Sache!“

Abschiedslaudatio

Kollege Willi, der ehemalige Postbote, hatte eigens für diesen Abend eine sehr treffende Abschieds-Laudatio gefertigt, die Vieles sagt, Vieles aber auch nur andeutet. Ein sehr gelungener Vortrag unter dem Märchen-Motto:

E s w a r e i n m a l…

Ein Raunen, eine Freude ging durch die friedliche Welt:
Die Grenze von Ost nach dem Westen, sie fällt.

Es war einmal: Ein geteiltes Land,
vom Hofer Eck bis zum Ostseestrand.
Doch es gibt keine Freude ohne Leid,
und so mancher merkt nach geraumer Zeit,
dass gewaltige Veränderungen stehen im Raum
und ohne Personalabbau und Versetzungen geht es wohl kaum.

Behörden, Ministerien und Leute mit höheren Weihen,
saßen beisammen, mit Resultaten, man kann ihnen nicht verzeihen.
Es haut dem Fass den Boden aus und die Verwirrung ist groß,
wir sind die Polizeistation Fladungen los!

Es war einmal: Die Grenzbegehung I bis IV,
mit einem schnellen Skat beim Fritz um ein kleines Bier.
Die Schiausbildung mit „Löbbicher" Einkehrschwung,
bleibt immer in bester Erinnerung.
Grenzmarkierung und Pfadausschneiden,
Zoll & BGS taten uns begleiten.
Pfähle setzen und dabei die Grenze nicht verletzen.

Es war einmal: Die GLM mit dem täglichen Geba-/Wetterbericht,
darüber man noch in Jahren spricht.
Grenzüberwachungsflug durch die MI-4,
auf der Dienststelle ein gemütliches Bier.
Gespräche über Familie, Frau und Kind.
Sogar über Obst- und Gartenbau;
denn viele Kollegen sind darin sehr beflissen und schlau.

Es war einmal: Faustballspiele im Hessenland nur so zum Trainieren,
die Hundedressur von Udos lieben Tieren.
Kegeln zur Kameradschaftspflege
Observation bei Brüchs am „Russeneck",
Zeitung lesen und Kaffee trinken mit Rhöner Gebäck.
Angelfeste mit fetter Beute,
Preisschafkopf mit prominente` Leute.
Forellen füttern am „Schwarzen Teich" und in den Rhöner Brüchen,
Betriebsausflüge mit Gaudi und Flüchen.

Es war einmal: Grenzführungen am Frankenheimer Blick,
manchmal hatte man es satt und dick.
Treff mit Kollegen aus dem Thüringer Land,
fast einstimmig ein gesundes Echo fand.
Das telefonische Geburtstagsständchen durch den Kollegenchor,
diese herrlichen Stimmen bleiben immer im Ohr.

Die Fußballspiele gegen die Firma Pecht.
Frau Hicks Problem mit dem Wellensittich,
dem war vom Alkoholdunst immer so schlecht.
Beförderungen, Jubiläen,
ergreifende Weihnachtsfeiern mit Pfarrer Vogts Segen.
Verabschiedungsdramen,
bei stundenlangen Diskussionen und Gesang,
es ist zu End` in Ewigkeit Amen.

Es war einmal: Harrys Spezialmenü im sozialen Raum,
dabei das Hefeweißbier mit prächtigem Schaum.
Ein Lottogemeinschafts-Auflösungsfest,
man verzehrte Gegrilltes bis auf einen Rest.

Die jährliche Getränkekassen-Vernichtung mit unseren Frauen,
das Pilze-Sammeln, die braunen und die blauen;
besonders am Stedtlinger Berg,
da waren die Steinpilz` so groß wie kleine Gartenzwerg`.

Die Grenzbegehungen IV - VII,
wo man anschließend in der Stacheldrahtbar bei Brunhilde geblieben.
Bei Schinkenbrot und einer Kanne Kaffee,
das tut bis ins Herz hinein so weh.

Es war einmal: Die Grenzbegehung mit Schiern im tiefen Schnee,
gelernt hat man`s hinter der Sennhütte, am Sudelfeld oder am Spitzingsee.
Gelernt hat man auch am Ainringer Institut der Polizei,
so 14 Tage waren immer schnell vorbei.

Lehrgangsfreuden und Leiden hielten sich die Waage,
nicht der Tag sondern die „Nachtübungen“ waren hier die Plage.
Dazu noch „Tiger-Rennen“ am Freilassinger Stadtrand,
amüsant, amüsant…..!

Unter uns! Hab` ich noch etwas vergessen?-Mir scheint ja!
Da gab`s noch die Männer vom USK.
Und die oft einsichtigen Leiter der hiesigen Station,
auch deren Vertreter wussten schon,
über spezielle Nachteinsätze ihrer eifrigen Beamten in der Schicht.
Die Führung wusste Vieles – doch alles wusste sie nicht!

Es war einmal: Der multifunktionelle Arbeitstisch.
Der Geist der Beamten durch Technik bleibt frisch.
Die JVS und der schöne Küchentrakt,
die Lappen, Schaufeln und Besen,
das ist alles einmal gewesen.

Ein Bunker bei Melpers genannt GSTD,
viele Russen gemeldet, doch keiner hat sie geseh`.
Ein Unterleutnant mit 3 GAK bei Grenzpunkt 20 und 2,
eine Krad-Streife mit 2 GrSo postierte verdeckt in einer Heckenreih`.

Da waren noch so Begriffe wie:
eMGZ, MTW, SSZ, bKW, RUL, BTr und BTv.
Doch die Realität ist sehr traurig & mau,
denn die Truppe ist zerrissen, das weiß mittlerweile jeder genau.

Zieht man ein Resümee nach über 40 Jahren:
Viele Kollegen verließen inzwischen das nördliche Bayern,
andere die es nicht mehr erleben durften, würden heute gern mit uns feiern.
Wir alle durften die Grenzöffnung erleben
und darüber froh das Glas erheben.

Es war einmal: Eine Fladunger Polizeistation
mit vielen Episoden, Anekdoten und friedlichem Ton;
mit Kameradschaft und Sinn für Humor.
Und das kommt woanders eher selten vor.
Mit Dienststellenleitern deren Aufgabe auch war,
zu bändigen die hin und wieder übermütige Schar.

Es war einmal: Ich sage es frank und frei:
Die beliebte Fladunger Grenzpolizei!
Man trifft sich vielleicht heute zum letzten Mal
in dieser gemütlichen Rund`,
drum tschüß und ade und bleibt alle gesund! **Euer Willi**

Erklärung der Abkürzungen:
(GSTD = Gruppe Sowjetischer Truppen Deutschlands
GAK = Grenzaufklärer
GrSO = Grenzsoldaten
eMGZ = einreihiger Metallgitterzaun
MTW = Mannschaftstransportwagen
SSZ = Sicherheitsschutzzaun
bKW = Betonkraftfahrweg
RUL = Rundumleuchte
BTr = Betonturm rund
BTv = Betonturm viereckig)

Rückblick

Der ehemalige Stationsleiter und spätere Inspektionsleiter Bertold hat zur Auflösung der Grenzpolizei einen mehrseitigen historischen

„Rückblick 1946 – 1990“

verfasst. Das Titelblatt fertigte natürlich wieder unser Polizei-Karikaturist Felix.

Dieser geschichtliche Abriss mit seinen entsprechenden Argumenten und Dokumenten bringt tiefere Informationen, die ich hier gerne ins Gedächtnis zurückholen will. Ich hätte sie nicht besser zu Papier bringen können.

Bei einem Pensionisten-Treffen im Sommer 2013 kam ich mit Bertold wieder mal wegen dieses Buches ins Gespräch und ich merkte an, dass ich seinen „Geschichtlichen Rückblick“ fürs Buch verwenden möchte. Begeistert stimmte er dem zu.

Leider erlebt er die von ihm sehnsüchtig erwartete Veröffentlichung des Buches nicht mehr. Der große auch als Rhön-Club-Verantwortlicher engagierte Mann, verstarb zum Jahresende 2013.
Auch bei ihm hat man während seiner letzten Polizeijahre dienstlich „kräftig mitgemischt“…
Freilich gehören -wie bei einer Ehescheidung- immer zwei dazu!

Chef Bertold (rechts) bei der Beförderung von „B“-Schicht-Mitglied Burkard

Bayerische
Grenzpolizei
Rückblick
1946-1990
Die
Bayerische
Grenzpolizei
in
Unterfranken

V o r w o r t

Mit diesem geschichtlichen Rückblick über die Grenzpolizei in Unterfranken verabschiedet sich diese als eigene Institution.
Mit der Öffnung der Grenzen am 09. November 1989 zeichnete sich das Ende bereits ab, aber kaum einer glaubte, daß alles so schnell gehen würde.
Seit 01.Juli 1990 gibt es an der ehemaligen innerdeutschen Grenze keine Grenzkontrollen mehr und somit auch keine Existenzberechtigung mehr für die Grenzpolizei.
Die zunächst mit großer Sorge erwartete Umorganisation konnte in der Zwischenzeit zufriedenstellend geregelt werden.
Viele Beamte der Grenzpolizeiinspektion Mellrichstadt waren früher schon bei der Landespolizei und kehren jetzt wieder zu dieser zurück. Ab 01. Januar 1991 werden alle Beamte zur Landespolizei versetzt und somit gehört die Grenzpolizei in Unterfranken der Vergangenheit an.

Die Grenzpolizeiinspektion Mellrichstadt bedankt sich bei allen Behörden, Dienststellen, sonstigen Institutionen und bei der Presse für die jahrelange enge und vertrauensvolle Zusammenarbeit.

Dank gilt auch den Beamten und Beschäftigten der Grenzpolizeiinspektion Mellrichstadt für die manchmal nicht leichte Dienstverrichtung, wie es ein ehemaliger Beamter im Anhang beschrieben hat.

Allen wünsche ich für die Zukunft persönlich und beruflich alles Gute.

Mellrichstadt, im Dezember 1990

Bertold Braun
Polizeihauptkommissar
und Inspektionsleiter

Die Bayerische Grenzpolizei an der innerdeutschen Grenze in Unterfranken

Mit der bedingungslosen Kapitulation der Deutschen Wehrmacht am 08. Mai 1945 wird das sogenannte Londoner Protokoll der **"Europäischen beratenden Kommission"** vom 12.09.1944 wirksam. Hierin ist die Demarkationslinie der künftigen Besatzungszonen der Westmächte und der Sowjetunion festgelegt. Der Verlauf deckt sich mit der bayerisch-thüringischen Landesgrenze, auf die sich am 01. Juli 1945 die Truppen der westlichen Alliierten zurückziehen. Zum gleichen Zeitpunkt verlassen auch die amerikanischen Streitkräfte Thüringen das nun von russischen Truppen besetzt wird.
Am 01. Juli 1945 wird auch die Grenzpolizei nach dem Kriege neu aufgestellt. Sie nennt sich "Borderpolice" und besteht aus amerikanischen Soldaten und aus Deutschen.
Bereits am 15. November 1945 wird die "Bayer. Landesgrenzpolizei" ins Leben gerufen.

An Dienststellen werden im Bereich Unterfranken eingerichtet:

1. **Die Grenzpolizeistelle Mellrichstadt mit den nachgeordneten Grenzpolizeiposten:**

Leubach	Mellrichstadt
Fladungen	Eußenhausen
Brüchs	Mühlfeld
Weimarschmieden	Roßrieth
Unterfilke	Sondheim i. Grabfeld
Willmars	Hendungen
Völkershausen	Rappershausen

2. **Die Grenzpolizeistelle Königshofen i.Grabfeld mit den nachgeordneten Grenzpolizeiposten:**

-2-

Rothausen | Trappstadt
Irmelshausen | Alsleben
Herbstadt | Zimmerau
Breitensee

3. **Die Grenzpolizeistelle Maroldsweisach mit den nachgeordneten Grenzpolizeiposten:**

Ermershausen | Eckartshausen
Allertshausen | Dürrenried

Die GP-Stellen unterstehen dem Landesgrenzpolizeikommissariat Coburg.
Am 01. März 1946 übernimmt die Landesgrenzpolizei die gesamte Grenzüberwachung. Der Dienstauftrag lautet:
"Polizeilicher Schutz der Landesgrenze".
Von US-Soldaten wird die Grenze zunächst mit weiß-gelb gestrichenen Holzpfählen markiert.
Auf Grund der einsetzenden Massenflucht aus der sowjetisch besetzten Zone (SBZ) wird am 30. Juni 1946 die Demarkationslinie (DL) für den freien Reiseverkehr gesperrt. Der Warenverkehr unterliegt der Genehmigungspflicht. Die Kontrollratsdirektiven Nr. 43 und 49 verordnen den Interzonenpaßzwang und legen die Grenzübergangsstellen zwischen den Besatzungszonen fest.
Im Sommer 1946 errichten sowjetische Grenzeinheiten unmittelbar an der DL Blockhäuser als Stützpunkte. Als Gegenstück stellen US-Constabluary-Einheiten auf westdeutschem Gebiet Wellblechbaracken auf.
Am 28. November 1946 beginnt in der SBZ die Aufstellung der "Deutschen Grenzpolizei". Sie ist in die "Deutsche Volkspolizei" eingegliedert und untersteht somit dem Innenministerium. Die Angehörigen tragen dunkelblaue Uniformen. Daneben verrichten jedoch auch noch russische Soldaten Grenzdienst.
Unmittelbar an der DL werden in der SBZ die ersten Waldschneisen zur Sichtverbesserung geschlagen. Darauf folgt im Sommer 1947 der Bau von einfachen Stacheldrahthindernissen an besonders unübersichtlichen Stellen und in Waldgebieten.
An den Straßen und Wegen, die über die Grenze führen, werden Straßensperren errichtet.

-3-

Mit der Kontrollratsdirektive Nr. 42 v. 29.10.1946, wird der "Kleine Grenzverkehr" eingeführt, der die Bauern berechtigt, an zugelassenen Grenzübergängen oder an sonst vereinbarten Stellen die DL zu überschreiten, um ihre jenseits der Zonengrenze gelegenen Felder zu bewirtschaften. Auch Handwerker und Arbeiter dürfen zur Berufsausübung die Grenze passieren. Am 01. Mai 1947 wird an der Bundesstraße 19 zwischen Eußenhausen und Henneberg ein Grenzübergang eröffnet, der auf bayer. Seite von US-Soldaten und Grenzpolizeibeamten besetzt wird. Gegenüber verrichten Sowjetsoldaten den Kontrolldienst.

-4-

Mit Wirkung vom 30. April 1948 wird der Grenzübergang Eußenhausen wieder geschlossen. Russische Posten dulden jedoch noch bis zum 30. September 1948, daß Ausreisen in die SBZ abgefertigt werden.
Am 13. Juli 1948 erläßt die Sowjetische Militäradministration (SMA) eine Verfügung, wonach bei Einreisen in die SBZ eine Aufenthaltsgenehmigung erforderlich ist. Reisen in den anderen Teil Deutschlands werden damit erheblich erschwert.

Im Frühjahr 1948 ändert die Bayer. Landesgrenzpolizei ihre Organisation.
So werden mit Wirkung vom 01. April im unterfränkischen Bereich folgende Grenzpolizeiposten aufgelöst:

Brüchs	Breitensee
Unterfilke	Alsleben
Roßrieth	Allertshausen
Rothausen	Dürrenried.

Außerdem wird die Zweigstelle Bad Neustadt errichtet.
Sie führt die Bezeichnung "Bayer.Landesgrenzpolizeikommissariat Coburg - Zweigstelle Bad Neustadt a.d.Saale".

Gleichzeitig wird die Grenzpolizeistelle Fladungen neu aufgebaut.

Ihr unterstehen die Grenzpolizeiposten

Leubach	Weimarschmieden
Fladungen	Willmars.

Der GP-Stelle Mellrichstadt werden die GP-Posten

Völkershausen	Sondheim i.Grabfeld
Eußenhausen	Hendungen
Mellrichstadt	Rappershausen und
Mühlfeld	

unterstellt.

Zur GP-Stelle Königshofen gehören nun die GP-Posten

Irmelshausen	Trappstadt
Herbstadt	Zimmerau.

Der GP-Stelle Maroldsweisach sind noch die GP-Posten
Ermershausen und
Eckartshausen
unterstellt.

Im Herbst 1949 werden die beiden deutschen Staaten "Bundesrepublik Deutschland" (BRD) und die "Deutsche Demokratische Republik" (DDR) gegründet.

Arbeitstrupps der Deutschen Grenzpolizei bauen an höher gelegenen Geländepunkten die ersten Wachtürme aus Holz nach russischem Muster.

-6-

In den folgenden Jahren werden weitere Grenzsicherungsanlagen wie Wachtürme, Stacheldrahtzäune und -hindernisse, Spanische Reiter usw. errichtet, um den Flüchtlingsstrom nach dem "Westen" aufzuhalten.
Am 15. März 1951 wird die GP-Stelle Maroldsweisach in einen GP-Posten umgewandelt und untersteht nun mit den Posten Ermershausen und Eckartshausen der GP-Stelle Königshofen.
Am 15. Mai 1952 wird die Deutsche Grenzpolizei der SBZ dem Ministerium für Staatssicherheit (MfS) unterstellt.
Unter dem Vorwand, daß der "Staat der Arbeiter und Bauern" vor "Agenten, Spionen und Diversanten" geschützt werden müsse, ergeht am 26. Mai 1952 eine Verordnung des "Ministerrats der DDR" über Maßnahmen an der Demarkationslinie.
Mit der angeordneten Einrichtung der 5 km-Sperrzone, der 500 m-Zone und des sog. 10 m-Streifens (in der Öffentlichkeit als Todesstreifen bezeichnet), Sperre der Eisenbahnstrecken, der Fernstraßen, Autobahnen, Landstraßen, Gemeindewege und private Wirtschaftswege ist nun die INNERDEUTSCHE GRENZE perfekt.
Während die 5 km-Sperrzone nur noch von DDR-Bewohnern mit besonderem Ausweis betreten werden darf, wird für den Bereich der 500 m-Zone ein besonderer Berechtigungsschein von der "Deutschen Grenzpolizei" ausgestellt. Für die Grenzwächter der DDR besteht ab sofort Schießbefehl, d.h. auf alle Personen, die den 10 m-Kontrollstreifen betreten, wird ohne Anruf geschossen.
Im gleichen Jahr wird auch die Eisenbahnlinie Mellrichstadt - Meiningen, einst wichtige Nord-Süd-Verbindung (Berlin-Stuttgart), unterbrochen und ab der Zonengrenze in Richtung Meiningen sogar demontiert.

-7-

Unmittelbar an der DL und hinter dem gepflügten 10 m-Kontrollstreifen werden weitere einfache Stacheldrahtzäune aufgestellt und im zurückliegenden Gebiet Wachtürme gebaut. Dem "Kleinen Grenzverkehr" wird ein Ende gesetzt, indem man den Bauern, Arbeitern und Handwerkern das Pendeln über die Grenze verbietet.
Die Fluchtwelle von der DDR in die Bundesrepublik nimmt daraufhin nochmal dramatisch zu.
An Flüchtlingen wurden im Bereich Unterfranken registriert und bearbeitet:

1946 - 481, 1947 - 523, 1948 - 478, 1949 - 443,
1950 - 159, 1951 - 193, 1952 - 499, 1953 - 105,
1954 - 65.

Am 29. Juli 1952 beobachten Landwirte aus Willmars, wie drei Angehörige der DDR-Grenztruppe auf Bayer. Gebiet vordringen, um den Zollassistenten Gerd P a l z e r zu verschleppen. Etwa 70 m diesseits der Grenze töten sie ihn mit drei Gewehrschüssen und schleifen ihn anschließend bis zum 10 m-Kontrollstreifen (ein Gedenkstein nahe des Tatortes erinnert an die grausame Tat).

Mit der Umbenennung der Landesgrenzpolizeidirektion in "Präsidium der Bayer. Grenzpolizei" im Oktober 1952 werden zugleich die Grenzpolizeistellen und -posten in "Grenzpolizeiinspektionen" und "Grenzpolizeistationen" umbenannt.
Ab 06. März 1953 ist die Bayer. Grenzpolizei mit einem Beamten nun auch im Landesdurchgangslager Hammelburg präsent, um die dem Lager zugewiesenen Flüchtlinge aus der DDR zu registrieren und zu bearbeiten (Auflösung der Dienststelle am 31.10.1962).
Am 01. August 1953 richtet die Bayer. Grenzpolizei in Bischofsheim/Rhön eine Grenzpolizeistation zur Überwachung der Hochrhön und des Grenzhinterlandes ein (Auflösung der Dienststelle am 31.12.1961).

Im Herbst 1954 werden einzelnen Stationen gesamtpolizeiliche Aufgaben für ihren Bereich übertragen, weitere Stationen folgen 1957. Ab 1960 wird der gesamte unterfränkische Grenzbereich, mit Ausnahme von Mellrichstadt, auch gesamtpolizeilich von der Grenzpolizei betreut.
Im November 1961 werden die GP-Stationen Weimarschmieden und Völkershausen und im März 1966 die GPS Eckartshausen aufgelöst.
Mit Wirkung vom 22. Juli 1968 tritt das neue "Polizeiorganisationsgesetz" in Kraft. Auch für den unterfränkischen Grenzraum ergeben sich damit einschneidende Veränderungen.
Das Grenzpolizeikommissariat Bad Neustadt a.d.Saale wird in eine "Grenzpolizeiinspektion" umgewandelt und nach Bad Königshofen i.Grabfeld verlegt. Die bisher existierenden Grenzpolizeiinspektionen werden in "Grenzpolizeistationen" umbenannt.
Der neuen GPI Bad Königshofen i.Gr. unterstehen nun die GPS

Fladungen	Mellrichstadt
Willmars	Hendungen
Eußenhausen	Irmelshausen
Herbstadt	Ermershausen
Bad Königshofen	Trappstadt
Maroldsweisach.	

Die Stationen Mühlfeld, Sondheim i.Grabfeld, Rappershausen und Zimmerau fallen der Umorganisierung zum Opfer und werden aufgelöst.
Im Rahmen der Gebietsreform in Bayern erfolgt im Juli 1972 eine weitere Umorganisation der Grenzpolizei.
Die GPI Bad Königshofen wird nach Mellrichstadt verlegt.
Die bisher in Mellrichstadt existente Landespolizeiinspektion wird aufgelöst und die Aufgaben an die GPI Mellrichstadt abgegeben. Auch die Landespolizeiinspektion Bad Königshofen wird aufgelöst, die Aufgaben von der GPS Bad Königshofen übernommen. Ebenfalls aufgelöst werden die GP-Stationen Willmars, Eußenhausen, Hendungen, Irmelshausen, Herbstadt, Trappstadt und Ermershausen. Der GPI Mellrichstadt unterstehen noch die verbliebenen Stationen Fladungen, Mellrichstadt, Bad Königshofen und Maroldsweisach.

-10-

Auch an der "Innerdeutschen Grenze" geschieht in diesen Jahren allerhand:
Nach dem Aufstand der Arbeiter und Bauern in Mitteldeutschland am 17. Juni 1953 werden die Grenzsicherungsanlagen der DDR weiter ausgebaut, die Grenze damit immer undurchlässiger. Auf dem "Dachsberg" zwischen Henneberg und Hermannsfeld/DDR entsteht der erste Beobachtungsturm aus Betonteilen. Erdbunker und Beobachtungsstellen werden eingerichtet.

Am 01.12.1955 wird die "Deutsche Grenzpolizei" mit der alleinigen Grenzüberwachung beauftragt und am 15.09.1961 als "Kommando Grenze" in die "Nationale Volksarmee" eingegliedert. In der DDR wird somit der Grenzdienst von Soldaten verrichtet.

Im Frühjahr 1960 beginnt die Zwangskollektivierung der Landwirtschaft in der DDR. Die Zahl der Flüchtlinge nimmt wieder zu (Flüchtlinge im unterfränkischen Bereich:
1955 - 74, 1956 - 146, 1957 - 149,
1958 - 115, 1959 - 117, 1960 - 164,
1961 - 192, 1962 - 173, 1963 - 92,
1964 - 122, 1965 - 89).

-12-

Einzelpersonen und Familien, die als "politisch unzuverlässig" gelten, werden zwangsweise aus dem Grenzgebiet der DDR ausgesiedelt. Ganze Dörfer werden dem Erdboden gleichgemacht (so erinnert auch im hiesigen Bereich ein mitten im Wiesengelände stehendes Transformatorenhaus noch an die ehemalige Ortschaft und das Gut Schmerbach. Der Rest des Dorfes ist eingeebnet).
Nach dem Mauerbau in Berlin am 13. August 1961 wird auch die "Staatsgrenze West" zur "modernen Grenze" ausgebaut.
Pioniere der NVA beginnen mit dem Bau eines zweireihigen Stacheldrahtzaunes entlang der Zonengrenze. Zwischen die beiden Zäune werden ab 01. August 1962 zwei Reihen Holzkastenminen (PMD 6) verlegt.

Jenseits des Doppelzaunes legen Soldaten einen 6 m breiten Kontrollstreifen an, der anschließend täglich nach evtl. vorhandenen Spuren abgesucht wird. Die Unterhaltung des bisherigen 10 m-Streifens unterbleibt. Zur Sichtverbesserung wird parallel zur DL ein etwa 100 m breiter Geländestreifen abgeholzt und gesäubert. Die "Staatsgrenze West" ist somit

-13-

hermetisch abgeriegelt.
In den Folgejahren werden die Sicherungsanlagen noch weiter ausgebaut. Trotz Verminung und intensiver Überwachung werden bei hiesiger Dienststelle jährlich noch mehr als 100 Flüchtlinge registriert, die unter Lebensgefahr das Minenfeld von Ost nach West überqueren und in der Bundesrepublik um Notaufnahme nachsuchen. Durch detonierende Minen kommt es jedoch mehrmals zu schweren bzw. tödlichen Verletzungen.

Menschen verbluten im Minenfeld bzw. nahe der Grenze oder sie hängen tot im Zaun, weil sie den Stacheldrahtzaun nicht mehr überwinden konnten. Nur in Einzelfällen kann von westdeutschen Grenzsicherungskräften Hilfe geleistet werden, teilweise unter Einsatz des eigenen Lebens.
Im Frühjahr 1962 bauen NVA-Soldaten jenseits des Kontrollstreifens einen Fahrweg für die motorisierte Grenzüberwachung. Verschiedenartige Signalanlagen werden im Gelände installiert. An unübersichtlichen Stellen und besonders im Waldgebiet werden sogenannte Hundelaufanlagen errichtet.

-14-

An langen Drahtseilen sind Hunde (meist Schäferhunde) angeleint, die evtl. im Grenzgebiet unerlaubt aufhaltende Personen melden sollen. Ab und zu flüchten selbst diese Vierbeiner in den Westen.

Im Laufe der Jahre 1964 bis 1966 werden Kraftfahrzeugsperrgräben ausgehoben und teilweise mit Betonplatten ausgelegt. Es soll damit verhindert werden, daß Flüchtlinge die Grenze mit Fahrzeugen überqueren können.

Ab Juli 1966 wird auch im Hinterland die Sicherung der Grenze zunehmend perfektioniert. So wird im Abstand von 500 bis 1 000 m von der Grenze entfernt ein weiterer Zaun errichtet und als "Signalzaun" bezeichnet. Dieser steht unter Schwachstrom und soll Berührungen durch Mensch oder Tier in die Schaltzentrale der jeweiligen Grenzkompanie signalisieren. Im Gelände verteilt, werden Erdbeobachtungsstände aus Betonfertigteilen erstellt. Im Doppelzaun noch vorhandene Tore (Durchlässe) werden geschlossen und vermint.

Im August 1967 wird das ehemalige Kurhotel "Sophienhöhe" bei Frankenheim/DDR abgerissen und gesprengt (nach 1945 diente das einstmals auch bekannte Ausflugslokal zur Erholung für SBZ-Funktionäre und deren Angehörige).

Um die "Staatsgrenze West" endgültig zu dokumentieren, werden von Soldaten unmittelbar an der DL insgesamt 254 Betonsäulen (im unterfränkischen Zuständigkeitsbereich) mit schwarz-rot-goldenem Anstrich und DDR-Emblemen aus Leichtmetall versehen aufgestellt.

Ab Januar 1968 wird der angelegte Fahrweg mit Betonplatten befestigt. Im gleichen Frühjahr werden die Holzkastenminen (PMD 6) gesprengt, weil sie den Witterungseinflüssen nicht standhalten. Der Stacheldrahtzaun wird abgebaut und durch einen zweireihigen, etwa 2 m hohen Zaun aus Streckmetallgitterplatten ersetzt.

-18-

Zwischen die beiden Zäune werden nun Plastikminen (PMN) in Zweier-, teilweise sogar in Dreierreihen, verlegt.

In den Jahren 1968 bis 1976 werden im gegenüberliegenden Grenzbereich insgesamt 14 Beobachtungstürme aus Betonfertigteilen gebaut. Sie führen die Bezeichnung "BT 11", weil sie aus 11 übereinanderliegenden runden Betonringen zusammengefügt sind. Zwischen 1978 und 1983 werden zusätzlich 29 Betontürme aus quadratischen Betonfertigteilen erstellt. Auf diesen befinden sich Scheinwerfer zur Ausleuchtung der Sperranlagen sowie Funkantennen. Die Turmkanzel kann elektrisch beheizt werden.

-20-

Am Waldrand, nahe ehem. Gut Schmerbach, entsteht ein 3 m hoher Metallgitterzaun, der für eine spätere Verminung mit der neuartigen "SM 70" vorgesehen ist.
Im November 1972 wird an der "Alten Schanz" zwischen Eußenhausen und Henneberg (B 19 bis F 19) mit dem Bau eines Straßenüberganges begonnen. Bis Weihnachten sind an dieser Stelle etwa 900 Minen gesprengt und Planierarbeiten ausgeführt. Im Laufe des Winters entwickelt sich eine rege Bautätigkeit, bis am 21. Juni 1973 die Arbeiten abgeschlossen sind und der Übergang endlich eröffnet werden kann.

Nach anfänglichem Zögern steigt das Gesamtreiseaufkommen bis zum Jahresende doch noch auf 41 107 Personen. Der "grenznahe Reiseverkehr" (das sind Reisende aus den Grenzlandkreisen der Bundesrepublik zu Tagesaufenthalten in der DDR) ist mit 68 Prozent beteiligt.
3,7 Prozent waren Bürger aus der DDR und von diesen wiederum 97 Prozent Rentner und Frührentner.
Auf Bayer. Gebiet wird ebenfalls neu gebaut und die Abfertigungsanlagen können am 21.12.1973 bezogen werden. Die bis

dahin verwendeten Abfertigungscontainer werden abgezogen. Präsent sind die Bayer. Grenzpolizei und der Zollgrenzdienst.
Im Laufe des Jahres 1973 werden weitere Beobachtungstürme aus Betonfertigteilen gebaut und sog. Führungspunkte eingerichtet.

Hierbei handelt es sich um Betontürme mit einem Anbau, in dem eine Alarmgruppe der NVA-Grenztruppe untergebracht ist, die bei evtl. "Grenzdurchbrüchen", d.h. Flüchtlingsbewegungen bzw. Minendetonationen eingesetzt wird. Um das Minenfeld überqueren zu können, wird die sog. Minenbrücke (auf einem Spezialanhänger) bereit gehalten. Im Dezember 1973 wird die NVA-Grenztruppe in "Grenztruppe der DDR" umbenannt.
Am 13.04.1974 wird am Grenzübergang zwischen den Kontrollstellen Eußenhausen und Henneberg eine direkte Telefonlei-

-22-

tung, der sog. Grenzinformationspunkt (GIP 10), installiert und täglich durch einen Kontrollanruf auf Funktionsfähigkeit überprüft. Die weitere Benutzung der Fernsprechverbindung ist im Grundlagenvertrag geregelt und betrifft hauptsächlich die Benachrichtigung über Schadensfälle an der Grenze (Waldbrände, Gewässerverschmutzung, Gewässermaßnahmen, Waldschäden durch Windwürfe usw.).
Nach Überprüfung der Grenzmarkierung durch eine gemeinsame "Grenzkommission" in den Jahren 1974 und 1975 wird am 01.06. 1975 die innerdeutsche Grenze für maßgeblich erklärt.
Von den DDR-Behörden wird sie nun als "moderne Staatsgrenze West" bezeichnet und die Sicherungsanlagen weiter ausgebaut. So wird 1974 an verschiedenen Stellen damit begonnen, die alten Erdminen (PMN) zu sprengen und den Doppelzaun abzubauen. Teilweise wird zwischen dem noch verbliebenen Doppelzaun die Mine vom Typ PMP 71 und später (1980) die Mine PPM 2 verlegt. Hierzu wird der eigens für diesen Zweck neu konstruierte Minenverlegepanzer eingesetzt. An den noch nicht eingezäunten Stellen wird ein 3 m hoher Streckmetallgitterzaun errichtet.

Ab März 1977 bis Mitte des Jahres 1982 wird dieser zweireihige Zaun im unterfränkischen Bereich auf einer Länge von 26,9 km mit der neuen Selbstschußanlage "SM 70" bestückt.

Diese freihängenden Minen sind mit unförmigen scharfkantigen Stahlstücken und Bleiteilen gefüllt, sind untereinander mit Drähten verbunden und werden elektrisch ausgelöst. Ganze Strecken können somit auch abgeschaltet werden, wenn Reparaturarbeiten erforderlich werden. Die Minensperre ist nun kaum noch zu überwinden. Flüchtlinge, die solche Todesmaschinen auslösten wurden getötet oder erlitten schwere Verletzungen, so daß nur noch weniger als 10 Prozent ihr Ziel wirklich erreichen konnten.
Ab 1979 wird der Hinderlandzaun, auch Schutzstreifenzaun (SSZ) genannt, modernisiert, der Kfz-Sperrgraben neu angelegt und der Fahrweg weiter ausgebaut.
Auch bei der Bayerischen Grenzpolizei treten in diesen Jahren wieder Veränderungen ein. Neue Aufgaben kommen hinzu.
Am 30.12.1968 wird der Verkehrslandeplatz in Würzburg am Schenkenturm als Grenzübergangsstelle genehmigt.

-24-

Darauf folgen im Oktober 1970 der Verkehrslandeplatz Mainbullau und im Mai 1973 der Verkehrslandeplatz Haßfurt-Mainwiesen. Von diesen Flugplätzen aus ist es nun möglich, in das Ausland zu reisen. Die Paßabfertigung wird von der Grenzpolizeiinspektion Mellrichstadt wahrgenommen. Später kommen dann noch der Verkehrslandeplatz Aschaffenburg-Großostheim (Mai 1982) und die Sonderlandeplätze Schweinfurt (September 1980) und Bad Neustadt (Februar 1981) hinzu. Mainbullau, Schweinfurt und Bad Neustadt werden im Oktober 1983 wegen geringen Verkehrsaufkommens wieder geschlossen.

Auf das Bemühen der Bundesregierung (gewähren von Krediten u.ä.) ist es zurückzuführen, daß 1984 die Selbstschußanlagen abgebaut und Erdminen gesprengt werden.

Bis Ende 1985 sind im unterfränkischen Grenzbereich alle Erdminen entfernt (letzte Sprengung am 01.10.1985) und alle SM 70 abgebaut (letzte Mine abgebaut am 09.11.1984, 10.25 Uhr). Aber auch nach der Minenräumung bleibt die die deutsch-deutsche Grenze für Flüchtlinge fast unüberwindbar. Das System der Grenzüberwachung wird perfektioniert, in die Tiefe gestaffelt und die Sperranlagen modernisiert. Der Schießbefehl besteht weiterhin. Die Grenze bleibt somit für jeden lebensbedrohend, der sie ohne Genehmigung der DDR-Behörden überschreiten will.

Nach dem 40. Jahrestag der DDR-Gründung (07. Oktober 1989) beginnt das sozialistische System der DDR aufzuweichen. Bei der Bevölkerung öffnet sich das Ventil des Hasses. GROßDEMONSTRATIONEN werden aus allen Teilen der DDR gemeldet.
In Leipzig, Dresden, Karl-Marx-Stadt, Berlin, d.h. in allen größeren aber auch in kleineren Städten der DDR, beginnt die Revolution unter dem Motto: "Wir sind das Volk".
Wieder setzt sich ein ungeheurer Flüchtlingsstrom in Bewegung. Urlauber, die sich in Ungarn befinden, kommen zu Tausenden in die Bundesrepublik. Die Flüchtlingslager sind

-26-

überfordert und platzen aus den Nähten.
Um legale Reisen in den westlichen Teil Deutschlands zu ermöglichen und damit den Flüchtlingsstrom zu bremsen, d.h. ein Ausbluten der DDR zu verhindern, beschließt die DDR-Regierung im November 1989, die Grenzen für den allgemeinen Reiseverkehr zu öffnen.
Eine Reisewelle höchsten Ausmaßes setzt ein.

So steigt die Zahl der Einreisen aus der DDR von 10 980 im Oktober, auf 335 300 im November 1989 und erreicht im Juni 1990 mit 620 000 den absoluten Höhepunkt.
Auch die Bayerische Grenzpolizei steht vor scheinbar unlösbaren Problemen.
In den grenznahen Orten und Kleinstädten herrscht ein Verkehrschaos. Die Abfertigungsbeamten am Grenzübergang und die Kollegen bei der Verkehrsregelung drohen in den Trabi-Auspuffgasen zu ersticken. Immerhin passieren etwa 350 000 Fahrzeuge die Grenze (Ein- und Ausreise) täglich.
Aber nicht nur die Grenze an den bisherigen Übergängen sind offen, auch neue Grenzubergänge werden eröffnet, teilweise nur für Fußgänger, jedoch insgesamt 20 im unterfränkischen

Bereich. Bereits vor Weihnachten können sich Bewohner beider deutscher Staaten wieder treffen, hüben und drüben.
Es kommt zu erschütternden Szenen an der Grenze.
Nur mit intensiver Unterstützung durch den Bundesgrenzschutz und Bayer. Bereitschaftspolizei ist es möglich, die Abfertigung an den Übergängen noch durchzuführen und den Straßenverkehr überhaupt noch aufrecht zu erhalten.
Bereits ab Juli 1990 wird die Abfertigung an den Übergängen auf beiden Seiten eingestellt und die Grenze total entblöst.
Sowohl die DDR-Grenztruppe als auch die Bayer. Grenzpolizei, der Zollgrenzdienst und der Bundesgrenzschutz stellen die Grenzüberwachung ein und ziehen sich von der "Grünen Grenze" zurück.
Deutsche und auch Ausländer können nun wieder ungehindert von Deutschland nach Deutschland reisen. Wer hatte daran noch geglaubt?
Die deutsche Wiedervereinigung ist geplant und die Vorbereitungen laufen auf vollen Touren. In der DDR wird eine neue Volkskammer gewählt. Im September 1990 entsteht der Einigungsvertrag zwischen den beiden deutschen Staaten.
Am 03. Oktober 1990 erfolgt der Beitritt der DDR zur Bundesrepublik Deutschland und im Dezember 1990 finden gemeinsame deutsche Wahlen statt.
Die "D D R" gehört der Vergangenheit an.

Mit der deutschen Wiedervereinigung hat auch die Bayer. Grenzpolizei an der "Demarkationslinie" ihre Existenzberechtigung verloren.
Die ihr zugewiesene Aufgabe "Polizeilicher Schutz der Landesgrenze" hat sie gewissenhaft erfüllt.
Im Tempo dieser Zeit haben die Beamten der Grenzpolizei nun über Nacht keine grenzpolizeiliche Aufgabe mehr.
Nach jahrelanger, teilweise jahrzehntelanger, treuer Pflichterfüllung werden sie nun in die Reihen der Bayer. Landespolizei eingegliedert. Neue Aufgaben werden gestellt,

-28-

auch soziale Härten werden zu ertragen sein und später werden die bis dahin längst ergrauten "alten Grenzer" mit einem lachenden und einem weinenden Auge ihren Nachkommen erzählen: "So war es bei der Bayer. Grenzpolizei". Und alles, was einst groß und wichtig erschien, war plötzlich nichtig und klein.

Ein Grenzerleben

Endlich war dieser teuflische Krieg zu Ende und wir sind glücklich gewesen, ihn und Gefangenschaft heil überstanden zu haben.
Die Heimat hatte uns also wieder. Heimat? Vielmehr das, was von ihr noch übrig blieb. Zerbomte Städte und Industrieanlagen; ein Bild des Grauens, das sich uns Heimkehrern da bot. Wie solls nun weitergehen? Die Menschen in den Städten krochen aus Erdlöchern, sie hausten wie die Ratten.
Die fast tägliche Vorsprache beim Arbeitsamt wurde von den dort Bediensteten immer wieder mit einem Kopfschütteln beantwortet.
Gesuche in alle Richtungen ließ uns hoffen, doch noch einen Job zu ergattern und schließlich flatterte ein Einstellungsbescheid der damals noch so jungen Bayerischen Grenzpolizei ins Haus. Ein kurzes Einstellungsgespräch und man war dabei. Überglücklich traf ich beispielsweise in einem Rhöndörfchen ein. Für Übernachtung und Mittagessen hatten die bereits vorher eingestellten Kameraden gesorgt. Das Mittagessen nahmen wir im monatlichen Wechsel bei den Bauern ein. Für Frühstück und Abendessen hatten wir selbst zu sorgen, wenn es nach Abgabe der Marken an den jeweiligen Bauern überhaupt noch etwas zu sorgen gab. Im großen und ganzen jedoch waren die Kostgeber großzügig.
Mein Quartier war ein kleines, ungeheiztes Zimmerchen, eben

-29-

nur zum schlafen.
Das monatliche Gehalt betrug 148,50 RM. Wenn also Essen und Logis bezahlt waren, blieben nur noch ein paar Kröten für sonstige Bedürfnisse. Im übrigen gab es eh nichts zu kaufen, denn alles war nur entweder auf Marken oder Bezugsscheine erhältlich. Zum Glück bekamen wir damals Schwerstarbeiterzulagen und die war wirklich notwendig bei den vielen Kilometern, die wir täglich wegtrampelten.
Manche meiner Kollegen liefen einige Jahre außerhalb des Dienstes mit den Klamotten umher, die sie bei der Entlassung aus der Gefangenschaft mitbrachten.
Das einzige was es ohne Marken oder Bezugsscheine gab, waren Frauen. Und bald hatte man die fürs Leben gefunden.
Kinder kamen, mitunter zu schnell und so hatte man genügend Sorgen um die Familie.

Die Währungsreform machte dann diesem Hungerleiderdasein zwar ein Ende, denn es gab wieder ohne Marken und Punkte zu kaufen, aber dann war wieder das Geld zu knapp.
Schmalhans war also weiterhin Küchenmeister, denn man brauchte ja auch Kleidung und Möbel.

Der zu leistende Dienst war verdammt hart, denn pro Arbeitstag (6 Arbeitstage in der Woche) waren 3 Nachtstunden fällig und von wegen 8 Stundentag. In der Regel kamen 9, mitunter 10 Stunden zusammen. Überstunden wurden nicht vergütet, weder mit Geld noch durch Freizeitausgleich. Die Parole hieß damals, wem das nicht paßt kann gehen; Postkarte genügt, dann kommen 10 andere.
Bei einer 7stündigen Streife hatte man allenfalls ein Margarinebrot und 50 Pfennige dabei. Bemerkenswert ist, daß damals, trotz strapaziösem Dienst kaum Krankheitsfälle zu verzeichnen waren. Sicher lag dies daran, daß wir Tag und Nacht naturverbunden lebten.

-30-

Die Bekleidung war, gelinde gesagt, mangelhaft. Eine Garnitur, darunter ein Paar Bergstiefel und ein Umhang war alles. Der Uniformrock bekam nach einer geraumen Zeit durch Witterungseinflüsse seine ursprünglich "braune" Farbe wieder. Mit nassen oder zumindest feuchten Klamotten den nächsten Dienst anzutreten, war gang und gebe.

Vorgesetzte kamen nach dem Krieg zum Teil aus der "Gestapo" und wir damals relativ jungen "Untertanen" litten mitunter sehr darunter, daß man uns wie Rekruten behandelte. Manchmal fühlten wir uns inhumaner behandelt, als während des Krieges durch militärische Vorgesetzte.

Das immerwährende monotone streifeschieben - man nannte uns Grenzer damals "Baumzähler" - ließ mitunter solch eisige Stimmung aufkommen, daß man alles hätte hinschmeißen mögen. Zum Glück lösten nach und nach jüngere, humanere Führungskräfte die alten bereits beschriebenen ab und außerdem bekamen wir Grenzer gesamtpolizeiliche Aufgaben übertragen. Wir bekamen zu den bereits vorhandenen Fahrrädern dann Motorräder und schließlich Pkws.
Der gesamte Dienstbetrieb wurde interessanter, sinnvoller, menschlicher, einfach lebenswerter.

Die fleißigen Deutschen schafften es in relativ wenigen Jahren - allerdings auch mit Hilfe von außen - die Wirtschaft wieder in Gang zu bringen. Es wurde immer etwas besser und auch der arme Staat konnte wieder finanziell aufatmen. Das war auch unser Glück, denn anfangs der sechziger Jahre gab es dann Gehaltserhöhungen und nach und nach folgten mehr Planstellen.
Sicher hätte zu diesem Zeitpunkt mancher auf seinem erlernten Beruf gute, wenn nicht bessere Fortkommensmöglichkeiten gehabt, aber nur wenige wechselten in die freie Wirtschaft über. Die meisten sagten sich, was man hat weiß man und schließlich gibt es überall ein "ach".
Nach Jahren fühlte man sich auch mit seiner Dienststelle und den Kameraden so verbunden, als sei es eine Familie.
Es ging also aufwärts; wohin hätte es auch sonst gehen sollen.

-31-

- 31 -

Man feierte 25 und auch 40jähriges Dienstjubiläum und ging schließlich in den wohlverdienten Ruhestand.

Rückblickend, und wenn ich an die in Jahrzehnten lieb gewonnenen Kollegen denke, kann ich nur sagen, daß ich trotz allem den gleichen Weg wieder ginge.

Der letzte Artikel „Ein Grenzerleben" wurde, wie ich schon bei der Story „ Der Luck" erwähnt habe, von meinem väterlichen Freund, vom Kollegen „Luck" zu Papier gebracht. Er war längere Zeit im Rhöndörfchen Leubach („Löbbich"), jetzt Stadtteil von Fladungen, untergebracht und hat diese harten Zeiten damals in der rauen Rhön selbst erlebt.

Teil II

Grenzöffnung

Im Oktober 1989 sahen wir in der Tagesschau die ersten Bilder von DDR-Flüchtlingen. Unsere ostdeutschen Landsleute strömten über Ungarn in den Westen.
Auch die kleinen Grenzübergänge in unserem Dienstbereich wurden geöffnet und es war zunächst das Einreisen von West nach Ost möglich. Erster „Rüberfahrer" am Übergang Oberfladungen/Melpers war mein Jugend- und Kartfreund Roland.
Und dann der große Tag an dem die Bewohner von Melpers und des Hinterlands in einer großen Gruppe zu uns herübergelaufen kamen. Es gab herzliche Umarmungen, Freudentränen und auch kleine Geschenke. Heute noch habe ich eine volle Flasche Ost-Bier in meinem Party-Raum stehen.

Die Grenzöffnung war sehr erfreulich, war dringend notwendig, musste sein!

Wir Grenzpolizisten in Fladungen sollten nun -wie alle Grenzdienststellen- in den nächsten Tagen alle Hände voll zu tun haben. Unsere ostdeutschen Mitbürger kamen in Strömen „herüber", nicht zuletzt wegen des Begrüßungsgeldes. Teilweise fuhren wir unsere Mitbrüder im Dienstkombi vom Grenzübergang Melpers, die vier Kilometer bis zum Rathaus. Andere kamen im vollbesetzen Trabbi-Pkw.
Ich stand mehrere Tage in der nördlichsten Stadt Bayerns in der Innenstadt zur Verkehrsregelung auf der Straße. Es gab nur „stop and go". Wir wechselten uns

ab, da der uns ungewohnte Trabi-Gestank Kopfschmerzen verursachte. Oft bis in die Nacht hinein dieser starke Kopfschmerz, weil der Trabi-Mief wie eine Dunstglocke über der Stadt lag..
Nach dem Einparken ihrer Pkw standen die „Ossis“, wie gelernt, in einer langen Schlange am Rathaus in Fladungen an, geduldig, freundlich und herzlich.

Doch!:.........ab jetzt lief der Zeiger für:

Die zweite Vertreibung aus dem Paradies!

Momentan gibt es für mich eigentlich eine „Dritte Vertreibung aus dem Paradies“, nämlich den vollkommen überraschenden Rücktritt unseres bayerischen Papstes, Benedikt XVI., im Febr. 2013! Hier sollte man allerdings die altersbedingten, gesundheitlichen Gründe akzeptieren. Man erhofft nun trotz allem, dass eine neue Epoche der katholischen Kirche beginnt („Blick der Hoffnung“), als es im März 2013 wieder hieß:

habemus Papam! Franziskus I.

Wegen der Aktualität dieses Weltereignisses, dieses kurze gedankliche Abdriften.

Jetzt aber wieder weiter mit der „Zweiten Vertreibung aus dem Paradies“, genauer gesagt weiter mit der Fortführung des nächsten beruflichen Abschnittes bei der Landespolizei: „Meine Zeit im polizeilichen Fegefeuer“!

Auflösung der GPS Fladungen und Installation eines Dienstzimmers

Am 3.10.1990 erfolgte der Beitritt der DDR zur Bundesrepublik Deutschland und im Dezember 1990 waren gemeinsame deutsche Wahlen. Nun wurden Zug um Zug die Grenzpolizeidienststellen und somit auch die GPS Fladungen aufgelöst. An der Ostgrenze blieb zunächst noch die Grenzpolizei vor Ort.
Uns ließ man in Fladungen, als kleine Augenwischerei für die Fladunger Bürger und auch für uns, noch ein Dienstzimmer. Dieser Raum wurde von einem ehemaligen Fladunger Polizisten im Tagesdienst besetzt. Es war ein Telefon da und ein kleiner Formblattschrank. Kleine Delikte konnten aufgenommen werden. Bei größeren Sachen wurden die Bürger(innen) nach Mellrichstadt verwiesen.
Im Dienstzimmer war auch ein Handfunkgerät vorhanden. Funkverkehr war jedoch über dieses Kleingerät kaum möglich; es herrschte in Fladungen meist Funkschatten, also kein Empfang.
Ein Kollege meinte, dass das Telefon nicht komplett angeschlossen sei. Es war zwar in Betrieb, doch würden keine Gebühren anfallen. So telefonierten wir bei jeder Kleinigkeit.
Einmal rief mich sogar meine in Mailand studierende Tochter an, um mir eine Mitteilung zu machen. Und danach die Anfrage bei den Ordensschwestern in Mailand:
„Passo parlare con, Alessandra B….!“

Schließlich wurde uns eröffnet, das Telefon im Dienstzimmer verursache zu hohe Kosten und wurde kurzerhand abgeklemmt.
Jetzt konnten wir nur noch mit dem Handfunkgerät -wenn Empfang war- oder vom Dienst-Pkw aus, der auf dem Marktplatz vor dem Dienstzimmer abgestellt war, Mitteilungen machen.

Ich teilte mich des Öfteren zu dieser Dienstzimmer-Besetzung ein. Anfangs konnte man mit Privat-Pkw direkt anfahren. Zu dieser Zeit war ich mal in Oberfladungen auf einer Abendveranstaltung und hatte am nächsten Tag Dienstzimmerbesetzung. Ich stellte am Vorabend meinen Pkw vor dem Fladunger Rathaus ab und ging zu Fuß die zwei Kilometer bis nach Oberfladungen. Nach Veranstaltungsschluss lief ich wieder -ein Teilstück sogar in netter Begleitung- zurück nach Fladungen und ging nachts um 02:00 Uhr gleich ins Dienstzimmer. Dort hatte ich meine Luftmatratze deponiert und verbrachte so die Nacht. Am Morgen lüftete ich ordentlich durch, zog mir die Uniform an und verrichtete bis abends meinen Dienst.
Später musste man in Mellrichstadt beginnen und mit einem Polizei-PKW die 18 Kilometer hinauf nach Fladungen zu dieser Dienstzimmerbesetzung fahren.
Ich fuhr dann auch die eine oder andere Solostreife. Dazu schrieb ich mir ein Schild: „Dienstzimmer vorübergehend nicht besetzt“ und hängte es an die Türe. Während der Fahrt begrüßte ich den einen oder anderen Pensionisten und knüpfte Kontakte zur Bevölkerung.
Als ich wieder einmal auf „Kontaktstreife“ in Fladungen war und beim ehemaligen Stellvertreter dem „Luck“ auf seiner Terrasse spontan zu einer Tasse Kaffee eingeladen wurde, ging plötzlich die Sirene.

Kurz darauf fuhr das Feuerwehrauto vorbei und so eilte schließlich auch ich zu meinem Einsatzfahrzeug und fragte über Funk nach dem Ereignis. Es war gleich in der Nähe (400 m): Die Weihersmühle brannte.

Als ich das Polizeiauto, den mintgrün-weißen Audi, etwa 100 m vor der Brandstelle in einer Wiese abgestellt hatte und zum Brandplatz eilen wollte, knallte es fürchterlich laut und im nächsten Moment schlug zwischen mir und dem Dienst-Pkw eine große Felge ein. Sie bohrte sich bis zur Hälfte in die Wiese. Es war eine schwere, breite Felge, mit Restfetzen eines Ladewagenreifens. Sie qualmte und glühte teilweise noch. Vermutlich war sie bei der extremen Hitze explodiert und aus der Halle geschleudert worden. Man sah am Eternit-Dach das große Austrittsloch!

Hätte diese große, zentnerschwere Metallfelge mich getroffen -es ging maximal um 10 Meter!-, wäre alles vorbei gewesen… Meine Kinder hätten keinen Vater mehr, ich hätte meine beiden lieben Enkelmädchen, Paul & Johanna, nicht kennengelernt, meine Frau hätte bestimmt wieder Einen (kleineren) gefunden und ich läge bereits -202 cm lang!- 185 cm tief und hätte

„Die zweite Vertreibung aus dem Paradies“

nicht miterlebt.

Schließung Dienstzimmer / Dienst bei der Lapo Mellrichstadt

Kurz nach diesem Brandfall wurde das Dienstzimmer in Fladungen, das etwa ein Jahr lang betrieben wurde, geschlossen und es gibt nur noch die Polizei in Mellrichstadt. Bei der Landespolizei in Mellrichstadt war fast alles anders als in Fladungen. Es war eben eine Umstellung vom „Grenzpolizei-Paradies" ins normale Landespolizeigeschäft.

Es wehte nicht mehr die milde Luft der Grepo,
sondern der raue Wind der Lapo!

Bildlich hatte ich den Eindruck, dass ich die ersten Monate jedes Mal zusammengezuckt bin (mich duckte), wenn ich bei Dienstbeginn durch die Eingangstüre der Lapo ging. Dies lag nicht an zu niedrigen Türen; denn Haustüren an öffentlichen Gebäuden sind weit höher als 2 Meter!

Das noch zu Fladunger Zeiten erhaltene Angebot vom stellvertretenden Dienststellenleiter in Mellrichstadt, PHK R.P., dort als stellvertretender Dienstgruppenleiter eingesetzt zu werden, lehnte ich ab, da ich wegen Schlafprobleme nicht gerne Schichtdienst verrichtet habe.
Ich wurde in der Verfügungsgruppe eingesetzt, weil hier nicht so viel Nachtdienst angesagt war.
Diese Entscheidung sollte mir nur zum Nachteil gereichen.
Was so viel heißt wie „20 Jahre Fegefeuer"…..

Wappen der Landespolizei

Schlechte Beurteilung

Schon bei der nächsten Beurteilung musste ich erfahren, dass erst die Lapo-Schichtbeamten gereiht werden, " dann zehn Misthaufen kommen", und danach erst die Leute aus der Verfügungsgruppe berücksichtigt wurden. Die guten Noten waren bereits vergeben, bevor man überhaupt an uns Handvoll „Verfügler" dachte!

Aus meiner guten Grenzpolizeinote 2,33 wurde ohne Begründung im Laufe der Zeit eine 4,33!

Dienstgruppenleiter Rolf sagte mal „aufmunternd" zu mir:

„Einmal im Sumpf – immer im Sumpf!"

Was so viel heißt, wenn Du einmal schlecht beurteilt bist, dann wirst Du immer schlecht beurteilt. Sicher ist es leichter, einem schlecht Beurteilten seine schlechte Note wieder zu „verkaufen“ oder sich mit ihm anzulegen, als einem besser Beurteilten eine schlechtere Note zu geben!

Es kam Missstimmung auf und gab Unruhe in der Mannschaft!

Zu solchen Machenschaften gab es schon in alten Zeiten, genauer gesagt in den synoptischen Evangelien, eine passende Bibelstelle/ein treffendes Sprichwort:

„Eher geht ein Kamel durch ein Nadelöhr,
als dass ein Reicher in das Reich Gottes gelangt!“

Hier zwei Beurteilungen aus dieser Zeit.

Die erste der nachfolgend abgedruckten Beurteilungen ist eine gute Grepo-Beurteilung, sehr tüchtig (Untergrenze) = Note 2,33.

Die zweite ist die erste bei der Lapo erhaltene Beurteilung und sie war noch eine der besseren. Gesamturteil 1993: übertrifft erheblich die Anforderungen = Note 3.

Danach ging`s -im wahrsten Sinne des Wortes- bergab.

Ich wurde herunter beurteilt bis zur schlechten Note 4,33…

MABl. Nr. [illegible]

Dienstliche Beurteilung (Entwurf/Beitrag)

Probe-zeit	Zwi-schen	Perio-dische

gemäß § 48 ff. LbV

für

19 84

BACH Gerhard
(Zuname, Vorname)

13 × I
4 × II

POM
(Amtsbezeichnung - bitte mit Bleistift eintragen)

21.11.5…
(Geburtsdatum)

1. Tätigkeitsgebiet und Aufgaben im Beurteilungszeitraum:

Dauer von	Dauer bis	Dienststelle	Art der Tätigkeit Beschreibung des Aufgabengebietes
01.12.81	31.03.82	GPS Fladungen	Beamter im Stationsdienst
01.04.82	01.12.84	GPS Fladungen	Dienstgruppenleiter

2. Beurteilung der Leistung

2.1 Arbeitserfolg:

2.11 Qualität des Arbeitsergebnisses:

I qualitativ sehr hochwertige Arbeiten

2.12 Quantität des Arbeitsergebnisses:

I außerordentlich produktiv

2.2 Praktische Arbeitsweise:

2.21 Selbständigkeit und Initiative:

I seine Arbeit ist von seinem Einfallsreichtumg geprägt

2.22 Planungs- und Dispositionsvermögen:
mittl.D.: prakt.Geschick

I arbeitet in allem sehr überlegt und geschickt

2.23 Arbeitstempo

II sehr flüssiger Arbeitsablauf

2.24 Zusammenarbeit mit Vorgesetzten:

I ein Mitarbeiter, auf den man sich in jeder Hinsicht und in jeder Situation voll verlassen kann

2.25 Zusammenarbeit mit Kollegen:

I genießt überall besonderes Vertrauen

2.26 Verhalten gegenüber dem Publikum:

II freundlich und humorvoll

2.27 Verhalten als Vorgesetzter ~~und Fähigkeiten als Führungskraft (bei Beamten mit Vorgesetztenfunktion)~~

I versteht es, seine Mitarbeiter für Aufgaben zu begeistern

3. Beurteilung der Eignung

3.1 geistige Anlagen:

3.11 Auffassungsgabe und Beweglichkeit des Denkens:

I stellt sich sehr schnell auf jede neue Situation ein

3.12 Urteilsfähigkeit und Entschlußkraft:

I immer überlegt und besonnen im Urteil

GPP Nr. 72

3.2 Körperliches Leistungsvermögen:

3.21 Gesundheitszustand:
(ggf. körperliche Behinderungen)

ist gesund

II 3.22 Belastbarkeit:
dynamisch und kraftvoll

3.3 Verantwortungsbereitschaft:

I besitzt Willen und Mut zu jeder Verantwortung

3.4 Führungseigenschaften:
(auch bei Beamten, die noch keine Vorgesetztenfunktion ausüben)

--

4. Beurteilung der Befähigung:

4.1 Fachkenntnisse:
(Spezialkenntnisse auf einzelnen Gebieten sind zu vermerken)

I wird als Fachmann überall anerkannt

4.2 Sonstiges fachliches Können:

4.21 sprachliche (mündliche und schriftliche) Ausdrucksfähigkeit:

I formuliert sehr treffend

4.22 Verhandlungsgeschick:
(Vernehmungsgeschick)

I ein sehr versierter, gewitzter Gesprächspartner

4.23 pädagogische Befähigungen, fachschriftstellerische, wissenschaftliche oder künstlerische Betätigung usw.:

--

4.3 Fortbildungsstreben:

II vertieft seine Fachkenntnisse laufend

5. Ergänzende Bemerkungen:
(auch Interesse am Dienstsport)
(z.B. Zweitstudium, Sprachkenntnisse, ehrenamtliche Tätigkeiten, Personalratstätigkeit, Aus- und Fortbildung, Prüfertätigkeit)

Am Dienstsport sehr interessiert, Gemeinderatsmitglied, sehr großer schlanker Beamter mit sehr guten Leistungen

6. Gesamturteil:

sehr tüchtig (untere Grenze)

7. Dienstliche Verwendbarkeit:
Der Beamte kommt für folgende Dienstposten in Betracht:

wie bisher

—

Fladungen, 03.12.1984
Ort, Datum

Grenzpolizeistation
Fladungen
Marktplatz 1
8741 Fladungen
Dienststelle

Unterschrift des beurteilenden Beamten
Braun
Polizeihauptkommissar

8. Zum Beurteilungsbeitrag (Entwurf) wurden gehört:

Brabetz
Polizeihauptkommissar

eurteilung der Leistung

. Arbeitserfolg

.1. Qualität des Arbeitsergebnisses
qualitativ sehr hochwertige Arbeiten

.1.2. Quantität des Arbeitsergebnisses
schafft besonders viel

2.2. Praktische Arbeitsweise

2.2.1 Selbständigkeit und Initiative
einfallsreicher Kopf

2.2.2. Planungs- und Dispositionsvermögen
Praktisches Geschick (mittlerer Dienst)
geht sehr überlegt an seine Aufgaben heran

2.2.3. Arbeitstempo
sehr flüssiger Arbeitsablauf

2.2.4. Zusammenarbeit mit Vorgesetzten
immer auf ein gutes Verhältnis bedacht, ohne jedoch seine eigene Meinung aufzugeben

2.2.5. Zusammenarbeit mit Kollegen
tritt kameradschaftlich für Kollegen ein

2.2.6. Verhalten gegenüber Publikum
humorvoll

2.2.7. Verhalten als Vorgesetzter
- entfällt -

3. Beurteilung der Eignung

3.1. Geistige Anlagen

3.1.1. Auffassungsgabe und Beweglichkeit des Denkens
stellt sich sehr schnell auf jede neue Situation ein

3.1.2. Urteilsfähigkeit und Entschlußkraft
urteilt schnell und intuitiv, trifft aber immer das Richtige

3.2. Körperliches Leistungsvermögen

3.2.1. Gesundheitszustand (ggfs. körperl. Behinderung)
gesund

.2.2. Belastbarkeit
dynamisch und kraftvoll

3.3. Verantwortungsbereitschaft
ist jederzeit bereit, für seine Entscheidungen einzustehen

3.4. Führungseigenschaften (auch bei Beamten, die noch keine Vorgesetztenfunktion ausüben)
hat ein gutes persönliches Verhältnis zu seinen Mitarbeitern

4. Beurteilung der Befähigung

4.1. Fachkenntnisse (Spezialkenntnisse auf einzelnen Gebieten sind zu vermerken)
fachlich sehr zuverlässig

4.2. Sonstiges fachliches Können

4.2.1. Sprachliche (mündliche und schriftliche) Ausdrucksfähigkeit
drückt sich stets verständlich und ansprechend aus

4.2.2.1 Verhandlungsgeschick
- entfällt -

4.2.2.2. Vernehmungsgeschick
einfallsreicher, kluger Taktiker mit gutem Einfühlungsvermögen und guter Menschenkenntnis

4.2.3. Pädagogische Befähigungen, fachschriftstellerische, wissenschaftliche oder künstlerische Betätigung usw.
- entfällt -

4.3. Fortbildungsstreben
vertieft seine Fachkenntnisse laufend

5. Ergänzende Bemerkungen
nimmt am Dienstsport rege teil

Gesamturteil
übertrifft erheblich die Anforderungen

Dienstliche Verwendbarkeit
Streifenbeamter mittlerer Dienst

einfurt, 01.06.1993

Polizeidirektion Schweinfurt

H o l m e r
Leitender Polizeidirektor

'net erhalten:

Datum
ichstadt, 01.06.93

Gerhard Bach
Unterschrift des beurteilten Beamten

inverstanden __ Geändert

atum

stelle

Unterschrift des überprüfenden Beamten

s eröffnet erhalten (falls erforderlich)

tum

Unterschrift des beurteilten Beamten

Nicht nur die Dienstverrichtung war in Fladungen anders, auch das Beurteilungssystem. Da bekam derjenige die Beurteilungsnote, die er brauchte um befördert zu werden. Wenn also die Wartezeit fürs nächste Amt zu Ende ging, bekam man, soweit es möglich war, eine bessere Note. Sollten zu viele Beamte zur Beförderung angestanden haben, dann musste halt der eine oder andere zwei Jahre warten, dann wurden auch diese Kollegen befördert.

In Mellrichstadt war es eben anders: „Einmal im Sumpf – immer im Sumpf!"
Und einige Kollegen haben -so wie ich- viele Beförderungsjahre, sprich Bargeld, eingebüßt.

Trotzdem habe ich es letztendlich dort geschafft ins letzte Amt zu kommen, also zum PHK (A 11) befördert zu werden. Zwar -wegen verschiedener Hindernisse- um viele, viele Jahre später, aber noch rechtzeitig! Nämlich pensionsfähig! Man musste zwei Jahre vor der Pensionierung das Amt inne haben, damit von dieser Besoldungsstufe die Pension berechnet werden konnte.

Chef Bertold

Damals bei der Grepo in Fladungen hatte ich zu Chef Bertold, er war fast 10 Jahre älter als ich, als einziger im mittleren Alter kein „DU“-Verhältnis. Den jüngeren Kollegen gegenüber war er sowieso per „SIE“. Ich hatte ihn, im Gegensatz zu allen anderen Kollegen vorher nicht gekannt. Es war mir zwar nicht gerade angenehm, ihn mit „Sie“ anzusprechen, doch das „Du“ getraute ich mich auch nicht. Deshalb umging ich meist die Anrede oder benutzte die Anrede in dritter Person, also mit „Er“. Kollege „Walberi“ stachelte mich zwar immer wieder an, auch das „Du“ zu verwenden, doch schaffte ich das nicht.
Diese Anredeform „die dritte Person“, die ich jedoch meist auch nicht so deutlich aussprach, blieb bis zur Pensionierung.
Bei irgendeinem Pensionisten-Treffen traute ich mich, ungefähr im Jahre 2009, Bertold mit „Du“‘ anzusprechen, auch wenn wir uns das „Du“ nie angeboten hatten.
Bertold war einer von den zehn gutgesinnten Chefs die ich während meiner Dienstzeit hatte. Als er mich nach einiger Zeit richtig kannte, liebte er es mich bei mancher Gelegenheit „hochgehen“ zu lassen. Sein verschmitztes, unübersehbares Lächeln bedeutete bestimmt: **„Was sich neckt, das liebt sich!“**

Ein einziger Dienststellenleiter, der V., war mir nicht wohl gesonnen….
und das war einer zu viel!

(V. steht für Fünfter!)

Beurteilungssystem

Über das Beurteilungssystem der Polizei zu informieren ist keine einfache Sache, weil alleine das System verschieden ausgelegt und praktiziert werden kann.

Ich darf vorweg schicken, dass es irgendetwas geben muss, um die einzelnen Kollegen zu vergleichen. Es muss unterschieden werden zwischen gut und nicht so gut arbeitenden Polizisten, okay.

Aber es darf nicht sein, dass man mit einem guten Fabrikarbeiter verglichen wird, bei dem gezählt wird welche Stückzahl er an seinem Fließband bearbeitet. Umgemünzt auf den Polizisten: Wie viele „Knöllchen" er bringt!?

Ich habe leider auch keine Lösung für das leidige Beurteilungsproblem. Der Willkür einzelner Vorgesetzten sind hier keine Grenzen gesetzt.

Von Seiten der Grenzpolizei kann ich nur Gutes über die Beurteilung berichten (selbst wenn fast jede Erstbeurteilung ein 5er war). Die Verantwortlichen verstanden es, das System zu umgehen.

Während der 70er/80er Jahre gab es noch Noten von 1 – 7 für alle Polizisten, das heißt die ganze Dienststelle, die ganze Mannschaft, wurde benotet, allerdings immer unter der Vorgabe einer Notenquote. Es mussten also ein paar Zweier, etwas mehr Dreier, ähnlich viele Vierer und zwei oder drei Fünfer verteilt werden. Mit Eins, Sechs und Sieben wurde logischerweise fast nie benotet; wer ist schon so gut oder so schlecht.

(4) Die Beurteilungsprädikate entsprechen folgenden Zahlenwerten bei der Rangzahlberechnung:

hervorragend	1,00
sehr tüchtig obere Grenze	1,66
sehr tüchtig	2,00
sehr tüchtig untere Grenze	2,33
übertrifft erheblich die Anforderungen obere Grenze	2,66
übertrifft erheblich die Anforderungen	3,00
übertrifft erheblich die Anforderungen untere Grenze	3,33
übertrifft die Anforderungen obere Grenze	3,66
übertrifft die Anforderungen	4,00
übertrifft die Anforderungen unterer Grenze	4,33
entspricht voll den Anforderungen obere Grenze	4,66
entspricht voll den Anforderungen	5,00
entspricht voll den Anforderungen untere Grenze	5,33
entspricht noch den Anforderungen	6,00
entspricht nicht den Anforderungen	7,00

Beurteilungsprädikate

In Mellrichstadt verteilte der eine Chef einmal auch die Note 1, wie durchsickerte, und zwar bei einem Kollegen, der von einer vierteljährlichen, widerwilligen Abordnungszeit mit einem Zwischenbeurteilungsfünfer, zurückkam.
Mache sich jeder selbst seine Gedanken hierzu, Gedanken über dieses willkürliche Chef-Verhalten.

Als ich daraufhin -mit meiner inzwischen schlechten Note 4- den Chef zur Rede stellte, bekam ich nur die lapidare Auskunft, dass ER die Beurteilung erstelle und ER gute und schlechte Noten brauche! Denn ein guter Chef ist nur dann ein guter Chef, wenn er mit Schlechten und mit Guten arbeiten kann.
Zwangsläufig war es meist so, dass die jüngeren Kollegen die schlechten Noten erhielten, die älteren die besseren. Die Jüngeren konnten sich ja noch „hochdienen".
Die Beurteilungsnote war jedoch für eine Beförderung enorm wichtig. Mit verschiedenen anderen Kriterien wurde eine Gesamtnote „geformt" und diese Rangzahl war entscheidend für die nächste Beförderung.
In den 80er Jahren wurde ein neues Beurteilungskriterium eingeführt und es musste nach Besoldungsstufe beurteilt werden. Also nicht mehr die gesamte Dienststelle in einem Topf, sondern z. B. alle Polizeimeister, alle Oberkommissare.

Beurteilungen wurden nur alle drei Jahre erstellt, weshalb sie periodische Beurteilungen hießen. Hattest du die Wartezeit herum (z. B. die vorgeschrieben drei Jahre bis zur nächsten Beförderung), jedoch eine schlechte Note, dann hattest du in dieser Periode keine Chance befördert zu werden.

„Von ganz oben“ wurde später noch das Dritteln der Noten vorgeschrieben. Dies brachte nochmal Negativstimmung; denn nun hattest du dich ggf. von 4,33 auf 4,00 verbessert, dies half fürs Weiterkommen überhaupt nichts. Derjenige musste -bedingt durch die dreijährige Beurteilungsperiode- dann eventuell 9 Jahre warten, bis er sich um eine ganze Note verbessern konnte. Ein cleverer Schachzug! Die Verbesserung fand augenscheinlich alle drei Jahre um 1/3 statt. Diese Miniverbesserung reichte zum einen nicht um befördert werden zu können und zum anderen hatte man auch keine Chance Einspruch dagegen einzulegen.
„Was wollen Sie denn, Sie haben sich doch jedes Mal verbessert!“ … Lächerlich!

Ich, der mit dem einen Chef nicht konnte, oder der, mit dem der Chef nicht wollte, hatte immer das Problem wegen einer schlechten Beurteilung.
Ich war „nur“ in der Verfügungsgruppe und die vier Dienstgruppen standen einfach darüber. Sie hatten ja ihren Fürsprecher, den DGL. Die Schicht hatte evtl. größere Sachbearbeitungen, wie Unfälle und dergleichen und wir mussten uns immer wieder mit Sonderkontrollen die Füße in den Bauch stehen und viel, beurteilungsmäßig aber kaum wertvollen, Kleinkram bearbeiten.
Im Nachhinein betrachtet war es meine eigene Entscheidung, mein eigener „Fehler“, in Mellrichstadt nur Dienst in der Verfügung verrichtet zu haben: Dadurch hatte ich quasi selbst das „Urteil“ über mich gesprochen! Ich hatte mich gegen den besser beurteilten, aber gesundheitsschädlichen Schichtdienst entschieden. Diese schlechte Beurteilung begleitete mich etwa 15 Jahre lang, fast bis zur Pensionierung….

Dies in Bargeld, in Gehaltsform auszudrücken verbietet mir meine Ehre. Mein Prinzip heißt:

„Ich lebe zwar über meine Verhältnisse,
aber noch immer unter meinem Niveau!"

Ich sagte einmal, bei einem (Schlechte-)Beurteilungsgespräch, zu dem einen Chef:

Wegen einer besseren Beurteilung
unterziehe ich mich keiner Nasenoperation!
Ich habe eine gerade Nase -und die trage ich stolz-
auch nach meiner Pensionierung!"

Dieses Beurteilungssystem hat sich bei der Polizei bis heute gehalten und so möge doch jeder Mitbürger für sich entscheiden ob es korrekt ist, wenn ein junger, agiler Polizist ihn zur Rede stellt, ihn kontrolliert, ihn verwarnt oder ihn sogar zur Anzeige bringt.
Unter dem Gesichtspunkt, dass dieser junge Mann wahrscheinlich Frau und Kinder zu Hause hat und nicht nur deshalb Arbeitsnachweise bringen muss um befördert zu werden, hat mancher beanstandete Bürger eventuell mehr Verständnis für das polizeiliche Einschreiten.

„Wichtig ist nicht, was einem passiert.
Sondern wie man damit umgeht!"

Probleme mit dem Chef

Es war zur damaligen Zeit (um 2000) leichter in die Position, in das Amt des Polizeihauptkommissars zu kommen als heute. Der mittlere Dienst wurde (ca. 1990) zu A 11 geöffnet. Zu dieser Zeit standen logischerweise entsprechend viele offene (Plan-)Stellen zu Verfügung. Dadurch konnte man auch noch mit einer schlechten Note (3,33) befördert werden. Allerdings musste man erst mal eine 3,33 bekommen, die als Eignung für den Polizeihauptkommissar erforderlich war…
Wenn ein Dienststellenleiter bei einem Kollegen äußert:

„Die satten Fladunger Hauptmeister
werden unter meiner Führung nichts mehr werden!“,

ist doch die schlechte Beurteilung für die ehemaligen Fladunger Kollegen schon vorprogrammiert. Und dann von einem 4er wegzukommen, ist fast unmöglich.
(Diesem Chefzitat widme ich nachfolgend noch eine eigene Seite.)

Trotzdem habe ich es, wenn auch mit jahrelangem Kampf, geschafft!
Und ich bin stolz darauf……!
Ich bin quasi gerade noch aus „dem Sumpf“ heraus gekommen, indem ich mich buchstäblich am eigenen Schopf herausgezogen habe.

Beschwerdeschreiben über den Chef

Weil ich mir angemaßt hatte, ein längeres Schreiben über den Mellrichstädter Dienststellenleiter -ein gebürtiger Oberfranke mit dem dazugehörigen Dialekt- zu verfassen und an den Polizeidirektor weiterzuleiten, ritt ich mich noch tiefer hinein.

In diesem eineinhalbseitigem Pamphlet beschwerte ich mich unter anderem über dessen Antipathie gegenüber den meisten, ehemaligen Fladunger Kollegen und sprach ihm Führungsqualitäten ab: „Nicht geeignet eine Dienststelle zu führen…“ usw.

Kurz darauf wurde ich zusammen mit unserem Personalratsvertreter, meinem ehemaligen Schichtkollegen Hans, nach Schweinfurt, zu Herrn Polizeidirektor vorgeladen. In seinem Direktorenzimmer war auch der Personalchef, im Kollegenkreis „Mielke“ genannt, anwesend.

Mein Schreiben wurde nun Zeile für Zeile „zerlegt“ und man stellte fest, dass ich Missstände zwar aufzeigen kann, aber die Bewertung eines Vorgesetzten mir, dem kleinen Straßenpolizisten, nicht zusteht.

„Aus diesem Grund -und damit Ruhe in Mellrichstadt einkehrt- werde ich Sie versetzen!“, so die Reaktion des Direktors. „Sie können sich noch aussuchen, ob Sie bei der Polizeidienststelle in Bad Neustadt/Saale oder bei der Verkehrs-polizeiinspektion, VPI Schweinfurt, Dienst verrichten wollen. Sollte dann immer noch keine Ruhe in Mellrichstadt einkehren, werden ggf. auch zehn Mann versetzt.“

Das saß! Herr Direktor!

Der Versuch nochmal ins Gespräch zu kommen, wurde mit strengem Blick und entsprechendem, gut verständlichem Ton, so ähnlich abgewehrt, dass der Zimmermann dort drüben die Ausgangstüre eingebaut habe…..
Komischerweise sehe ich heute noch die braune Meerschaum-Tabakpfeife des Direktors auf dem Schreibtisch liegen…… und seine harten, mahnenden Worte klingen mir noch immer nicht sehr angenehm in den Ohren…..
Ja: Zwei-Meter-Mann mit harter Schale, jedoch weichem Kern!
Was hatte ich, außer der mitgeteilten Wahrheit, falsch gemacht?
Ja, man darf scheinbar nicht immer die Wahrheit sagen:

„Reden ist Silber - Schweigen ist Gold."

Dem verbal mitwirkenden „Mielke" war diese Versetzungsandrohung, seinen Gesichtszügen nach zu urteilen, eher ein Genuss; denn personalfreundliche Mimik weiß ich wohl zu unterscheiden!

Kreidebleich verließen Hans und ich das Zimmer des Polizeidirektors. Wir fuhren, wieder mal wissend, dass der **„Ober den Unter sticht"**, sehr geknickt nach Mellrichstadt zurück. Es will was heißen wenn ich sage: Uns fehlten auf dieser deprimierenden Heimfahrt vom „Zweiten Gang nach Canossa", lange die Worte…!

Inzwischen hatte das Telefon wahrscheinlich nicht stillgestanden und der Dienststellenleiter war bei unserer Ankunft in Mellrichstadt voll im „strahlenden" (Mielke-)Bilde.

Nach einem kurzen Gespräch mit ihm, in welchem ich auch auf die Einschaltung meiner Gewerkschaft (BBB) hingewiesen hatte, gab es plötzlich eine seltsame Wende: Der Chef bot mir eine Möglichkeit an die Versetzung zu umgehen. Er wolle alle fünf Dienstgruppenleiter (DGL) befragen, wie sie zu meiner bevorstehenden Versetzung stehen; er ließ sie abstimmen.
Tage später dann die Mitteilung durch den Chef, dass sich die DGL allesamt für mich ausgesprochen hatten und ich somit nicht versetzt werden müsse.
Eine zentnerschwere Last fiel von meinen Schultern und ich bedankte mich bei meinem „Nicht-Freund“ -nach außen gesehen- deutlich, aber -nach innen gesehen-nicht herzlich!

„Unter diesem“ Chef nun noch fast zehn Jahre Dienst verrichten zu müssen, war zwar nicht die „Hölle“, aber zumindest das **„Fegefeuer“** auf Erden. Allerdings hatte ich ja genügend Fladunger Mitstreiter (zwei Handvoll) und so lautete mein Motto:

„Geteiltes Leid ist halbes Leid!“

Okay, ich hätte mich freiwillig versetzen lassen können. Das wollte ich aber nicht. Insbesondere wegen meiner Familie, wegen der vielen guten Kollegen-freundschaften, wegen meiner Gemeinderatsfunktion, wegen des Fußballspielens, wegen der Faschingsaufritte und dgl. mehr.

Zitate

Die nächste Unmutszeit ließ sich nicht umgehen und ich beachtete etwa ein halbes Jahr lang diesen Chef nicht mehr, ja wir grüßten uns nicht mal mehr.
Manche Fladunger Kollegen äußerten auch mit einigen Anschlägen ans „Schwarze Brett“ immer wieder ihren (Fladunger-)Unmut.
Feige war nur, dass wir z. B. passende Konfuzius-Zitate oder entsprechende Karikaturen, Zeitungssprüche usw. anonym angeheftet haben. Ohne unsere Unterschrift, ohne unser Namenszeichen.
Bestimmt wäre bei gekennzeichneten Anschlägen das (Chef-)„Echo“ nicht positiv für uns ausgefallen.

Anzumerken ist, dass in dieser Zeit der Chef gesundheitliche Reaktionen zeigte…..
Sicher schlug es auch ihm auf den Magen oder es ging auch ihm an die Nieren…..

Ja, selbst ein harter Oberfranke hat, wie ein gestandener Unterfranke, wie ein großgewachsener Rhöner, Gefühle….

==============================

Das ist ein weiser Chef,
der seine eigenen Leute kennt.
Shakespeare

==============================

==============================

Nicht weinen
nicht zürnen
sondern begreifen...
Spinoza

==============================

Das Wort des Monats

Um an die Quelle zu kommen, muß man gegen den Strom schwimmen.
Stanislaw Lec

Allen Koll. ein Motto nicht nur
zur Weihnachts-/Neujahrszeit:

****

"Wir arbeiten nicht für irgendwelche Gersetze
oder Verordnungen, für irgendwelche Parteien
oder Interessen.....
Wir arbeiten für den Menschen, weil er kostbar ist!"

****

G.B.
24.12.09

Als wieder einmal ein Chef-Zettel mit dem Wort „Rücksprache“ in meinem Fach lag und ich zum wiederholten Male im Chefzimmer „antanzen“ musste, äußerte er unter anderem: „Und im übrigen grüßens` mich auch nicht mehr!“

Meine spontane Antwort war: „Gut, dass Sie dies ansprechen. Ab sofort grüße ich Sie wieder; denn ich grüße jeden Menschen auf der Welt und füge mir durchs Nichtgrüßen mehr Schaden zu als Ihnen."

Es gab jahrelang nur diese Kommunikation zwischen dem Chef und mir: „Guten Morgen" und „Auf Wiedersehen!" Andere zwischenmenschliche Gespräche fanden nicht statt!

Ich als „kleiner Untergebener" konnte und wollte das Gespräch einfach nicht suchen und er als geschulte Führungskraft bot mir keine Kommunikation an.

Die Lage ist nach dieser beschissenen Beurteilung neu für uns, und wir müssen das Beste daraus machen.
Der Chef hofft dennoch auf ein gutes Miteinander in den nächsten Monaten und Jahren.
Doch nur, wer sich geborgen fühlt, leistet gerne Dienst, und wer gerne Dienst leistet, leistet zu meist auch guten Dienst.

Leitwort

Es wäre eine Freude zu leben, wenn jeder die Hälfte von dem täte, was er von anderen verlangt.

Unbekannt

Die Beurteilung ist ein Kapital,
dessen Kraft sich mindert,
je mehr es wächst.

Auch der stellvertretende Dienststellenleiter „warf das Handtuch“

Ein paar Jahre später kam ein neuer Stellvertreter zur Dienststelle.

Der Vorgänger war ebenfalls ein Fladunger und der Chef hatte sich (deshalb?) auch mit ihm überworfen. Dies ging sogar so weit, dass dieser Mann, im Alter von etwa 50 Jahren, in Pension geschickt wurde.
Er hatte es genauer formuliert als ich:

„Früher dachte ich an Selbstmord, heute nur noch an Mord!“

Dass man ihm nach diesem Ausspruch sofort die Pistole weggenommen hat ist zu verstehen. Dass aber gleich die Pensionierung eingeleitet wurde, war bestimmt zu hart.

Herbert und Walter die „Lichtstreifen am Horizont“

Zurück zum nun neuen Stellvertreter-Nachfolger, der gleichzeitig Personalratschef war. Herbert kam, sah und siegte, auch für uns im „Sumpf“! Er, der ein paar Jahre jünger ist als wir, machte sich ein Bild von der Dienststelle und kommunizierte nicht zuletzt auch aufgrund seiner Personalratsposition öfter mit dem Herrn

Direktor. Hierbei hat wahrscheinlich der Herr Direktor in Schweinfurt erfahren, dass die Fladunger Kollegen bei der PI Mellrichstadt nicht die schlechtesten sind und kameradschaftlich sind sie obendrein.

Das Hauptproblem lag auf der anderen Seite!

Herbert und der inzwischen von der PI Bad Neustadt/Saale neu gekommene Kollege Walter, der ebenfalls im gehobenen Dienst tätig war, brachten sich für uns „Verfügler“ ein. Sie waren so was Ähnliches wie die Dienstgruppenleiter (DGL`s) der Verfügungsgruppe.

Zwar wurde unsere Arbeit etwas aufgewertet, trotzdem gingen die meisten Verfügungskollegen nicht als PHK in Pension, sondern nur als POK.

Der (Verfügungs-)Karren steckte einfach zu tief im Dreck, auch wenn es durch diese beiden spürbar menschlicher wurde.

Wie schon gesagt, ist nicht das Dienstgradabzeichen (am Pensionsschlafanzug) wichtig, sondern der Inhalt des Geldbeutels. Zwischen Besoldungsgruppe A10 (POK) und A 11 (PHK) ist „zwischen Daumen und Zeigefinger“ ein spürbarer Unterschied.

Walter war der Kollege der seine menschlichen Züge bei uns in der Verfügungsgruppe zeigte. Er war unser direkter Vorgesetzter und die erste Zeit mit uns zusammen eingeteilt. Er pflegte einen sachlichen und kameradschaftlichen Umgang mit uns „Alten“. Bei Kontrollen ging er mit ran. Dies bemerkten auch die Schichtbeamten und es bleib nicht aus, dass sie darüber gesprochen und auch geschrieben haben.

Man nannte Walter einen „Fuhrmann“ und der Schichtler „Walberi“ dichtete das Lied „Im Märzen der Bauer“ um.

Ein gelungenes „Werk“, es ist lustig und wahr:

Fuhrmann – Song

Im Märzen der Fuhrmann die Pferdchen einspannt.
Er lässt sie schön laufen, das ist uns bekannt.
So ziehen sie kräftig die Lkw raus
und war`n sie recht fleißig, dann geht es nach Haus`.

Das Knallen der Peitsche, das hört man nicht oft.
Er führt sie behutsam, ganz ruhig und soft.
Er gibt ihnen Futter, er beurteilt sie gut.
So ziehen die Pferdchen mit stets frischem Mut.

Der Lange, er ziehet den Wagen vorn rechts.
Er scheut nicht vorm Unfall und das ist uns recht.
Nur scheut er vor Hunden und das ist nicht gut,
hier verlässt ihn des Öft`ern der sonst große Mut.

„Bio-Berni" ist Zugpferd, so ganz vorne links.
Es ist ja bekannt, der Bernhard der bringt`s.
Er schleppet die Owi`s der Umwelt herbei.
Der Fuhrmann, er freut sich, es kommt etwas rei`.

Ein ganz kräftig Pferdchen ist noch im Gespann,
es ist unser „Lubber", er zieht kräftig an.
Er wütet, er schuftet, er hat keine Ruh`,
und macht seine Augen überhaupt nicht mehr zu.

Der Fuhrmann, man fragt sich, wie hat er`s geschafft,
dass ziehen die Pferdchen mit solch großer Kraft!
Hat er was versprochen? Gibt`s etwas zum Preis?
Dann wär es erklärlich, der so große Fleiß.

Oder ist es der Herbert, von der KPI?
Hat er sie beeinflusst mit seinem Genie?
Tut er vielleicht in den Cappuccino was rein?
Dies wär `ne Erklärung, aber das wär` nicht fein.

Denn dieses Getränk gibt`s nicht für die Schicht.
Man fragt sich, warum kriegen die denn das nicht?
Es wär` die Erklärung, dass viele werd`n krank.
Sie haben nicht den Vorteil des Zaubertranks.

Zum Schluss noch ein Ratschlag dem starken Gespann.
Im März fängt das Säen bekanntlich erst an.
Die Ernte ist später, das Jahr ist noch lang,
denkt daran, dann wird uns um Euch auch nicht bang.

Der Fuhrmann der kriegt jetzt auch noch einen Tipp:
Lass` die Gäul` auch mal saufen, dann bleiben sie fit.
Gib ihnen den Hafer und nicht nur die Spreu,
oh Walter mach` weiter, Fuhrmann aus Heustreu..

Verkehrsunfallflucht-Sachbearbeiter und Direktor-Lob

Eines Tages, vielleicht im Jahre 2002, lud Herr Direktor die Verkehrsunfallflucht-Sachbearbeiter nach Schweinfurt ein, um sie zu motivieren, aber auch, um sich bei ihnen für die geleistete Arbeit zu bedanken.

Ich selbst wurde ein paar Jahre zuvor, vom damaligen Stellvertreter Klaus, der in der Ausbildungszeit ein Hundertschafts-Kollege von mir war, zum Unfallfluchtsachbearbeiter überredet/bestimmt.

In das mir anfangs nicht liegende Fachgebiet hatte ich mich schnell eingearbeitet und schließlich mit voller Kraft und Akribie Fahrerfluchten bearbeitet/zu klären versucht. Jetzt konnte ich endlich einmal etwas für den (geschädigten) Mitbürger tun und nicht immer nur die Leute „abzocken".

Ich hatte durch diesen Posten wieder Mut, Kraft, Lob, Anerkennung und Erfolg.

Bei diesem Unfallflucht-Sachbearbeiter-Dialog in Scheinfurt kam der Herr Direktor auf mich zu, klopfte mir auf eine Schulter -ich saß, sonst wäre er evtl. nicht zu meinen fast zwei Metern hohen Schultern hinaufgekommen- und bedankte sich für das beste Aufklärungsergebnis im Direktionsbereich.

Ja, Mellrichstadt hatte 57 % Aufklärungsergebnis bei Unfallfluchten! Wau!

Dies war gewiss nicht allein mein Verdienst, andere Kollegen bearbeiteten auch mehr oder weniger erfolgreich Fahrerfluchten. Ich aber war als Verantwortlicher geladen und erntete den Dank des Direktors(!) für die Dienststelle und auch für mich.

Ich, der zuvor auch bei der Direktion in Ungnade gefallen war!

Fordern einer besseren Beurteilungs-Note

Dieser „Direktoren-Schulterklopfer“ bot mir Nährboden mich zu einer Örtlichkeit zu begeben die ich scheute „wie der Teufel das Weihwasser“, nämlich das Chefzimmer bei der PI Mellrichstadt.
Zum einen wollte ich diesen Dank weiterleiten und zum anderen auch auf meine Beurteilung aufmerksam machen. Ich sagte zu meinem mir nicht wohlgesonnen Chef: „Wenn diese Ermittlungstätigkeit mit dem Direktorenlob bei der nächsten Beurteilung keinen Beurteilung-Dreier wert ist, dann müssen wir doch noch einmal vors Verwaltungsgericht gehen. Ich weiß, dass dies auch als Erpressung ausgelegt werden kann!“ Dies war mir jedoch egal.
Ich wollte endlich auch befördert werden und dazu brauchte ich die bessere Note. Mit meiner Note 4 hatte ich keine Chance, zumal der Vierer gleichzeitig „fürs nächste Amt nicht geeignet“ war.

Tatsächlich bekam ich dann Monate später, bei der nächsten periodischen Beurteilung, zwar keine 2,66 oder 3,0 aber eine 3,33, jedoch mit der falschen Chef-Anmerkung: „Fürs nächste Amt n i c h t geeignet!“
Nun erkundigte ich mich und habe erfahren, dass die Note 3 (egal ob 2,66 oder 3,33) automatisch die „Eignung“ beinhaltet. Ich musste wieder kämpfen um die Nichteignung gestrichen zu bekommen, damit ich befördert werden konnte. Ottmar wurde, da er drittelmäßig besser beurteilt war, und nun auch die „Eignung“ erreicht hatte, gleich befördert. Gerd und ich, mit 3,33, wir mussten noch Monate warten, bis es endlich so weit war.

Mitbeurteilung durch Kollegen des gleichen Amtes

Ein „germanischer“, Mellichstädter Kollege meiner Besoldungsgruppe, meines Dienstgrades, und cheftreuer Polizeibeamter, durfte einmal mit beurteilen. Er setzte, bei etwa zehn zu beurteilenden Kollegen, uns Fladunger, nämlich Ottmar und mich, auf den vorletzten bzw. letzten Beurteilungsplatz, mit Note 4.
Ihn, der als stellvertretender DGL eingesetzt war, ließ der Chef mit beurteilen, weil der damalige DGL Schorsch auf eigenem Wunsch versetzt wurde.
Ein Rätsel wie einer aus dem gleichen Amt Beurteilungen/Reihungen erstellen darf und ein weiteres Rätsel ist, wenn sich dieser Kollege an erster Stelle reiht!
Hätte er eine Reihung vorgenommen ohne sich zu berücksichtigen, wäre das noch zu verstehen gewesen. Doch Mitreihen und sich selbst auf Platz 1 setzen, grenzt schon an Arroganz!
Selbst den guten Kollegen „Walberi“ sägte er ab, indem er ein Schriftstück verfasste und damit beim Chef klar stellte, dass ER und nicht „Walberi“ der Bessere ist. Auch dieses Schriftstück wurde uns -entgegen der Meinung des Verfassers- bekannt.
Über den denunzierenden Inhalt dieses Schreibens ist „Walberi“ noch heute mehr als „verschnupft“.

Wobei es hier um die „Edelplätze“ 1 und 2 gegangen ist, die für mich in meiner Dienstzeit nie zur Debatte und zur Diskussion standen. Wohl aber für diese beiden Kollegen.

Ich lebe unter anderem auch nach diesem Motto:

„Vergleichen ist das Ende des Glücks
und der Anfang von Unzufriedenheit!"

Einspruch gegen die Beurteilung

oder: „Ein Kampf gegen Windmühlen".

Der Beurteilungseinspruch über meinen Rechtsanwalt, den ehemaligen Fladunger Kollegen Ekki, erbrachte unterm Strich nichts, außer, dass ich die Machenschaften der Reihung nun schriftlich hatte. Ohne meinen Einspruch wäre dies nie bekannt geworden, wovon die Betroffenen wahrscheinlich ausgegangen sind.
Leider hatten sie die Rechnung wiedermal ohne den „Langen Bach" und seinen Rechtsanwalt gemacht.
Als ich dem „germanischen" Kollegen die von ihm erstellte Beurteilungsreihung ein paar Jahre später vorhielt, stritt er den Sachverhalt zunächst ab.
Bei der Vorlage der Rechtsanwalt-Unterlagen -bei Dienstbeginn an einem Sonntagnachmittag, im Beisein vom Kollegen Holly- musste er schließlich aufgeregt, aber wortlos passen…..
Selbst als Holly sehr interessiert weiter hinterfragen wollte, konnte er keine befriedigende, sondern nur noch eine ausweichende Antwort geben.

Dieser Kollege war auch der Mann, der mir später einen „fürsorglichen“, unsauberen, anonymen Brief ins Fach gelegt hatte…, was als eigene Story an anderer Stelle folgt.

Anschlag ans „schwarze Brett“ nach Beurteilungseröffnung 1996

... erst recht nicht ab 6/96 !!!

Verhandlung beim Verwaltungsgericht

Zur Verhandlung beim Verwaltungsgericht ist anzumerken, dass ich eben wegen der schlechten Beurteilung (4,33) Einspruch eingelegt hatte und deshalb beim Verwaltungsgericht in Würzburg, zusammen mit meinem Chef, eine einstündige Verhandlung angesetzt war.

Mit dabei waren meine beiden Fladunger Freunde. Mein ebenfalls schlecht beurteilter Kollege Ottmar und als Zeuge war „Berni" geladen.

Sehr verwundert waren wir, dass „Berni" nicht auf unserer Seite sitzen durfte, sondern auf der anderen, der gegnerischen Seite. Was jedoch seine Aussage nicht im Geringsten beeinträchtigt hat.

Ich bekam zwar bei dieser Verhandlung in vielen, sogar den meisten Teilen Recht und der Verwaltungsrichter beauftragte in seinem Schlusswort den Chef -in unserem Beisein- mit ähnlichen Worten:

„Gehen Sie nach Hause und machen Ihre Hausaufgabe!"

Was für uns bedeutet hat, dass er Ottmar und mir eine entsprechend bessere Beurteilung geben sollte. Doch tat er dies nur indem er uns eine minimale, eine 1/3-Verbesserung gab, die mir nichts nützte (von 4,33 auf 4,0). Dies wusste er natürlich auch.

Hätte ich mich beschwert, hätte ich bestimmt nur die Aussage erhalten:

„Was wollen Sie denn? Sie haben sich doch verbessert!"

Die “satten“ Fladunger Hauptmeister…

Der beim Verwaltungsgericht mit zu verhandelnde Chef-Ausspruch, diese bereits genannte, denunzierende Feststellung:

„Die satten Fladunger Hauptmeister
werden unter meiner Führung
nichts mehr werden“,

konnte vor Gericht leider nicht berücksichtigt werden. Voraussetzung wäre gewesen, dass der Kollege genannt wird, dem gegenüber der Chef dies geäußert hatte.

Nachdem ich jedoch am Vortage der Verhandlung diesen Mellrichstädter Kollegen, ein guter Freund von mir, nochmals befragt hatte, ob ich ihn vor Gericht als Zeugen benennen darf und er -wegen zu befürchtender Chef-Repressalien- mich bat, seinen Namen nicht preis zu geben, teilte ich dem Gericht den Namen nicht mit.

Darauf die Reaktion des Richters, dass dann dieser Punkt leider nicht verhandelt werden kann. Ende!

Schade. Wäre interessant gewesen wie ein Verwaltungsrichter auf eine solche, eigentlich unglaubliche Chef-Äußerung reagiert oder gar geurteilt hätte.

Doch geht mir Freundschaft immer vor!

Lieber gute Freunde als ein (Verwaltungsgericht-)Ziel erreicht.

Trotzdem, eine solch primitive Äußerung entbehrt doch jeglicher Grundlage!

Beförderung zum PHK

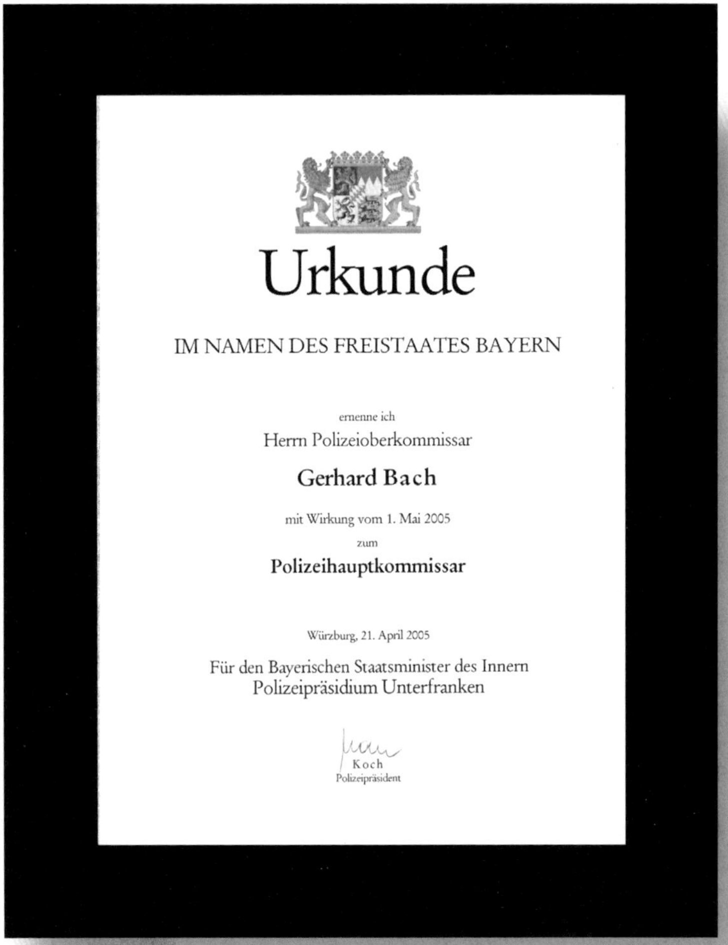

Urkunde

IM NAMEN DES FREISTAATES BAYERN

ernenne ich

Herrn Polizeioberkommissar

Gerhard Bach

mit Wirkung vom 1. Mai 2005

zum

Polizeihauptkommissar

Würzburg, 21. April 2005

Für den Bayerischen Staatsminister des Innern
Polizeipräsidium Unterfranken

Koch
Polizeipräsident

Im Jahre 2005 war es dann so weit. Zusammen mit meinem Sondheimer Kollegen Gerd, wurde ich in der PD in Schweinfurt, bei einer Tasse Kaffee, zum Polizeihauptkommissar (PHK) befördert. Gerd war Altanwärter und später eingestellt als ich, er hatte mich inzwischen beförderungsmäßig eingeholt.

Ja und mein einige Jahre später eingestellter Freund „Walberi" hatte mich sogar weit überholt. Er war auch fleißiger und nicht nur deshalb besser!
Hubert konnte meine Ablehnung zum Schichtdienst/zum stellvertretenden Dienstgruppenleiter nutzten. Er wurde auf diesem „hochwertigeren" Posten eingesetzt und auch an mir vorbei befördert.

Meine lange Wartezeit bis zur nächsten Beförderung ging hauptsächlich auf das Konto meines „Gerechtigkeitskampfes" zurück!
Dieser „Einsatz" hatte mich zwar enorm zurückgeworfen, doch „kann ich heute noch in den Spiegel schauen"!
Okay, ich war auch nicht der Reißer, der scharfe Polizist mit entsprechend vielen Anzeigen oder sonstigen Arbeitsnachweisen. Dennoch bemühte ich mich immer **„mit zu schwimmen"**, eine einigermaßen ausgeglichene Anzeigenvielfalt vorzulegen.
Mit der Bevölkerung zu kommunizieren, die Anliegen der Mitbürger anzuhören und den Leuten „aufs Maul zu schauen", gegebenenfalls Abhilfe zu schaffen.
Das war die andere Seite des Polizisten G. Bach.

Ich kannte zu dieser Zeit schon das Sprichwort:

„Nur tote Fische schwimmen mit dem Strom.“

Klar hätte ich mit meiner polizeilich-menschlichen Einstellung nie vordere „Ränge“ belegen können.

Die Beurteilungsnote 2,33, die ich im paradiesischen Fladungen einst als verantwortungsvoller DGL von Chef Bertold erhalten hatte, war deshalb für mich ein absolutes Spitzenprädikat!

In Mellrichstadt machte man mich -wegen Antipathie-, mit der Note 4,33, gleich zum Schlechtesten in meiner ca. zehnköpfigen Besoldungsgruppe und zugleich auch zu einem der Schlechtesten der gesamten 32köpfigen Polizei-Dienststelle. Dies war nicht nur mir total unverständlich.

Deshalb diese „Erfahrungsempfehlung“ an junge Kollegen:

Es ist besser sich anzupassen als aufzubegehren; denn fürs Weiterkommen bringt es nichts, aber auch gar nichts!

Drum hier nochmal das Sprichwort:

„Reden ist Silber – Schweigen ist Gold!“

Analog:

„Der Ober sticht den Unter!“

Einladung zur Verabschiedung des Herrn Direktors

Nicht nur, dass mich dieser Herr Direktor zur Unfallfluchtbesprechung eingeladen und mir besagten Schulterklopfer gegeben hatte, nein auch zu seiner Verabschiedung bekam ICH überraschender Weise eine Einladung. Er selbst war nun -genau wie ich- auch „Opfer“ geworden. Durch die Neuorganisation der Polizei wurde er im Jahre 2006 wegrationalisiert und von Scheinfurt nach München versetzt. Die Unterfranken waren wieder einmal Vorreiter für ganz Bayern und machten das neue Polizeimodell zum Pilotprojekt.

Herr Direktor arrangierte als Abschiedsfest ein Dritte-Etagen-Fest im Gebäude der Polizeidirektion in Schweinfurt.

Er ließ mir, nach einer Dienststellenleiterbesprechung, von meinem neuen Chef die Einladung übermitteln: „Bringens auch den langen Bach zum Etagenfest mit!“

Eine Einladung, die ich mir nie habe träumen lassen. Wie schon erwähnt, hat ja der neue Stellvertreter Herbert Pionierarbeit bei der PI Mellrichstadt geleistet und uns Fladunger beim Herrn Direktor wieder ins rechte, ins richtige Licht gerückt.

Ich betrachtete diese Einladung fast ein wenig als entschuldigungsähnliche Geste, für die Monate zuvor „harten Worte“ der Versetzungsandrohung.

Wobei ich allerdings schon weiß, dass sich ein Polizei-Direktor wegen einer von ihm getroffenen Entscheidung gegenüber einem „niederen Dienstgrad“ nicht zu entschuldigen braucht. Das macht er -wenn er will- auf diese kameradschaftliche Art.

Ein Steckenpferd von mir war, bei einer Fete eine Laudatio zum Besten zu geben. Ich verfasste auch für das Abschiedsfest des Herrn Direktors eine kritische, Altlasten erwähnende und auf seine ungute Situation bezogene Laudatio.
Abschließend bat ich ihn augenzwinkernd darum, den Text nicht an den damaligen fränkischen Ministerpräsidenten Beckstein weiterzuleiten, weil ich sonst eventuell doch noch versetzt werde…

Sehr konzentriert nahm Herr Direktor die Laudatio-Reime zur Kenntnis, klatschte mit den vielen Gästen Beifall und bedankte sich herzlich mit einem starken Händedruck und den Worten, dass er mit solch einem Vortrag nicht gerechnet hatte. „Vielen Dank, Herr Bach!“

Ich sagte nur: „Tausend Dank Ihnen, Herr K!“

Verabschiedung
==============
von Herrn Karl
==============

Nun geht er weg, der langjährige Chef,
nach München zieht`s ihn - auch nicht schlecht.
Doch wie`s gelaufen: Kaum zu glauben.
Wie im Mittelalter mit den Daumenschrauben.

Der "Ober" sticht den "Unter", so war`s schon immer gewesen,
doch in diesen Führungsebenen wurde da absolutes Neuland
betreten.
Ein Arzt tut einem ander`n Weißkittel kein Leid,
und eine Krähe hackt der andern kein Auge aus, auch in der
heutigen Zeit.

Egal wie der "becksche Stein" kam ins Rollen,
egal wie der Stein den Beck übersprungen.
Tatsache ist, dass Herr Minister einen Sündenbock suchte
und ihn auch fand
und diesen dann -wie beim Schachspiel- als Bauernopfer
nach München entsandt.

Und das, weil das neue Polizeimodell keinen Mann mehr
bringt auf die Straße.
Diese Äußerung war für Herrn Minister wie ein Schlag auf die
Nase.
Die Wahrheit zu sagen wird leider nicht immer akzeptiert
und deshalb, Herr Karl, wird man abserviert.

Auch mir wär`s vor ein paar Jahren fast genauso ergangen,
als ich zu Ihnen musste "um Vögel zu fangen".
Sie und Herr Weigand waren zunächst hart & gnadenlos,
die Tabakpfeife in Ihrem Aschenbecher krümmte sich - war
sprachlos.

Dann sah mich die Meerschaumpfeife verängstigt an
und flüsterte: Was hast Du Langer Bach bloß getan?
Doch **Sie** haben die damals lautstark gegen mich
ausgesprochene Versetzung nicht durchgeführt,
es wurde alles Gut, eine spezielle Freundschaft entstand:
Herr Karl, ich Danke Ihnen dafür!

Nicht nur mit dieser für mich überraschenden Einladung heute
hier,
zeigten Sie mir Größe und Feingespür.
Auch wenn Sie nun geh`n - was vielen von uns **nicht** paßt,
Sie sind ein Mensch, der in die Welt `nei paßt.

Leben Sie wohl, bleiben Sie fit,
dann kommen Sie auch in München in Tritt.
Vergessen Sie Schweinfurt nicht und niemals die Hohe Rhön,
dafür war die Zeit zu schön.

Als Erinnerung diese schlanke Flasche hier,
der Inhalt ist Rhöner Lebenselexier.
Dieses lange Gefäß soll an den Langen Bach erinnern,
der Zwetschgenschnaps mög` Ihnen Gesundheit bringen.

Feiern Sie weiter die Feste so wie sie fallen,
dann wird Ihnen das Leben gut gefallen.
Setzen Sie sich stets mit Freunden zusammen, niemals allein;
denn dann wird es immer eine schöne Feier sein.

Sie wissen ja, dass man Vieles alleine machen kann,
wie lesen, essen, arbeiten, schlafen und so`n Kram.
Doch eines kann man nicht alleine, sag` ich nochmals heute,
und das ist Feiern: Denn zum Feiern braucht man Freunde.

So werden wir **uns** spätestens in 4 Jahren wieder seh`n,
und zwar bei **meiner** Verabschiedung droben in der Rhön.
Herzliche Einladung schon jetzt an Sie, sehr geehrter Herr Karl,
machen Sie`s gut, ich sag` bis zum nächsten Mal.

Und nun zum Schluß, das ist ganz klar,
Ihnen noch schöne Dienst- und noch schönere Pensionisten-jahr`.
Ewig Freundschaft, niemals mehr Krach,
das wünschen die Mellerschter mit dem Langen Bach.

Wir wollen jetzt anstoßen auf Ihre Zukunft, auf Ihr Wohl,
reichen Sie uns die Gläser, mach` vool, mach` vool.

G. B.
10/2006

Einladung zu meiner Verabschiedungsfeier

Bei dieser Gelegenheit, eben bei seiner Abschiedsfeier, sprach ich Herrn Direktor die Einladung zu meinem Pensionierungsfest, am 21.11.2010, im Saal des Weimarischen Hofes, in Sondheim v.d.Rhön, aus.

Dies jedoch nicht nur, weil mich meine Eltern gelehrt hatten, wenn man eingeladen wird ist es eine schöne Geste auch eine Gegeneinladung auszusprechen. Nein, das Spannungsverhältnis zwischen uns hatte sich gelegt. Wahrscheinlich hatte er recherchiert und ein anderes Bild von mir bekommen.

Herr Karl bedanke sich für diese Überraschungseinladung, sagte mir sofort zu, “wenn ich ihn denn ausfindig machen könne, werde er da sein; denn er wolle nach seiner Pension wegziehen“.

Ich erwiderte, dass ich ein schlechter Polizist gewesen wäre, wenn mir dies nicht gelingen würde seinen neuen Wohnort zu ermitteln. Es sei denn er würde Deutschland verlassen.

Kuraufenthalte

Wegen all der Querelen mit dem Chef, nutzte ich jede Gelegenheit „auszubüchsen“; einen anderen Dienst oder sonst was zu machen.

Ich ließ mir im Jahre 2000, nach einer Knie-Umstellungs-OP, die erste Reha-Kur verschreiben und verlebte in Bad Füssing schöne, entspannende drei Wochen. Ich lernte im „Johannesbad“ eine gute siebenköpfige, gemischte Gruppe kennen. Wir waren in diesen drei Wochen fast unzertrennlich. Wir gingen zusammen ins Thermalbad und machten zusammen Spaziergänge oder Radtouren und fuhren abends zusammen zum “Haslinger“.

Jedoch ist bei einer Reha-Kur in einem beihilfefähigen Kur-Haus auch angeordnete Bettruhe. Wir hatten nur bis um 22:00 Uhr Ausgang. Das hieß, gegen 21:45 Uhr aufbrechen und ca. 4 km zurück in die Klinik fahren, wo uns der Pförtner schon erwartete.

Im Keller des Kurhauses befand sich eine kleine Feierecke; hier durften wir uns noch eine Stunde aufhalten. Nach ein paar mitgebrachten Getränken verwies uns der Pförtner um 23:00 Uhr, manchmal 23:30 Uhr, auf die Zimmer. Ein paar Mal waren die Getränke nicht ganz aufgebraucht und wir gingen noch ein halbes Stündchen zu irgendeinem, ganz leise aufs Zimmer. Ab und an beschwerte sich der Zimmernachbar; denn mit 5 – 7 Personen um diese Uhrzeit eine leise Unterhaltung zu führen war nicht gerade leicht.

Gesundheitlich brachte natürlich die Kur recht viel, da wir zahlreiche Anwendungen hatten. Leider bin ich für Kuraufenthalte nicht gut krankenversichert und musste immer einen nicht unerheblichen Betrag zuzahlen. Die Beihilfe zahlt zwar ihren angemessenen Prozentsatz, aber meine Privatversicherung gibt nur einen gewissen Tagessatz hinzu, der bei weitem nicht ausreichend ist.

Die zweite Kur nach drei Jahren verlief ähnlich. Wieder gute Truppe und wieder viel draufzahlen fürs Kurhaus. Allerdings war die Klinik-Ausgehzeit im Jahre 2003 um eine Stunde verlängert.

Als Folge wechselte ich bei der dritten Kur das Sanatorium. Mein Minusgeschäft war zwar etwas geringer, aber nicht wesentlich.
Diesmal lernten wir beim „Halsinger“ auch eine siebenköpfige Frauengruppe vom Bodensee kennen, die uns „zum Schuhe wechseln“ mitnahm. Was ist „Schuhe-Wechseln“? Ein Deckname um einen zusätzlichen, geselligen Trink zu nehmen. Die “Mädchen“ nahmen uns in eines ihrer Hoteldoppelzimmer mit, die in dieser Tanzanlage gleich nebenan waren, und kredenzten uns ein Schnäpschen. Recht eingeengt -oft waren wir zehn Personen (Männlein & Weiblein)- unterhielten wir

uns dort und machten Blödsinn. Nach 15 Minuten ging`s beschwingt auf die Tanzfläche zurück. Von wegen Schuhe wechseln!?
Nur Inge nahm das „Schuhe-Wechseln“ wörtlich und zog sich hochhackigere Schuhe an. Warum wohl? Sie, die nicht gerade kleinwüchsig ist und zu Hause nur einen gleichgroßen Partner hat, wollte gerne mit „einem Hochhaus“ tanzen…

Im Haslinger Bekleidungsgeschäft lernte ich die nette, österreichische Verkäuferin Theresa kennen. Sie half mir, eine preisgünstige, maßgeschneiderte, lange Trachten-Lederhose zu bekommen. Dazu ein leinenes Trachtenhemd und Wadlstrümpfe. Einen schönen Ledergürtel mit herrlicher Schnalle schickte mir die liebenswerte, blonde Frau noch nach.
Die passenden Haferlschuhe, in Größe 47, konnte ich mir später in Obernzell kaufen.
Jahre später besuchte ich diese Verkäuferin und ihren Mann nochmal in Österreich und wir freuten uns nicht nur des Wiedersehens, sondern auch wegen der Lederhose, die heute noch passt!

Bei einer Kur genießt man die dienstfreien Tage und lernt angenehme, nette Menschen kennen. Die meisten Bekanntschaften, ja guten Freundschaften, wie mit Paul, Moni, Theresa, Norbert, Veronika, Alfred, Ramona, Herbert, Klaus, Irene, Siggi, Anni, Eugen, Inge, Thea, Christa und andere, bestehen heute noch. Auch wenn es meist nur noch Weihnachts- oder Neujahrsgrüße sind.

Bewerbung für Kosovoeinsatz

Sogar die Bewerbung für einen Kosovo-Einsatz geht auf die Absicht zurück, woanders Dienst verrichten zu wollen. Ich bewarb mich 2007 für diesen vierteljährlichen Auslandseinsatz, ohne meine Frau zu unterrichten.
Ich zeigte auch deshalb Interesse, weil zur gleichen Zeit mein Freund und Pfarrer Wolfgang, von Bundeswehr-/Nato-Seite her, im Kosovo eingesetzt war.
Eine mehrstündige Eignungsprüfung fand in der Bepo-Kaserne in Nürnberg statt. Ich fuhr -mit eigenem Navigationsgerät- alleine, im Dienst-Pkw dort hin.
Auch die Realschul-Englischkenntnisse wurden geprüft.
Von den ca. 12 Prüflingen war ich, der Endfünfziger, mit Abstand der Älteste.
Meine Schul-Englischkenntnisse reichten bei der schriftlichen Prüfung fast nicht aus und der Prüfer testete mich nochmal mündlich. Ich konnte mich zwar mit ihm verständigen, jedoch auf keinen Fall auf grammatikalisch hohem Englisch-Niveau. Der Prüfer äußerte abschließend, dass er mir gerade noch so die Englischnote 4 geben könne, damit wäre ich geeignet. Bei der Note 5 wäre es hier schon aus und vorbei gewesen.

Dann kam die ärztliche Prüfung. Ich war schon fast durch, bekam aber nun etwas „Muffe", dass ich tatsächlich in den Kosovo muss und ich hatte ja meiner Frau bis zum Prüfungstag nichts von meiner Bewerbung erzählt. Ihre negativen, morgendlichen Bemerkungen vor der Abfahrt, gaben mir Anlass nachzudenken. Schon während der zweistündigen Anfahrt zur Bepo-Kaserne nach Nürnberg schwirrten mir nur diese Gedanken durch den Kopf: „Wie sag` ich`s meiner Frau? Sollte ich tatsächlich für diesen Einsatz geeignet sein?“

Als mich nach der Untersuchung der Arzt fragte, ob sonst alles in Ordnung sei, äußerte ich, dass ich eine Knieumstellungs-OP hatte und mir mein Knie etwas Probleme macht. Er bat mich nochmal auf die Liege, drehte und „schraubte“ dermaßen heftig an dem Knie, dass ich fast in die Luft gegangen wäre.
Dies war dann das Ende für einen Kosovo-Einsatz!

Ich rief noch meinen in Nürnberg wohnenden Sohn Marcus an, trank mit ihm eine Tasse Cappuccino und trat dann die Heimreise an.

Nato-Pfarrer Wolfang musste übrigens wegen einer Krankheit diesen Kosovo-Einsatz abbrechen. Er wurde mit dem Bundeswehrflieger heimgeholt. Die Krankheit wurde behandelt und er war nach einigen Wochen wieder fit.

Nun gab es -insbesondere meiner Frau zuliebe- zwar keinen Kosovo-Einsatz, doch blieb mir durch diese Prüfungsteilnahme ja wenigstens ein Tag Dienst in Mellrichstadt erspart.

Mannschaftssport

Beim Sport war ich immer mit dabei. Ich war sportbegeistert, insbesondere für Mannschaftssportarten und musste ja in dieser Zeit auch keinen Polizei-Dienst verrichten.

Ich legte jährlich, bis zur Pensionierung, das Sportabzeichen im Dreikampf ab: Schießen, Laufen, Schwimmen.

Während der letzten Jahre ließ die Sportmoral der Mannschaft -nicht zuletzt wegen des gesetzteren Alters- ein wenig nach und es ging, wahrscheinlich aus Rentabilitätsgründen, nicht mehr in die Sporthalle. Damit waren die Mannschaftsspiele nicht nur dort vorbei; auch auf den Sportplatz kamen zu wenig interessierte Kollegen.

Es wurde deshalb nur noch gejoggt, gewalkt, Fahrrad gefahren oder geschwommen. Im Winter wurden zwei Stunden Schilanglauf in der Rhön angesetzt. Der vorhandene Kraftraum bei der Dienststelle wurde eher seltener genutzt, zumal dort nur für zwei Personen Platz war.

Der Polizei-Mannschaftssport (wie Faustball, Hallenhockey, Handball, Sitzfußball und Fußball) ist fast gestorben und auch ein Teil der Kameradschaft.

Schwimmleistung

Einmal musste ich in jüngeren, eher mittleren Jahren, die 300-m-Freistil-Strecke ein zweites Mal schwimmen, weil der strenge Sportübungsleiter wegen 12 Sekunden handgestoppter Überschreitung die Leistung nicht anerkannt hatte. Richtig und gerecht, wenn auch vielleicht etwas kleinlich.

Dieser nur wenige Jahre jüngere Sportübungsleiter war kein begeisterter Schwimmer und es missfiel ihm, wenn mancher Kollege während der zwei eingeteilten Sportstunden nicht lange genug geschwommen ist/nicht knapp zwei Stunden im Wasser war. Darum setzte er beim Chef durch, dass fürs Schwimmen nur noch 1,5 Stunden geschrieben wurden, anstatt 2 Stunden.

Urteile jeder Leser selbst über solch eine Anregung/Selbstherrlichkeit/ Entscheidung.

Freilich wurde beim Joggen zeitlich etwas mehr gelaufen. Das Ausschwitzen und Duschen erfolgte ebenfalls in den zwei Dienststunden und ggf. war dann auch noch eine Tasse Kaffee möglich!

Nach der Schwimmstundenkürzung (von 2 auf 1 ½ Std.) „trickste(n) " ich/wir den/die Verantwortlichen wieder aus. Als in den 2000er Jahren „von ganz oben" der Dienstsport auf maximal 4 Std. im Monat reduziert wurde -vorher machten wir oft 6 oder gar 8 Std. pro Monat-, konnten wir jetzt monatlich nur noch 2 mal zum Sport gehen und die 4 Std. (2 mal 2 Std.) waren voll.

Anders war es beim Schwimmen. Das auf 1 ½ Std. gekürzte Schwimmen wurde bei der Sportstundenabrechnung abgerundet, das heißt es wurden pro Schwimmen zwar 1 ½ Dienststunden geschrieben, jedoch für die Sportstatistik

-wegen der Abrundung- nur 1 Std. angerechnet. So konnte(n) ich/wir monatlich 4 Mal zum Schwimmen gehen, mit nur 4 Std. Anrechnung auf die Gesamt-Sportstunden, aber 6 Std. wurden auf Dienststunden geschrieben…

Für den Laien etwas schwierig, für den Fachmann klar verständlich.

Da greift das Motto: **„Der Schandi, der Gauner fangen will,**
muss selbst ein kleiner Gauner sein!“

Polizei-Preisschafkopf Mellrichstadt

Früher gab es in Mellrichstadt auch mal ein Polizei-Preisschaftkopfturnier, das alljährlich im Versammlungsraum der Dienststelle, im sogenannten „Maximilianeum“ (benannt nach einem ehemaligen Inspektionsleiter) abgehalten wurde. Ähnlich den Schafkopf-Veranstaltungen durch Vereine, wurden auch bei uns die Preise bei den örtlichen Firmen „gefechtet“.

Zu diesem Kart-Abend wurden alle kartenspielenden Pensionäre eingeladen und es ergab sich im Anschluss immer eine nette Unterhaltung.

Auch das ist eingeschlafen. Man wollte das „von oben“ nicht mehr. Jeder sollte seinen Dienst tun, die Leute kontrollieren und dann nach Hause gehen. Grüppchenbildung: Nicht gewünscht.

Ähnlich dem Prinzip der NVA-Grenzsoldaten; sie wurden nach einiger Zeit untereinander ausgetauscht. Damit sie „keine Bande knüpfen“, keine Fluchtpläne schmieden konnten…

Freies Schichtmodell

Später wurde in Mellrichstadt ein freies Schichtmodell eingeführt. Es gab keine feste, keine echte Dienstgruppe mehr, die über Jahre zusammen Dienst verrichtet und meist wie Pech und Schwefel zusammengehalten hat. Jeder von den 3 – 4 Mann in der Schicht kannte seinen Streifenpartner genau und konnte sich auf ihn verlassen, oder ihn unterstützen, selbst wenn er mal nicht gut drauf war.

Beim freien Schichtmodell konnte sich jeder selbst einteilen, so wie es ihm passte. Meist passte dann der Gesamtplan nicht und der „Dienstplangestalter“ teilte neu ein. Allerdings oftmals zu einer Zeit die man gar nicht machen wollte; man wurde einfach „gesetzt“.

Der stetige personelle Wechsel war erwünscht. Die Grüppchenbildung und der Zusammenhalt sollte unterbunden werden.

Die 12 Nachtdienststunden wurden auf 10 Stunden gekürzt, statt 19:00 – 07:00 h nur noch 20:00 – 06:00 h. Mir, der ich nicht gerne Nachtschicht verrichtet habe, war dies recht. Auch dem Polizeiarzt muss man Recht geben, wenn er gesundheitliche Aspekte anführte.

Dass bei nur 10 Stunden logischerweise weniger Ruhephasen anfielen, war den Chefs eine angenehme Begleiterscheinung.

Weihnachtsamnestie

Eine im Dienstplan eingeteilte Parküberwachung hatte ich zusammen mit meinem Verfügungs-Kollegen „Berni“ kurz vor Weihnachten 1995, am 23.12.1995, in Ostheim. Wir waren uns schon bei der Anfahrt einig, dass wir bei der jetzt kurz vorm Weihnachtsfest angesetzten Verkehrs-Überwachung kein Verwarnungsgeld mehr kassieren. Auch wenn uns die Arbeitsnachweise dann fehlten.

Wir liefen durch die Innenstadt von Ostheim und schauten nach den „Parksündern“. Manche konnten wir antreffen und gebührenfrei belehren, manche konnten wir auffordern die Parkscheibe noch reinzulegen. Doch was war mit den anderen, die ohne Parkscheibe parkten?

Wir hatten von der Grenzpolizei noch einen kleinen, postkartengroßen, blass roten Hinweis-Block. Der Text beinhaltete die Mitteilung, eine Verk.-OWi begangen zu haben, für die ein Verwarnungsgeld bis zu 35,- DM ausgesprochen werden kann. Wir fügten noch handschriftlich zu unserem Namen, Dienstgrad und Datum den Wunsch auf „Frohe Weihnachten“ hinzu.

Außerdem fertigten wir selbst eine ähnliche, gebührenfreie Mitteilung an und befestigten diese oder die blass rote Grepo-Mittelung als „Scheibenwischerpost“.

Die meisten der „plakatierten“, vorweihnachtlichen Parksünder betrachteten dies mit Wohlwollen und bedankten sich für diese gebührenfreie Aufforderung.

Ein Ostheimer Geschäftsmann, der zusammen mit mir die Mittelschule besuchte, hatte jedoch den Hinweis nicht richtig durchgelesen oder nicht richtig verstanden und beschwerte sich, weil seine Kunden statt 5,- DM jetzt 35,- DM bezahlen müssten.

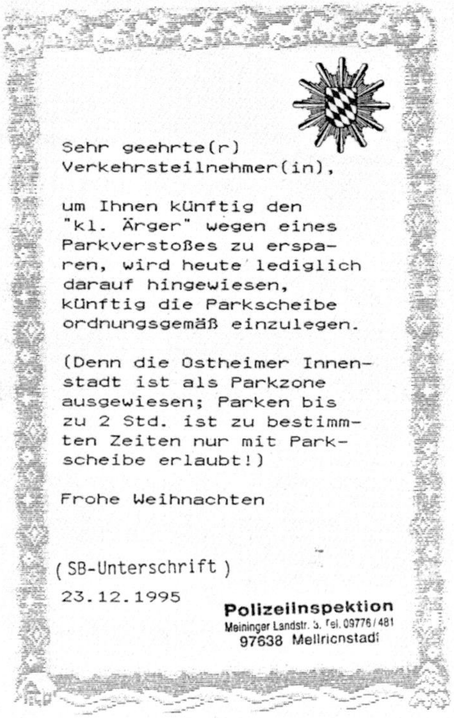

Sehr geehrte(r)
Verkehrsteilnehmer(in),

um Ihnen künftig den "kl. Ärger" wegen eines Parkverstoßes zu ersparen, wird heute lediglich darauf hingewiesen, künftig die Parkscheibe ordnungsgemäß einzulegen.

(Denn die Ostheimer Innenstadt ist als Parkzone ausgewiesen; Parken bis zu 2 Std. ist zu bestimmten Zeiten nur mit Parkscheibe erlaubt!)

Frohe Weihnachten

(SB-Unterschrift)

23.12.1995

Polizeiinspektion
Meininger Landstr. 5. Tel. 09776/481
97638 Mellrichstadt

Ihm wurde erklärt, sich diese Art von Verwarnung nochmal durchzulesen und sich dann eventuell nochmal zu melden. Er rief erneut an. Jedoch nur um sich zu bedanken…..und ein Lob auszusprechen!
Selbst wenn dem Freistaat Bayern durch diese unsere weihnachtliche Maßnahme geschätzte 30,- oder 40,- DM entgangen sind, glaube ich noch heute, mit dieser Geste etwas für das Image der Polizei erreicht zu haben.

…..und Streifenpartner „Berni", mit dem man „durch Dick und Dünn gehen" konnte, freute sich natürlich schelmisch, ob unseres humanen Einschreitens.

Weitere Amnestien bei Radarkontrollen

Zu ähnlichen Amnestien kam es manchmal auch bei Radarkontrollen. Wir von der Verfügungsgruppe („Lubber", „Berni" und ich) fuhren in unserem Polizeiauto zusammen mit dem Radarfahrzeug zu sogenannten Meßstellen und beanstandeten/verwarnten die Fahrzeugführer die zu schnell unterwegs waren.
Da fuhr auch der eine oder andere Bekannte in eine solche „Radarfalle".
Lag er mit der Überschreitung so weit über der vorgeschriebenen Geschwindigkeit, dass Anzeige erstellt werden musste, gab es **keine** Chance, keine Möglichkeit dies „zu unterdrücken". Derjenige musste in den „sauren Apfel beißen", ein Bußgeld überweisen und bekam dafür auch die entsprechenden „Punkte".
Jedoch mit einer geringen Überschreitung im Verwarnungsbereich, bestand die Möglichkeit diese nach pflichtgemäßem Ermessen gebührenfrei zu verwarnen.
Nicht nur Otto-Normalverbraucher kam in den Genuss der gebührenfreien Verwarnung, auch höherrangige, bekannte Personen.
So war es auch als wir in Mellrichstadt in der Meininger Landstraße kontrollierten.
Es wurde stadteinwärts die Innerortsgeschwindigkeit von 50 km/h überwacht/ gemessen.
Wir hatten unseren Polizei-Kombi im Bereich der Dienststelle etwas verdeckt geparkt und der „Radarmann" stand mit dem roten Radar-Fahrzeug im Bereich des Opel-Hauses, ca. 400 m entfernt.
Wir wechselten uns wie immer beim Anhalten ab. Ich war an der Reihe als vom

„Radarmenschen“ der Funkspruch vom nächsten Geschwindigkeitssünder kam. Das amtlichen Kennzeichen und die entsprechenden Überschreitungsdaten wurden mitgeteilt und ich stoppte den verantwortlichen Fahrzeugführer.
Kein geringerer als mein Chef, mit dem ich auf Kriegsfuß lebte, öffnete in der Abenddämmerung das Fahrzeugfenster.
Das hämische Grinsen der anderen Kollegen, insbesondere von Kollegen „Lubber“, war nicht zu übersehen: Was wird er jetzt tun?
Ich eröffnete dem Chef seine Geschwindigkeitsüberschreitung für die ein Verwarnungsgeld in Höhe von 10,- € vorgesehen war und meinte, da die Ahndung nicht im Anzeigenbereich sondern nur im Verwarnungsbereich liegt, dass er sich als gebührenfrei verwarnt betrachten solle! Er könne weiterfahren…
Ich entschied (auch) hier ganz instinktiv, obwohl ich die einmalige, kleine Chance gehabt hätte, diesem Chef „eine drüber zu braten“….. Doch wäre das absolut nicht mein Niveau gewesen. Ich traf eigentlich spontan diese -für mich- richtige Entscheidung, gemäß des (Owi-)Spielraums „pflichtgemäßes Ermessen.“.
Ob der Chef sich mehr Gedanken über meine Großzügigkeit gemacht oder er mehr darüber nachgedacht hatte, was gewesen wäre wenn ich ihn „rasiert“ hätte, entzieht sich meiner Kenntnis. Auch die Überlegung Begünstigung ging mir durch den Kopf. Jedenfalls wurde dieses Thema nie mehr angesprochen…!
Nach einigen Beanstandungen, ich war wieder an der Reihe, musste „Lubber“ erneut laut auflachen, ich stoppte unseren damaligen Amtsrichter. Genau wie der Chef lag auch er mit einer geringen Geschwindigkeitsüberschreitung im Verwarnungsbereich und ich belegte auch ihn nur mit einer deutlichen, gebührenfreien Verwarnung…..
„Schlussvermerk“: Eine der beiden Amnestien war für mich wesentlich leichter?!?!

„Berni“ wie Max oder Moritz

Kollege „Berni“ war der, der auch in der Mittelschule in Mellrichstadt beim alten, grauhaarigen Mathe-Lehrer Hofmann, der meist hohe, schwarze, quärzende (ächzende) Schuhe trug, in Ungnade gefallen war.
„Berni“ wollte mal seinen Freund erschrecken und stellte sich deshalb im dritten Stock des Schultreppenhauses hinter eine Ecke. Leider kam nicht sein Freund -er ging im ersten Stock zur Toilette- sondern eine Lehrerin und zwar die Lebensgefährtin von Herrn Hofman. D Frau fiel beim Schrei von „Berni“ vor Schreck fast in Ohnmacht.

Im Physik-Unterricht machte dann Lehrer Hofmann im Zusammenhang mit einer anderen Maßregelung folgende Bemerkung zu „Berni S.“:

„S., Dir juckt wohl das Fell! Ich kann es Dir kratzen!“

„Berni“: Wäscher des Chefrückens

Lag es an diesem Lehrerausspruch („Fellkratzen“), dass Kollege „Berni“ nach dem Schwimm-Sport dem damaligen, Chef, den auch „Berni“ sehr „liebte“, den behaarten Rücken gewaschen hatte und zwar im wahrsten Sinne des Wortes?
In der Gemeinschaftsdusche des Ostheimer Hallenbades reichte der Chef dem „Berni“ seinen seifigen Waschlappen und forderte:

„Herr S., waschens mir bitte mal den Rücken ab!“

Wie vom Blitz getroffen oder wie das Kaninchen vor der Schlange erstarrte „Berni“ förmlich, nahm total verdutzt und unbewusst den Waschlappen in die Hand und wusch widerwillig dem Chef den Rücken. „Berni“ war regelrecht perplex, weil er als Nichtsympathisant nie mit einem solch „intimen Chef-Auftrag“ gerechnet hatte.

Bis zum heutigen Tage muss sich „Berni“ diese „Tat“ bei passender Gelegenheit -z. B. ab und an bei den monatlichen Pensionistentreffen- vorhalten und vorspielen lassen. Zu den markanten Worten gehört auch die kreisende Handbewegung der geöffneten, leicht nach vorne gehaltenen, rechten Hand.
Dies endet dann immer wieder in mächtigem Gelächter.
Ja: “Berni der Chefwäscher! Der die Polizei-Karriere durchs Rückenwaschen erreichen wollte!“
Selbst Pfarrer Wolfgang kann darüber heute noch recht schelmisch lachen, wenn er diese kreisende Handbewegung dazu macht.

Dienst bei der Landespolizei (Lapo)

Dienst wurde natürlich auch verrichtet in Mellrichstadt und zwar viel mehr als in Fladungen.

Ich erinnere mich an die Äußerung von Altbewerber „Walberi“, der 1980, nach seiner zwölfjährigen Bundeswehrzeit, zur Polizei nach Fladungen kam und sich den Grenzdienst einige Tage angeschaut hatte.

Schließlich fragte er: „Und wann machen wir Dienst?“

Aufgrund des kleineren Dienstbereiches und des Schwerpunktes „Grenze“ und nicht zuletzt wegen der enormen Polizeipräsenz, gab es weniger allgemeinpolizeiliche Delikte zu verfolgen als bei einer Landespolizei-Dienststelle.

Der Hauptauftrag des Spezialverbandes Bayerische Grenzpolizei (mit einzigartiger Sonderstellung und langer Tradition) war die Sicherung und Überwachung der Grenze, auch Demarkationslinie (DL) genannt!

Da jedoch im Laufe der Jahre die Grenze von DDR-Seite her so dicht gemacht wurde (Ausbau der Sicherungs- und Sperranlagen, mit lückenloser Grenzüberwachung, um ein Überschreiten unmöglich zu machen), hieß unser Auftrag eher Überwachen als Sichern.

Im Übrigen waren die Leute der kleinen, einsamen Rhön-Ortschaften fast alle ehrenwerte, liebenswerte und polizeifreundliche Mitbürger, die kaum kriminelle Sachen angestellt haben.

Wir waren meist präventiv tätig. Wir sagten lax und zweideutig: “präservativ tätig“!

In Mellrichstadt erstreckte sich der Landespolizei-Dienstbereich von der Hochrhön bis nach Hollstadt (ca. 50 km). Hier gab es dann schon erheblich mehr zu bearbeiten. Viele Verkehrsunfälle, Diebstähle, Einbrüche, aber auch mehr Kontrollen und Überwachungen.

Ich ging deshalb die ersten Wochen nicht gerne zum Dienst. Kaum warst Du anwesend, schon konnte der erste Fall auf dich zukommen. War der aufgenommen, ging`s manchmal gleich zum nächsten Delikt.

Diese „Schnelligkeit" war für einen Grenzer ungewohnt.

Letztendlich musste man sich aber daran gewöhnen, wenn auch nie zu 100 %.

Ich mich zu allen Sonder-Diensten einteilen, die nicht unbedingt einen Sachbearbeiter brauchten. Auch zur Stadionüberwachung in Schweinfurt, als die „05er" noch in der zweiten Fußball-Bundesliga spielten.

Oder zu anderen Veranstaltungen wie Prozessions- oder Faschingsumzugs-Absperrungen.

Gerne war ich auch Aushilfe bei der Jugendverkehrsschule in Mellrichstadt und Unteressfeld. Hier schulten vormittags zwei Polizisten, drei oder vier Schulklassen im praktischen Fahrradfahren. Auf einem aufgezeichneten Parcours lernten die Schulkinder unter unserer strengen Aufsicht das vorschriftsmäßige Radfahren. Vom Anfahren bis zum Überholen, vom Stopp-Schild bis zur Ampel.

Es machte Spaß mit den Kindern zu arbeiten, auch wenn das eine oder andere Mal ein lautes Wort fallen musste…

Einstieg bei schwerhöriger Frau

Eine alte Frau, sie wohnte in der Langgasse in Mellrichstadt, wurde tagelang nicht gesehen. Mein Streifenpartner Franz und ich sollten überprüfen, ob alles in Ordnung sei. Wir erkannten, dass nur ein oberer Fensterflügel des Hauses, das auf die Stadtmauer gebaut war, gekippt war. Deshalb schleppten wir eine Leiter zur Stadtmauer und ich stieg in die Wohnung ein. Nachdem ich auf mein Rufen keine Antwort bekam, ging ich die moderne Holztreppe hoch und kam in ein großes, studioähnliches Dach-Schlafzimmer. Ich sah eine ältere Frau, fein zugedeckt im Bett liegen. Ich glaubte die Frau sei tot und trat näher ans Bett heran. Als ich nochmal ihren Namen rief schrie die Frau laut auf. Sie schlug eilig die Bettdecke zurück und stand auf.
Mir fiel vor Schreck mein Herz fast in die Hosentasche…
Der aufgeschreckten Frau ging es gut, sie war nur sehr schwerhörig.

Eilig aber erleichtert ging ich nach unten, öffnete das Fenster zur Langgasse, sprang hinaus und erklärte meinem Kollegen und den Schaulustigen den Sachverhalt.
Zusammen mit Koll. Franz ging ich wieder zur Frau hinein und nahm den genauen Sachverhalt zu Protokoll.

Frau aus Basalt-Steinwand gerettet

Eine Rettungsaktion hatte ich in der Hochrhön, an unserm Angelteich Pfeust, unterhalb der Sennhütte. Es galt eine Frau zu retten.

Der genaue Rettungseinsatz wurde vom Pressesprecher der Polizei -in Absprache mit mir- erstellt und in der Polizeizeitschrift „Antenne“, im Jahre 2007, abgedruckt:

Freundlicherweise bekam ich hier die Druckgenehmigung des Artikels.

Spektakuläre Rettungsaktion

Es war ein Polizeieinsatz der besonderen Art, bei der es Anfang Oktober darum ging, eine Frau aus einer absolut lebensbedrohlichen Situation zu befreien. Die 48-Jährige hatte sich bei dem Versuch, eine Abkürzung zu nehmen, in der Rhön in eine Steinwand verirrt und hing schließlich in 15 Metern Höhe fest. Dass die Hobbyarchäologin unversehrt gerettet wurde, war in erster Linie das Verdienst von Beamten der Polizeiinspektionen Mellrichstadt und Bad Neustadt/Saale.

Maßgeblich an geglückter Rettungsaktion beteiligt:
v.l.: Gerhard Bach (mit Abschleppseil), Arno Then, Michael Stumpf; auf dem Bild fehlt Udo Müller

Mit sieben Wanderfreunden war die Frau bei richtig schönem Herbstwetter unterwegs, um Gesteinsuntersuchungen durchzuführen. Irgendwann trennte sich die 48-Jährige aus dem Odenwald vom Rest der Gruppe und schlug einen eigenen Heimweg an. Obwohl sie in der Rhön ortsunkundig war, glaubte sie eine Abkürzung zu kennen, die aber direkt in einen Steinbruch in der Nähe des Fladunger Ortsteils Leubach führte. Ihren Kletterkünsten vertrauend machte sich die Frau an den beschwerlichen Aufstieg, der sich über eine 20 Meter hohe Rhönbasaltsteinwand auf der von ihr gewählten Route plötzlich vor ihr auftat. Nachdem es die ersten Meter zunächst auch gut vorangegangen war, kam dann aber in bereits luftiger Höhe der Punkt, wo es kein Vor und Zurück mehr gab. Angesichts von bereits bröckelndem Geröll verließ die 48-Jährige der Mut, die restlichen fünf Meter noch kletternderweise zurückzulegen.

Dank des mitgeführten Handys konnte sich die Wanderin gegen 17:30 Uhr bei der Polizei melden und auf ihre hilflose Lage aufmerksam machen. Glücklicherweise waren die Streifenbesatzung POK Arno Then/ PHK Gerhard Bach von der PI Mellrichstadt und die gemischte Zivilstreife PHM Michael Stumpf, PI Bad Neustadt/Saale, und POK Udo Müller, PI Mellrichstadt, nicht allzu weit entfernt. Allerdings stand aufgrund der Angaben der Hilfesuchenden zunächst nicht fest, um welchen Steinbruch es sich handelte, nachdem in dem in Frage kommenden Gelände zwei zur Auswahl standen. Es bedurfte eines weiteren Telefonats, bis man die Frau in der Wand entdeckt hatte.

Mit Gerhard Bach war als früherem Mitglied eines dort ansässigen Angelclubs ein Ortskundiger mit von der Partie, der zusammen mit Michael Stumpf als erster am oberen Rand der Steilwand eintraf. Mit dem Auto war dieser Punkt in dem unwegsamen Gelände nicht zu erreichen. Schnell war klar, dass es die Kollegen mit einer lebensbedrohlichen Situation zu tun hatten. Die Frau stand auf einem nur etwa 20 x 30 cm großen Absatz und hielt sich verzweifelt an der Wand fest.

Michael Stumpf hatte aus dem Dienstfahrzeug das Abschleppseil mitgebracht, das er dann zu der 48-Jährigen hinunterwarf. Es folgten genaue Instruktionen, wie sie das Seil unter den Armen befestigen sollte. Immer wieder kam der Hinweis an die Hilfe Suchende, nicht mit zwei Händen zu arbeiten, weil sonst die Gefahr eines Absturzes bestand. Michael Stumpf und Gerhard Bach hielten das Seil gemeinsam fest, wobei sich Michael Stumpf auf den Boden legte, während sich Gerhard Bach zusätzlich auf das Seil stellte, um so zu verhindern, dass jemand hinuntergezogen würde.

Mittlerweile waren auch Udo Müller, Arno Then und die Fladunger Feuerwehr eingetroffen. Die Feuerwehrleute hatten eigene Seile mitgebracht, so dass ein weiteres zu der Frau hinuntergelassen werden konnte. Als auch dieses zur Sicherung befestigt war, war die größte Gefahr gebannt. Allerdings konnte man wegen der äußerst scharfkantigen Rhön-Basalt-Steine die Hobbyarchäologin nicht einfach hinaufziehen. Die Verletzungsgefahr war dafür zu groß. Unter Anleitung und mit den Seilen entsprechend gesichert gelang es der Frau dann, in Manier eines Fassadenkletterers die fünf Meter bis nach oben auf eigenen Füßen zurückzulegen. Dank des auch für die Kollegen nicht ganz ungefährlichen Einsatzes hatte die 48-Jährige die 60 Minuten in luftiger Höhe unbeschadet überstanden.

Wie wichtig es war, die verirrte Wanderin sehr schnell aus der Wand zu holen, machten Äußerungen deutlich, die die Frau kurz nach ihrer Rettung von sich gab. Sie erklärte nämlich, sie habe, nachdem ihre Kräfte immer mehr nachgelassen hatten, darüber nachgedacht, in den unterhalb der Steinwand liegenden See zu springen. Die 48-Jährige hätte jedoch keine Chance gehabt, das Wasser zu erreichen, und wäre am Ufer aufgeschlagen.

Natürlich konnten sich die beteiligten Rettungskräfte bei aller Freude über den glücklichen Ausgang ein paar kritische Worte nicht verkneifen. Allerdings war die Frau auch ohne den Hinweis, dass ihre Kletterpartie unverantwortlich war, von sich aus bereits zu der Erkenntnis gelangt, dass sie leichtsinnigerweise ihr Leben aufs Spiel gesetzt hatte. Den Tag in der Rhön wird die Frau aus dem Odenwald mit Sicherheit in ganz besonderer Erinnerung behalten.

Karl-Heinz Schmitt

Toter Mann

Hiermit zu vergleichen ist auch der Einsatz in Ostheim, im ehemaligen Bahnhäuschen. Ich kannte das kleine Häuschen aus meiner Kindheit. Es wurde in den 70er Jahren eine Zeitlang von meiner attraktiven Stieftante Ingrid, die einen Mann aus Ostheim geheiratet hatte, bewohnt. Mir war also von früheren Besuchen die Raumaufteilung bekannt.

Wir wurden verständigt, weil ein Ostheimer Original vermisst wurde. Dieser ca. 50jährige, ledige Mann, wohnte in dem renovierungsbedürftigen, ja baufälligen Häuschen, an der Ecke Richtung Oberwaldbehrungen.

Auf der Anfahrt stellte ich schon fest, dass zur Straßenseite hin zwei Fensterscheiben teilweise fehlten. Wir hebelten von der Hof-Innenseite her die erste Türe auf und -wieder ich voraus- ging es die mir bekannte Holztreppe hinauf zur Wohnung. In der Küche war nichts feststellbar, außer, dass uns ein süßlicher, grausiger Geruch entgegen kam. Mit vorgehaltener Hand lief ich geradeaus weiter ins Wohnzimmer. Als ich die Türe öffnete, sah ich im Wohnzimmer auf der Couch den mir bekannten, etwa gleichaltrigen Heiner auf dem Rücken liegen. Was ich da sah bleibt, zusammen mit dem nun ganz stark wahrnehmbaren Verwesungsgeruch, unvergesslich.

Der Tote hatte keine Augen mehr! Die durch die zerbrochenen Fensterscheiben hereingekommenen Schmeißfliegen saßen an den Augenhöhlen und hatten die Pupillen heraus gefressen…speiübel verließ ich mit vor Nase und Mund gehaltenem Taschentuch das Zimmer. Ich glaube manchmal heute noch diese süßliche Nuance zu riechen.

Da es ein zunächst ungeklärtes Todesdelikt war, mussten wir die zuständige Kripo in Schweinfurt verständigen und bis zu deren zweistündigem Eintreffen vor Ort bleiben. Leider blieb es mir nicht erspart, zusammen mit den beiden Kripo-Beamten nochmals das Wohnzimmer zu betreten und ein zweites Mal diese süße Luft einzuatmen und den Kopf ohne Augen zu betrachten…..
Später stellte sich heraus, dass es weder Totschlag, Mord oder Selbstmord war.
Es war im Fach-Jargon gesprochen, ein natürlicher Tod.

Er lief gegen den Türrahmen

In Stockheim hatten wir -fast allwöchentlich- einen Einsatz, mit einem nicht alltäglichen Ausgang. Eine damals polizeibekannte Jungendgruppe, eher junge Erwachsene, hatte sich wieder einmal in einem Anwesen im Neubaugebiet getroffen. Nach verbalen Auseinandersetzungen wurde von ihnen selbst die Polizei gerufen.
Beim Eintreffen saßen ca. 8 alkoholisierte Personen im Wohnzimmer und bestanden darauf, dass eine männliche Person die Wohnung zu verlassen habe. Da dieser Mann auf meine Aufforderung hin keine Anstalten in diese Richtung machte, ging ich kurzerhand auf den auf der Couch sitzenden jungen Mann zu, packte ihn am Kragen, zog ihn hoch und nahm ihn, da er sich massiv wehrte, mit dem rechten Arm in den Schwitzkasten.
So wollte ich mit ihm aus der Wohnung gehen. Er zappelte jedoch und schob mich

so, dass er beim Hinuntergehen einer kleinen Innentreppe mit dem Kopf voraus gegen einen Türrahmen lief. Sofort war die Schwarte auf und das Blut lief ihm übers Gesicht.
Ob die Verletzung durch das Hinunterstolpern oder durch meine Schwitzkasten-„Führung" verursacht wurde, darüber kann man heute noch spekulieren.

Verlorener Dienstkoffer

Ein netteres Dienstereignis war bei einer Unfallfluchtaufnahme zu verzeichnen. Es ging darum, im nahegelegenen thüringischen Rentwertshausen einen PKW zu überprüfen, der in Ostheim nach einem Parkrempler davon gefahren war. Ein aufmerksamer Passant hatte das amtliche MGN-Kennzeichen notiert.
Bei der Überprüfung des verdächtigen PKW nahm ich wieder mal den kleinen Dienstweg. Eigentlich hätte ich den Sachverhalt zusammenschreiben und den zuständigen Kollegen nach Meiningen schicken müssen. Dies bedeutete jedoch zum einen Mehrarbeit und zum anderen hätte der daraus resultierende Zeitverzug die Aufklärung erschweren können, weil erst Tage später an den Beschuldigten herangetreten werden kann. So fuhr ich kurzerhand während der Streifenfahrt selbst die 15 km nach Rentwertshausen in Thüringen.
Ich begutachtete das Fahrzeug und fand gleich den „passenden" Schaden am Pkw. Um dies zu dokumentieren fertigte ich Fotos und maß die Unfallspuren ein. Hierzu legte ich -ich sehe es heute noch vor mir- meinen schwarzen Dienstkoffer

von der Beifahrerseite her auf das Autodach des Polizeifahrzeugs, entnahm -für meine 2 Meter Körpergröße in angenehmer Höhe- Meterstab und Schreibmappe und ging an die Arbeit.

Danach verabschiedete ich mich vom Unfallverursacher, der glaubhaft seine Unschuld beteuert hatte, da es ein akustisch kaum wahrnehmbarer, sehr geringer Anstoß war.

Ich setzte mich wieder als Beifahrer ins Polizeifahrzeug und wir fuhren nach Mellrichstadt zurück.

Kurz danach bekamen wir über Funk die Mitteilung, dass wir uns mal telefonisch bei der Dienststelle melden sollten. Hier erfuhr ich, dass ein Ehepaar aus Rentwertshausen am Ortseingang in einer Linkskurve meinen leicht beschädigten Dienstkoffer/Pilotenkoffer am Fahrbahnrand gefunden hatte und ich ihn bei ihnen abholen könnte.

Sofort erinnerte ich mich, dass ich diesen Koffer auf dem Autodach hatte liegen lassen und ihn wahrscheinlich in der ersten Kurve verloren hatte.

Wir fuhren gleich wieder „in den Osten“ und holten meinen Koffer ab. Neben all den polizeilichen Utensilien wie Schlagstock, Handfessel, Pfefferspray, Taschenlampe, Taschenmesser usw. waren auch meine Verwarnungsblöcke (einen für 5,- €-Verwarnung, einen für 10,- €, einen für 20,- € und einen für 35,- €) mit teilweise kassiertem Bargeld in diesem Koffer. Alles wurde mir von diesem Ehepaar übergeben. Sie hatten den aufgesprungen Koffer entdeckt und die Utensilien eingesammelt.

Ich bedankte mich herzlichst und gab spontan 10,- € Finderlohn, auch wenn die ehrlichen Leute den kleinen Geldbetrag nicht annehmen wollten.

Weihnachtsfeier

Bei mehreren Weihnachtsfeiern, besser Weihnachtsdienstversammlungen, leistete ich einen Unterhaltungsbeitrag in Form eines Liedvortrags (Schifferklavier) oder eines Weihnachtsgedichtes.
So auch 2007, als wir in einer Gaststätte in Hollstadt feierten. Neben den Beiträgen von drei anderen Kollegen trug ich die besinnliche Weihnachtsgeschichte vor:
„Weihnachten in Brasilien“
Ich eröffnete meinen Vortrag mit folgendem Worten:
„Zufällig beim Hausgottesdienst kam mir ein paar Tage zuvor der Text aus Brasilien in die Hände. Es sind Gedanken zur Weihnachtszeit, die zum einen Eltern ansprechen, aber auch uns Polizisten **und** unser Gegenüber, den Gauner. Ich glaube jeder findet leicht selbst heraus, wer bei welchen Gedanken angesprochen ist. Und so möchte ich jetzt diese besinnlichen, weihnachtlichen Gedanken aus Brasilien, vortragen:“

Weihnachtsgedanken aus Brasilien

Jedes Mal wenn zwei Menschen einander Verzeihen,
ist Weihnachten.
Jedes Mal wenn Ihr Verständnis zeigt für Eure Kinder,
(Eure Mitbürger) ist Weihnachten.
Jedes Mal wenn Ihr einem Menschen Hilfe schenkt,
ist Weihnachten.
Jedes Mal wenn jemand beschließt, ehrlich zu leben,
ist Weihnachten.
Jedes Mal wenn ein Kind geboren wird,
ist Weihnachten.
Jedes Mal wenn Du versuchst, Deinem Leben einen
neuen Sinn zu geben, ist Weihnachten.
Jedes Mal wenn Ihr einander anseht, mit den Augen
des Herzens, mit einem Lächeln auf den Lippen,
ist Weihnachten.
Denn es ist geboren die Liebe,
denn es ist geboren der Friede,
denn es ist geboren die Gerechtigkeit,
denn es ist geboren die Hoffnung,
denn es ist geboren die Freude.

Es war eine gemütliche, kameradschaftliche Feier.
Gegen 22:00 Uhr kam ein Kollege auf die Idee nochmal in der Nachbargemeinde Heustreu „beim Zapf“ einzukehren. Wir verließen die Gaststätte in Hollstadt unter Begleitung von „Manders“ Zerrwanst. Er spielte unter anderem: „Auf Wieder sehn“ und „So ein Tag, so wunderschön wie heute“.
Der Wirt und andere Gäste freuten sich noch unseres Gesangs. Er äußerte, dass die Polizei auch anders sein kann; sie kann sogar gut feiern.

Beim „Zapf“ ging`s dann noch „mit einer Handvoll Leute“ bis gegen Mitternacht weiter. Es gab Bier aus dem Glasstiefel und wir bestellten noch eine beim „Zapf“ traditionelle Eierpfanne: 20 Eier in die Pfanne gehauen, die Pfanne auf den Tisch und jeder aß wie früher, mit seinem Löffel oder mit seiner Gabel…

Nächtlicher Fußmarsch

Die Streifenbesatzung, die zufällig in diesem Bereich mit dem Polizei-VW-Bus unterwegs war, bot uns an, uns bis nach Mellrichstadt mitzunehmen.
Als ich die Namen der Besatzung dieses Streifenwagens erfuhr, lehnte ich eine Mitfahrt strickt ab und sagte an, zu Fuß die 21 km nach Sondheim zu laufen.
Ich bezahlte, ging zur Toilette und begann meinen Fußmarsch. Als ich über Camp Lee bei Wollbach etwa 5 km gelaufen war, kam der grün-weiße Polizei-Bus und die Kollegen baten mich doch einzusteigen. Energisch lehnte ich ab und ging weiter.

Es war zunächst sternenklarer Himmel, doch Mitte Dezember schon etwas frisch. Außerdem war die Bekleidung nicht gerade für diesen Fußmarsch ausgerichtet. Allein schon die Halbschuhe und die Jacke waren ungeeignet für diese Fußstrecke. Trotzdem lief ich in die Nacht hinein. Jedes Mal wenn ein Lichtschein entgegenkam, trat ich auf der linken Fahrbahnseite hinaus aufs Bankett und marschierte nach dem Passieren des Pkw weiter, immer weiter.

Kurz vor Wechterswinkel kam die Steife nochmal. Zwei Mann, der Kurt und der „Mander", stiegen aus, jeder packte mich an einem Arm und zogen mich zur VW-Bus-Seitentüre. Hier streckte ich mich, so dass ich mit dem Kopf gegen das Autodach stieß. In diesem Moment schlüpfte ich nach unten weg und setzte meinen Fußdienstgang fort.

Irgendwann „kontrollierte" mich die Steife nochmal, ob ich denn tatsächlich weiterlaufe.

Die Kollegen traten aber nicht mehr an mich heran.

Ich lief am Simonshof vorbei und machte es wie schon während der ganzen Strecke. Einen Abschnitt, den 50-m- Begrenzungspfahlabstand lang, gehen, den nächsten Abstand rennen, einen gehen, einen rennen…

Plötzlich kam Nebel auf, der immer dichter wurde. Im Bereich von Oberwald betrug die Sicht keine 50 Meter mehr. Als ich bei diesem Nebel im Bereich des Anwesens von „Mander" war, er wohnt in Oberwald, sang ich lautstark zu ihm hinüber, mit der Absicht ihn mit meinem Gesang aufzuwecken. Ich war ja mittlerweile 3 Stunden unterwegs. Es regte sich jedoch nichts am etwa 200 m entfernten „Mander"-Anwesen, an dem ich gerade vorüberging. Ich zog weiter. Inzwischen kam mir, um diese Uhrzeit, 03:00 Uhr, auf der abgelegenen Strecke kein einziges Fahrzeug mehr entgegen oder überholte mich. Es war fast gruselig,

aber ich hatte ich ja jetzt nur noch knappe 4 km zu gehen.
Da hörte ich, etwa 300 Meter nach Oberwald, 200 Meter rechts am Heckenrain, ein Wildschweingrunzen. Hätte man mich abgestochen, ich hätte vor Schreck keinen Tropfen Blut gegeben. Vor lauter „Respekt" fing ich wieder an lautstark zu singen, in der Hoffnung die Wildschweine zu vertreiben. Ich malte mir schon aus, dass ein Keiler auf mich zustürmt und mich rammt…
Die Grunzgeräusche kamen immer näher. Ich brüllte in die Nacht hinein und rasch entfernte sich im dichten Nebel die schon auf fast 100 Meter herangekommene Wildschweinrotte.
Ich ging weiter, immer weiter. Allerdings schaffte ich es nicht mehr, während zwei Begrenzungspfahlabständen, einmal zu gehen und einmal zu laufen. Ich erhöhte die Gehstrecke auf zwei Begrenzungspfähle (100 m) und die Laufstrecke beließ ich bei den 50 Metern. Bald hatte ich den kleinen Anstieg geschafft und ich sah im morgendlichen Dunst „mein" Sondheim v.d.Rhön liegen.
Gegen 04:00 Uhr war ich, nach ca. vierstündigem 21-km-Marsch an meinem Haus in der oberen Zentbergstraße. Stolz stellte ich mich, der 57jährige, in den Hof, schaute in den diesigen Nachthimmel und ließ die Strecke nochmal vor meinen Augen Revue passieren. Schnell suchte ich den deponierten Hausschlüssel und legte mich erleichtert ins Bett.
Meiner Frau erzählte ich in der Nacht keinen Ton; sie ging davon aus, wir hätten so lange gefeiert, was ja ab und an auch der Fall war.

Am nächsten Tag hatte ich Mittagsdienst und der Muskelkater in Waden- und Schienbeinen war enorm. Er hielt tagelang an.
Doch hatte ich meinen Stolz befriedigt!

Anonymer Brief

Diese, Mitte Dezember angesetzte Weihnachtsfeier und mein Gedichtvortrag aus Brasilien, hatte jedoch für mich noch einen sehr unangenehmen Nachgeschmack.
Zwei Wochen später fand ich, am 1.1.2008, einen anonymen Brief in meinem Dienstfach. Das Schreiben baute auf meinem Brasilienvortrag auf und der Schreiber machte mir, unter Benutzung des brasilianischen Kehrverses, Vorhaltungen für die eine oder andere Begebenheit/Verfehlung meinerseits.
Einer von drei mir nicht gut gesonnen Mellrichstädter Kollegen hatte wie ein wadenbeißender Dackel, monatelang verschiedene Situationen von mir registriert und diese in dem anonymen Schreiben mitgeteilt, für mich „aufgespießt“.
Sofort eröffnete ich am 1.1.08, um 13:00 Uhr, den Inhalt dieses Schreibens meinen beiden mit mir zum Dienst eingeteilten Kollegenfreunden. Gleich starteten wir und die meisten Fladunger Kollegen die Fahndung nach dem anonymen Täter.
Wir konnten schon bald den Kreis auf 2 - 3 Mann einschränken. Ich traute mich nicht, sie anzusprechen, denn ich hätte ja eventuell einen falsch beschuldigt. Wir recherchierten und ermittelten weiter und weiter
Es dauerte ein halbes Jahr bis wir uns sicher waren, dass es tatsächlich einer der drei Tatverdächtigen verfasst hatte.
Anzumerken ist hier, dass letztendlich der eine Tatverdächtige dankenswerter Weise bei der Aufklärung wesentlich mitgewirkt und den entscheidenden Tipp gegeben hat!
Auf einer Streifenfahrt, komischerweise wieder nach Hollstadt, stellte ich diesen, nur zwei Jahre jüngeren Kollegen zur Rede und hielt ihm den Sachverhalt vor.

Die Beweise waren so erdrückend, dass er sofort zugab, das Schreiben in einer Nachtschicht verfasst und mir dann ins Fach gelegt zu haben.
Ich hielt ihm vor, dass man unter erwachsenen Männern alles besprechen kann und nicht diese unkollegiale, anonyme Art wählen muss.
Er äußerte, dass er nicht geahnt hätte, dass dies bei mir so eine Reaktion auslösen könnte und er e n t s c h u l d i g t e sich.

Trotzdem ist für mich nach wie vor ein Kollegenangriff dieser Art total unverständlich. Ähnliches käme mir nie in den Sinn.

Wann ist Weihnachten ?

Keine Gedanken aus Brasilien - sondern die eines Kollegen.

Wenn ein Kollege zur Haupturlaubszeit 3 Wochen krank macht, weil er sich in den Finger geschnitten hat. Andere Kollegen aber an dessen Stelle dafür stellenweise 50 Stunden in der Woche Dienst verrichten mussten. Das Ende der Krankheit aber dann bewusst so gelegt wird dass ja keine private Feier versäumt wurde. Eine Hilfe oder Unterstützung wäre in Form von Innendienst möglich gewesen (andere Kollegen haben dies in ähnlichen Situationen schon öfters freiwillig praktiziert.

Ist das Weihnachten?

Wenn sich ein Kollege wegen einer Gesundheitsschädigung vom Nachtdienst befreien lässt, bei Feierlichkeiten oder an Fasching aber bis zum frühen Morgen bei reichlichem Alkoholgenuss durchhält, und auch sonst keine Feier auslassen kann.

Ist das Weihnachten?

Wenn ein Kollege bei einer Bank-Versammlung derart dem Alkohol zuspricht, dass er sich am nächsten Morgen krank melden und eine Zeugschaft absagen muss. Der Richter aber über das nächtliche Verhalten des betreffenden Kollegen Bescheid wusste, und dies auch durch die Blume anderen Kollegen wissen ließ. Es ist ja nicht der Herr ...., sondern „die Polizei"!

Ist das Weihnachten?

Wenn ein Kollege jede Möglichkeit ausnutzt, um sich diese Zeiten für Gemeinderat-Sitzungen, Arztbesuche, physiotherapeutische Behandlungen, Gesprächskreise oder Sport dienstlich anrechnen zu lassen. Andere Kollegen aber diese Fehlzeiten durch vermehrten Dienst ausgleichen müssen.

Ist das Weihnachten?

Wenn ein Kollege bei der dienstlichen Weihnachtsfeier wiederum alkoholisiert negativ auffällt und nicht in einer Dorfkneipe, sondern in einem sehr guten, voll besetzten Speiselokal herumgrölt und Faschingslieder singt („So ein Tag!, so ..."). Ob das den anderen anwesenden Gästen, und auch dem Gastwirt selbst so recht war, bleibt dahingestellt. Es war ja nicht wieder der Herr ...., sondern „die Polizei"!

Ist das Weihnachten?

- **Wenn ein Kollege immer nur das eigene „Ich“ sieht, aber in großen Tönen von Kameradschaft spricht.**

Ist das Weihnachten?

Und - und - und.

Ich wünsche Dir trotzdem dass sich Deine Hoffnung auf die Kollegialität einiger Kollegen zur Ermöglichung Deines Urlaubs in den Sommerferien erfüllt, habe aber diesbezüglich meine Bedenken.

Trotzdem Dir und Deiner Familie ein frohes Weihnachtsfest.

Ein Kollege.

PS: Meinen Namen habe ich bewusst nicht hinzugefügt, denn es könnten genauso gut viele Namen anderer Kollegen dafür stehen.

Mein Freund, der damalige Pfarrer und jetzige Militärpfarrer Wolfgang, damals wohnhaft in Oberfladungen, riet mir, nachdem ich ihm diesen Brief zur Kenntnis gegeben hatte, zum „Gleichstellungsbeauftragten“ zu gehen.

Doch das ist wiederum nicht meine Art.

Ich unterrichtete während meiner und während der Dienstzeit dieses anonymen Schreiber-Kollegen nicht den Chef von diesem unkameradschaftlichen Tun. Ich ließ dieses Mobbing ruhen bis zur Polizei-Weihnachtsfeier im Jahre 2012 in Mittelstreu.

Wir Pensionäre werden nach wie vor zur alljährlichen Weihnachtsfeier und auch zum Sommerausflug eingeladen.

Hier kam zu fortgeschrittener Stunde das Thema mit dem Betroffenen nochmals

deutlichst zur Sprache und danach habe ich diesen „Angriff auf meine Person“ endgültig abgeschlossen, ihn abgehakt.
Ich habe mich mit dem „germanischen“ Kollegen ausgesprochen und ihm verziehen.
Vergessen, das steht auf einem anderen Blatt!
Verzeihen ist möglich, aber vergessen spielt sich woanders ab!

„Grün-weißer Party-Bus"

Bei einem Faschingsumzug in Ostheim war ich in den 90er Jahren -wie eigentlich alljährlich gerne- zur Überwachung eingeteilt. Wir fuhren mit 3 Mann, Wisch, Hans und ich, vor Umzugsbeginn mit dem VW-Bus langsam durch Ostheim. Manche alkoholisierte Jugendliche sangen das Lied vom Grün-weißen-Party-Bus.
Plötzlich gab es hinten rechts einen lautstarken Schlag gegen die Fahrzeug-Karosserie. Wisch der Fahrzeug-Führer hielt sofort an. Hans stürmte als Beifahrer nach draußen und ich von der hinteren Seitentüre. Sofort erkannten wir den, aus einer ganz kleinen Grenzortschaft in der Nähe stammenden Täter, der voll mit der Faust gegen die hintere, rechte Ecke des Busses geschlagen hatte.
Wir zogen ihn aus der Gruppe heraus und steckten ihn ins Polizeifahrzeug. Er hatte recht freche Bemerkungen drauf und wir nahmen ihn vorerst mit. Nach untauglicher Belehrung, weil untaugliches Objekt, und kein Schaden entstanden war, ließen wir ihn an anderer Stelle in Ostheim wieder laufen.

Bei jeglicher späteren Begegnung, egal ob im Dienst oder in der Freizeit, z. B. beim Frühlingsfest in der Bünd in Ostheim, musste mich der „Täter" immer wieder wegen dieses Einsatzes anmachen. Vielleicht hatte sein Kopf beim Hineinstecken/Hineindrücken ins Polizeifahrzeug durch mein Zutun doch Bekanntschaft mit der Wagentüre oder Dachkante gemacht und dies hat offensichtlich seine Ehre gekränkt.

Schusswaffen-Androhung bei „Sergeant"

An einem Samstagabend, so zwischen „Dunkel und siehst mich nicht", war ich mit meinem gleichaltrigen, „massiven", vollbärtigen Kollegen „Lubber", ein echter Bud-Spencer-Typ, unterwegs. Wir sollten eine illegal zeltende Gruppe, die sich in Ostheim im Bereich des Wasserhochbehälters aufhielt, überprüfen und die Ruhe wieder herstellen.

Wir stellten den Dienst-PKW ab und gingen zu Fuß noch ca. 50 Meter bis zur Örtlichkeit über eine nicht befahrbare Wiese mit umgrenzenden Heckenrain. Uns entgegen kamen 5 Mann, 20 – 30 Jahre alt, in entsprechender Kleidung:

schwarze hohe Schuhe, dunkler Mantel usw.

Die Motorräder waren beim Zelt abgestellt. Voraus lief der Anführer, der sich von Weitem schon als „Sergeant" vorgestellt hatte.

Als die Gruppe auf 10 Meter herangekommen war, befahl ihnen „Lubber" stehen zu bleiben. Sie ignorierten es. „Lubber" zog sofort die Pistole, hielt sie am rechten

Oberschenkel nach unten und gab erneut den Befehl zu stoppen. Nun verharrte die Gruppe.

Ich hatte inzwischen die MP in Anschlag gebracht und zielte auf den Boden. Ich stand vorschriftsmäßig, seitlich etwas nach hinten versetzt, bei „Lubber".

Das Gespräch verlief zunächst sehr aggressiv. Nach einiger Zeit zeigten sich die nicht aus Ostheim stammenden „harten Männer", um Anführer und Sprecher „Sergeant", einsichtig. Die Personalien-Aufnahme war zwar etwas schwierig, weil „Sergeant" immer meinte, es reiche, wenn er „Sergeant" angibt. Nach längerem Gespräch waren sie schließlich bereit, ihr verbotswidrig aufgestelltes Zelt abzubrechen und „von dannen zu ziehen".

Mit fairen, freundlichen Worten würdigte „Sergeant" abschließend sogar unser humanes Polizei-Auftreten.

Bei der angekündigten Kontrolle eine Stunde später, waren „Sergeant" und seine Sympathisanten nicht mehr vor Ort.

Wir hatten beide -es kommt immer darauf an wer Dein Streifenpartner ist- die Sache so geregelt, dass die Mitbürger zufrieden waren, dass keine Gefahr und kein Lärm mehr von der Gruppe ausgegangen ist….

Wieder einmal hatten wir nicht gleich den „großen Polizeieinsatz" daraus gemacht, sondern auf unsere Art den Fall gemeistert.

Der kurze Eintrag im Polizeiprotokoll lautete: „Ruhe wieder hergestellt!" Fertig!

Es erfüllt mich heute noch mit Stolz, mit solchen Kollegen wie „Lubber" und „Berni" polizeilichen Verfügungsdienst verrichtet zu haben (Dream-Team!); mit ihnen hätte ich „Pferde stehlen können….!"

Polizeifahrzeug geklaut

Eines Abends verständigte mich zu Hause unsere Polizeidienststelle Mellrichstadt über einen Diebstahl besonderer Art. Ein Polizeifahrzeug wurde geklaut.
Ereignet hatte sich der Vorfall in der Hauptstraße in Urspringen. Die kleine Nachbarortschaft liegt nur 2 km von meinem Heimatort Sondheim v.d.Rhön entfernt.
Alle in der Freizeit verfügbaren Kollegen wurden mobilisiert und wir fahndeten mit unseren Privat-Pkw nach dem unbekannten Täter.
Zusammen mit einem Kollegen durchstreifte ich die Forststraßen von Sondheim und Urspringen, leider ergebnislos.
Auch die anderen Suchenden hatten zunächst keinen Erfolg.
Schließlich wurde gemeldet, dass der Dienst-Audi auf der Hochrhön aufgefunden wurde. Er stand gegenüber dem Haus der „Rhönhexe", direkt an der Straße in einem Wiesenweg, war unverschlossen und der Pkw-Schlüssel steckte.
Zunächst war unklar, wer den Pkw von Urspringen auf die Rhön gefahren hatte.
Die MP samt Magazin war noch unversehrt in der Sicherungsvorrichtung an der Seitentüre.
Nicht auszumalen, hätte es der Täter auf die Waffe abgesehen gehabt und damit hantiert… Wahrscheinlich wusste er gar nichts von dieser Waffen-Aufbewahrungsstelle!?
Die weitere, nächtliche Fahndung verlief negativ. War der Täter von einem anderen Fahrzeug-Führer aufgenommen worden? War er zu Fuß unterwegs?
Tatsache war, dass Kollege „Tisch" in Urspringen eine Ermittlungssache hatte. Er

stellte den Dienst-Pkw in der Hauptstraße am Fahrbahnrand ab. Der Funk war nicht ausgeschaltet und der Pkw nicht verschlossen. Sein Kollege und er waren ins nebenstehende Haus gegangen. Als sie zum Auto zurück wollten, war es nicht mehr da. Man dachte zunächst an ein Verstellen innerhalb der Ortschaft.

Tags darauf stellte sich der Täter, ein Architekt mittleren Alters und ohne Anstellung, der eigentlich nur Blödsinn machen wollte. Dieser „Spezialist" aus einer anderen Nachbarortschaft zeichnete als Alleintäter verantwortlich.

Unter anderem wegen unbefugter Benutzung wurde er zur Anzeige gebracht und auch verurteilt.

Die mehrere hundert DM teure Strafe holte er über einen Fernsehauftritt wieder herein. In Joachim Fuchsbergers Werktags-Talkshow, „Heut' Abend" brüstete er sich und erzählte redselig allen Fernsehzuschauern die Spritztour mit dem Polizeifahrzeug:

Er war zufällig von seiner Kneipentour kommend in Urspringen unterwegs, als er beim Vorbeilaufen ein Funkgespräch im Dienst-Pkw hörte. Er sah den Zündschlüssel stecken, probierte die Fahrertüre, sie ließ sich öffnen. Kurzentschlossen -wie er nun mal ist- setzte er sich ins Polizei-Auto und fuhr davon.

Auf der Rhön ließ er im Bereich „Rhönhexe", nach fast 10 km Fahrt, den Pkw stehen und ging zu Fuß durch den Wald Richtung Heimatort zurück.

Das Honorar das er für den Fernsehauftritt erhielt -so sagte er- deckte in etwa das Strafmaß.

Jedenfalls ist er heute noch stolz auf diesen nicht alltäglichen, fast einmaligen „Lausbubenstreich". Er hatte, als Otto Normalverbraucher, einmal im Leben ein Polizeiauto selbst gefahren...

Alkohol

Bei den Polizeidienststellen herrscht Alkoholverbot. Dies wurde anfangs nicht überprüft, zumindest im „Paradies“ nicht und auch die ersten Jahre bei der Lapo nicht.

In einem alten Zeitungsartikel von etwa 1970 hatte ich folgenden Bericht aus dem Leitfaden für Grenzaufsichtsdienst in Schleswig-Holstein von 1857 gelesen und beherzigt. Er war für den Zoll geschrieben, ließ sich nur zu gut auf die Grenzpolizei übertragen:

Die Überschrift lautete:

„Vergnügliches Schmunzeln sollte auch in diesen „rauen Zeiten“ nicht vergessen werden“:

„Der Zolldienst ist ein Geschäft, womit große körperliche Anstrengungen verbunden sind. Der Körper der Zöllner muss gegen die Einwirkungen des Schweißes und der Witterung geschützt werden.

Um den Körper abzuhärten, ist das Waschen im kalten Brunnenwasser allmorgendlich sehr zu empfehlen.

Bei feuchter oder rauher Witterung und auf der Vigilanz in sumpfigen Gegenden ist der mäßige Genuss von Branntwein unschädlich und trägt zur Abhärtung bei.

Durch eine imponierende Uniform, durch seine Haltung, seinen Gang, seinen freien und durchdringenden Blick, sowie durch sein determiniertes

Auftreten, kann der Zöllner den Leuten schon Furcht vor ungesetzlichen Handlungen einflößen und in entscheidenden Augenblicken einem Widerstande vorbeugen. Die Uniform muss so geschnitten sein, dass der Zöllner behufs Verfolgung oder Anhaltung von Schmugglern einen sicheren Sprung tun und auf einem Brett oder Stamm balancieren kann. Er muss sich leichten Ganges befleißigen, sich geräuschlos bewegen können, ohne dass sich dabei die Rockschöße bewegen."

Es gab jährliche Belehrungen und alle Kollegen mussten unterschreiben, dass sie im Dienst und geraume Zeit vor dem Dienst keinen Alkohol konsumieren und auch keinen vorhalten dürfen.
Gesetze sind da, dass sie umgangen werden. Nicht verzagen, Gerhard fragen! Doch nein, hier verlässt mich die Ehrlichkeit, hier wäre die Nestbeschmutzung zu groß!
Gewiss ist, dass wir gerne nach Feierabend, nach der Nachmittagsschicht noch ein wenig im Sozialraum zusammensaßen und den Tag Revue passieren ließen.
Wir unterhielten uns, auch über schöne Frauen…..
Es ging hier hauptsächlich um Geselligkeit und um eine gemütliche Tasse Cappuccino oder ein sonstiges Getränk. Wie bereits mehrfach erwähnt: Geselligkeit, Grüppchenbildung etc. war bei der Führung nicht sehr gewollt …!
Der Dienst war zu Ende und man sollte nach Hause gehen.
Getreu den Motto:

"Der Mohr hat seine Schuldigkeit getan….."

Reh erschießen

Bei einem Wildunfall-Einsatz gab es auch mal ein Problem. Zusammen mit Kollegen Felix, unserem exzellenten Karikaturenzeichner, wurden wir zu einem Wildunfall mit angefahrenem Reh gerufen. Die Örtlichkeit war die Nebenstrecke von Oberstreu nach Frickenhausen, 500 m nach dem Ortsausgang von Oberstreu. Das stark verletzte Reh lag am Fahrbahnrand und wir mussten ihm den Gnadenschuss geben. Felix war nicht sehr erbaut, schießen zu sollen, also machte ich es. Da wir jedoch, evtl. auch wieder aus „Respekt", nicht nahe genug an das Tier herangetreten waren -der Abstand betrug bestimmt 40 Meter-, war es in der Morgendämmerung, um 06:00 Uhr, problematisch zu schießen. In der einen Hand die Taschenlampe, in der anderen Hand die Pistole.

Bumm, der erste Schuss ging -auf den Kopf gezielt- daneben; bumm, auch der zweite. Beim dritten sah ich, dass der Kopf des Rehes nochmal hochzuckte. Nun dachte ich, das Tier soll nicht noch mehr leiden und verschoss, auf den Kopf gezielt, die restlichen der acht Patronen und das Reh war erlöst.

Als ich bei der Dienststelle meine Schussmeldung abgeben musste, meinte der pflichtbewusste Waffen- und Gerätewart (WuG) Erich, dass ich Patronen horten wolle und er möchte eigentlich die Herausgabe der acht neuen Patronen verweigern.

Felix bestätigte meine Schuss-Angaben und ich bekam, wenn auch mit der Anmerkung beim nächsten Schießtraining mehr zu üben, meine verschossene Munition zurück.

Wie ein Lauffeuer sprach es sich bei meiner Dienststelle herum, dass der „Lange Bach“, der sonst gute Schütze, acht Schuss für ein verletztes Reh gebraucht hatte. Tagelang war ich diesen berechtigten Bemerkungen ausgesetzt!
Es ist halt ein Unterschied, ob man am Schießstand in aller Ruhe schießen kann, oder wie in diesem Fall unter etwas Stress und mit Taschenlampe schießen muss.

Und trotzdem:

„Wer den Schaden hat, braucht für den Spott nicht zu sorgen.“

Oder*:*

Wer den Schaden hat, spottet jeder Beschreibung.“

Karikaturen

Neben unserm Haus- und Hofzeichner Felix ließen wir später auch von anderen Zeichnern Karikaturen fertigen. Es gab kaum einen Anlass der nicht in einer Bild oder in Reimform festgehalten wurde.
Insbesondere zu Beförderungen, Geburtstagen, Versetzungen wurde mit genauen Strichen ein Portrait oder eine Situationskomik/Einsatzmissgeschick erstellt.
Der dienstliche Sozialraum war eine Zeit lang mit zig dieser Karikaturen bestückt.
Noch heute bewundere ich diesen begnadeten Zeichner.
Hier zwei Beispiele:

Karikatur zu meinem 50. Geburtstag:
Schwitzproblem/Schnapsbrennen/Fasching/
Respekt vor Hunden/Lkw-Kontrolle

Vfg.-Kollege „Lubber“, der Jägersmann,
der mal von einem Keiler umgeschmissen wurde

Bei diesen Krikatur-Bildern bietet es sich an, eine der vielen von mir geschriebenen Laudatien anzufügen:

Laudadtio zum 60.Geburtstag von „Lubber“

Nun ist auch unser „Lubber“ dran,
er, unser breitester Gendarm.
Mit dickem Bart wie Nikolaus,
mit tollen Sprüchen wie Santa Klaus.

60 Jahre Du jetzt alt geworden bist,
wirst nicht mehr gebraucht als Polizist.
Lachst – weil Du keinen Dienst mehr machen musst;
denn jetzt ist`s vorbei – jetzt ist Schluss.

Jahrzehnte lang deinen Dienst gemacht,
fast bis zum Schluss Schichtdienst – nun ist es vollbracht!
Und sind wir jetzt auch einige Tage älter,
doch immer dienstfrei zu haben – das gefällt Dir.

Nicht mehr Anzeigen schreiben, Verwarnungen machen,
oder Kontrollen, Überwachungen und sonstige Sachen.
Nicht mehr frühmorgens um 05:00 Uhr auf-er-steh`n
um zu der „schönen" Dienststelle zu geh`n.

Dort als Beifahrer Platz nehmen im Dienst-Pkw,
die linke Hand umschlingt den Gurt bö a bö.
Ein kräftiger Ruck noch, schon neigt sich zur Seite der Kopf.
Lubber nun recht viel nachdenkt – der arme Tropf.

Doch jetzt freust Du Dich auf die Pension,
egal ob verdient – egal ob belohnt.
An Deinen Schulterklappen konnte man es seh`n,
als P O K ließ man Dich geh`n.

Es war Dir und Deinen breiten Schultern nicht vegönnt,
dass Du den PHK-Stern trägst – Dich Hauptkommissar nennst.
Aber das macht Dich nicht arm – bringt Dich nicht aus der Ruh`,
auch ohne drei Stern schläfst Du gut ein im Nu.

Woran lag`s – es ließ sich lange diskutier`n,
doch eines ist sicher – mit und ohne viel Hirn.
EINER hat auch Dir gewaltig mitgespielt, hat Dich betrogen
und ist schon vor Jahren davon geflogen…..

Doch auch als Polizei-Ober-Kommissar-Pensionist,
wirst Du -wie gesagt- keinen Hunger leiden, das ist gewiß.
Wirst keine Träne nach der Dienststelle weinen;
denn fort ist fort, das interessiert doch keinen.

Als Jagd-Sachbearbeiter gehst Du in die Geschichte ein,
als Lkw-Schlappen-Anzeiger allgemein.
Zogst mit dem Zoll die Fäden –hattest Fahndungsgeschick,
als ehemaliger Grenzer – oben am GÜG.

Ja, die Zeit bei der heißgeliebten Grenzpolizei,
sie war kameradschaftlich schön, war unübertroffen,
konnte nicht besser gesei`.
Und so war die Auflösung der Grenzpolizei, das ist gewiss:
Auch für Dich „Die zweite Vertreibung aus dem Paradies!"

Deine Beförderungsfeier vor Jahren zum PHM,
die erste und letzte ALLEIN ausgetragenen Feier! –
mir senn ganz spät hemm.
Ganze Schweineschlegel und Mohnkuchen hast Du uns gereicht,
wir waren nicht nur vom Essen satt, nee uns allen hat`s gereicht.

Dein großes Hobby ist die Jagd – oder die Jägerei,
manch` Kapitalen auf`s Blatt geschossen – einwandfrei.
Manch` Jäger-Latein in die Welt gesetzt,
weil Du auch ein lustiger Waidmann bist.

Und jetzt werden wir ein anderes Leben genießen,
Zeit haben, Zeit lassen – bis im Frühjahr die Knospen sprießen.
Freizeitvergnügungen wie Wandern und Karten spielen,
und ab und an zum Schwimmen geh`n, damit wir ewig leben.

Vor knapp zwei Jahren hat man Dir schon die gelbe Karte gezeigt,
Streptokokken was ist das? Das liegt doch so weit!
Nein, es hat Dich erwischt –auch Du warst nicht gefeit.
Ein heftiger Schlag! Doch zur rechten Zeit!

Auch wirst Du weiter Deinem großen Hobby frönen.
Wirst auf die Pirsch geh`n und da manchmal stöhnen.
Wirst Rehe schießen und wilde Säu`
Aber auch Pause machen mit Gerstenbräu! - Prost!

Wirst Deine Familie weiter gut führ`n,
am besten Deiner Frau die Schuhe täglich schnür`n.
Sie öfter auf Händen tragen, im bildlichen Sinn
und besorgt Deine Kinder begleiten, egal wohin.

Später einmal wirst Du Deine Enkel „schesen" über Stock und Stein,
wenn auch langsam grau wird Dein großer Bart, so wird`s nun mal sein.
Wirst Dich Entspannen – öfter `mal ruh`n,
kannst die Arbeit liegen lassen – ohne was zu tun.

Denn jetzt gilt es besonders, danach sollst Du streben:
„Nimm Dir Zeit – und nicht das Leben!"
Leg` die Füß` öfter hoch – mach` längere Pausen,
gönn` Dir `nen Schoppen – lass` andere sausen.`

Doch pfleg` auch die Freundschaft, denk`stets an meinen Spruch,
die Weisheit vom „großen Rhöner Philosoph!":
„Man kann Vieles alleine, wie essen, trinken, lesen und schlafen,
auch kannst Du alleine hüten eine Herde von Schafen.
Doch eins kann man nicht alleine, sag` ich Dir aus „Seunde"
und das ist feiern, denn zum Feiern braucht man Freunde!"

Drum vergiß nicht das traditionelle Gänse-Essen – Jahr für Jahr;
denn gut ist diese ehemalige Vfg.-Gruppe, fürwahr, fürwahr.
Feier` weiter mit uns – wir sind jetzt der Renter-Club,
und bleiben gute Freunde – ein Supertrupp.

An dieser Stelle noch eine Anmerkung in eigener Sach`:
Du weißt „Lubber", ich kann auch viel Sprüch gemach!
Aber unsere Freundschaft die ist so fest, die ist kein Sieb,
schön lieber „Lubber", dass es Dich gibt!

So denk` ich zehn Jahre zurück, ans Verwaltungsgericht,
als der Richter mich nach dem Zeugen fragte – aber ich antwortete nicht.
Denn der Zeuge für die „Satten Fladunger Hauptmeister, die unter einer
bestimmten Führung nichts mehr werden" der bleibt geheim,
den nehme ich -Ein Mann ein Wort!- mit ins Grab hinein!

Doch all dies weißt Du ja sowieso;
denn nicht umsonst nennt man Dich „Gummiohr Zwoo“.
Weil Du vieles weißt, aber noch besser hörst,
ist dein Kosename „Gummiohr“ besonders liebenswert.

So weißt Du wie gesagt Vieles – und Manches ganz geau.
Du weißt auch Du hast noch `ne junge Frau.
Drum erhalte Dir recht lange Deinen Schwung,
dann macht das Leben Spaß, dann bleibst Du für sie jung.

Und nun zum Schluss das ist ganz klar,
wünschen wir noch viele Lebensjahr`.
Ewig Freundschaft – niemals Krach,
das wünschen wir Vfg.-Kollegen mit dem Gerhard Bach.

Wir wollen nun anstoßen auf Dein Wohl,
reich ´uns die Gläser, mach` vool, mach` vool….

G.B. 12/2010

Mutter und Kind verbrannt

Ein trauriger Einsatz in Ostheim den ich mit dem Kollegen Gebhard hatte, war ein Brandeinsatz.

Eines Samstagnachts wurden wir zu einem Brand „Am Scharfenberg“ gerufen. Da wir gerade im Bereich Ostheim „streiften“ (Streife fuhren) waren wir innerhalb von nicht mal drei Minuten, über den Tanzberg angefahren, am Brandort. Die Flammen kamen, aus einem der direkt nebeneinander gebauten Altbauhäusern, zu den Fenstern und aus dem Hausdach heraus.

Es ist dort eine gepflasterte Sackgasse und die alten, rechtsseitigen, nicht gerade kleinen Häuser sind wie Reihenhäuser aneinandergebaut. Als wir vor dieser Gasse den Dienst-PKW abgestellt hatten und 50 Meter zum Brandhaus zu Fuß gingen, kam gerade aus diesem Haus eine junge Frau gerannt. Sie brüllte wie am Spieß.
Sie war ohne Bekleidung, eigentlich nackt und fleischrot. Sie war ohne Haut & Haar. Ein Anblick der unvergessen bleibt…...
Nachbarn hüllten die in Ostheim zugezogene, schlanke Frau, trotz dieser Verletzungen in eine Decke und brachten sie ins nächste Haus.
Wie ermittelt werden konnte, bemerkte sie das Feuer und wollte schnell noch ihr schlafendes Kind im ersten Stock raus holen. Die Flammen waren jedoch so stark, dass sie beim Treppenhochgehen regelrecht verbrannte. Sie musste unverrichteter Dinge zurückeilen und schrie mehr wegen ihres Kindes als wegen ihrer Verletzungen. Ich glaube die Brandwunden hatte sie noch gar nicht realisiert.
Als die Feuerwehr das Anwesen einigermaßen gelöscht hatte, gingen zwei Feuerwehrleute mit Atemschutzgerät ins Haus und brachten nach einer Weile das Kind, besser gesagt, das was von dem Kind übrig geblieben war heraus.
Es war die verkohlte Leiche eines Kleinkindes, die der eine Feuerwehrmann auf den Armen trug!
Tage später erlag auch die junge Mutter ihren schweren Brandverletzungen.
Dieser Schicksalsschlag war nicht nur bei dem fast gleichaltrigen, inzwischen bereits verstorbenen Kollegen Gebhard und mir lange anhaltendes Gesprächsthema.
Solche Bilder hat man für immer vor Augen!

Seelsorgerischer Gesprächskreis

Ein seelsorgerisches Thema, ähnlich dem Religionsunterricht während der Bereitschaftspolizeiausbildung, wurde auch bei den Polizeidienststellen angeboten.
Hier gab es zum einen die Möglichkeit sich z. B. im Kloster Münsterschwarzach auf einwöchigen Rüstzeitseminaren von Pfarrer(in) oder Diakon „berieseln“ zu lassen und zum anderen gab es vierteljährlich eine Polizeiseelsorge in Form eines Gesprächskreises, der im Bereich der jeweiligen Dienststellen abgehalten wurde. Nicht im Dienststellengebäude, sondern an einem neutralen Ort.
Es meldete sich eine Handvoll Kollegen (Berni, Lubber, Elmar, Gossi und ich) mehrmals an, um bei einer gemütlichen Kaffeerunde verschiedene Problemthemen anzusprechen und aufzuarbeiten.
Meist besorgte ich den von mir heißgeliebten Mohnkuchen, oder es gab (auf Rhöndeutsch ausgedrückt) „Matteploatz“ (Quark-Blechkuchen), oder meine Frau hatte eine gute Marmorschnitte gebacken. Zusammen mit der Polizeiseelsorgerin -manchmal war auch der Personalrat Herbert anwesend- diskutierten wir 5 - 10 Mann -von mehreren Dienststellen kommend- zweieinhalb Stunden lang die uns brennenden, uns belastenden Themen.
Dafür wurde Dienst geschrieben, ebenso für die einwöchige Rüstzeit.
Somit schlugen wir wieder zwei Fliegen mit einer Klappe: Einmal konnten wir uns „auskotzen“; denn das Treffen war „nichtöffentlich“, das heißt die Themenbesprechung unterlag der Verschwiegenheitspflicht und zum zweiten gab es Dienststunden…..die wir nicht bei einer Kontrolle auf der Straße verbringen mussten!

Wir selbst haben uns zwar ausgetauscht, aber an so mancher Führungspraktik hat die Polizeiseelsorge kaum etwas, um nicht zu sagen nichts geändert.
Im Gegenteil, nach mehreren Teilnahmen hat der Chef überprüft ob weitere Stunden dieser Art erforderlich seien. Er wurde eines besseren belehrt und wir gingen erst recht zur Polizeiseelsorge, zum Kaffekränzchen…
Diese Einrichtung war als befreiend und gut einzustufen, auch wenn wir wegen der Teilnahme von anderen Kollegen mehr oder weniger belächelt wurden. Wir waren unter uns und konnten uns austauschen.
Gemäß dem Sprichwort: **„Geteiltes Leid ist halbes Leid!“**

PAKET-Lehrgang

P = Polizeiliches **A** = Antistress **K** = Kommunikations- und
E = Einsatzbewältigungs **T** = Training

Lehrgänge besuchte ich immer wieder gerne. Zum einen eben der Fortbildung und zum anderen der Freizeit wegen. Wobei die Wertung bei mir eher umgekehrt war. Und so kam ich auch auf ein „aufbauendes“ PAKET-Seminar, irgendwo im tiefen Bayern. Anfahrt mit Dienst-PKW, unter Bildung von Fahrgemeinschaften mit anderen Dienststellen. Wir Nordbayern waren also die „Lumpensammler“. Wir mussten alle auf der gen Süden liegenden Stecke im VW-Kombi aufnehmen und auch wieder nach Hause bringen.

PAKET-Lehrgang war ebenfalls ein Seminar zum „Auskotzen", zum Beschwerde vorbringen, zum Stressabbau. Man wollte uns aufbauen, aber eventuell auch beruhigen, fast „untertänig" machen.

Es ging um die Wissenschaft vom Verhalten und Erleben des Menschen, um Psychologie!

Inzwischen war auch bei der Polizei das Burn-out-Syndrom in aller Munde.

Ich blieb von diesem Syndrom nicht verschont, war jedoch einer von denen, die es trotz ärztlicher Erkenntnis verdrängen wollte, ja wegschieben konnte…

Und das trotz: **Harter Schale, mit weichem Kern!**

Kartenspiel

Apropos Leid!

Im Winter 1996 waren wir Kollegen, Hubert, Berni, Lubber, Felix, Gosbert und ich zu einer LKW-Kontrolle eingeteilt. Es war bitterkalt und wir hatten eiskalte Hände und Füße. Nach einiger Zeit durften wir eine Pause machen.

Da wir in Mellrichstadt im Bahnhofsbereich kontrollierten, fuhren wir zur Dienststelle um im Sozialraum eine Tasse Kaffee zum Aufwärmen zu trinken. Nach ein paar Aufwärmminuten meinten wir, auch DGL Rolf, dass wir doch schnell eine Schafkopfrunde machen könnten. Der Chef sei nicht mehr da und wir könnten leicht eine Runde spielen. Gesagt getan und schon wurden die Karten gemischt.

Getreu dem Motto: **„Ist die Katze außer Haus, tanzt die Maus!"**

Wir hatten noch nicht lange gespielt, ging die Türe des Sozialraums auf und („die Katze kam zurück") der Chef, nennen wir ihn V., stand erstaunt in der Türe und fragte aufgeregt: „Was macht Ihr da?"

Ich saß mit dem Gesicht zur Türe und antwortete: „Karten spielen!".

Nun war der Teufel los. Alle Erklärungen, dass wir erst wenige Minuten gespielt und eigentlich gleich wieder aufhören wollten nützen uns nichts. Er wies an, dass jeder von uns, auch diejenigen die nicht mit gekartet hatten, wie „Gossi"
und Felix, eine Stellungnahme abzugeben haben.

Auf den Vorhalt eines meiner Kart-Kollegen, dass er früher selbst mal Karten gespielt hätte, antwortete der Chef: „I hoabs mi austroang!" (Ich hatte mich im Dienstplan ausgetragen.)

Ohne dies überprüfen zu können und auch nicht überprüfen zu wollen, sage nicht nur ich: „Immer hat er sich -mit an Sicherheit grenzender Wahrscheinlichkeit- nicht ausgetragen….!"

Wir schrieben dann die befohlenen Stellungnahmen. Ich schrieb in etwa die zwei Sätze:

„Es war bitterkalt. Während einer Kontroll-Pause spielten wir ein wenig Karten."

V. drohte uns, dies dem Polizeidirektor (PD) nach Scheinfurt zu melden und tat es auch.

Heraus gekommen ist jedoch nicht viel, um nicht zu sagen nichts.

Unseren Ermittlungen zufolge gehen wir davon aus, dass wir damals „verpfiffen" wurden. Dass ein „falscher Kollege" den Chef zu Hause telefonisch informiert

hatte und dieser deshalb nochmal -mit dem lächerlichen Vorwand, den Kaffeesatz für seinen Komposthaufen abholen zu wollen- zur Dienststelle zurückkam.
Leider fehlten uns die Beweise für den Verräter, sonst wäre ihm ein Spießrutenlaufen nicht erspart geblieben!
Anderseits ist es aber nur eine Vermutung.

Doch: **Zeit heilt Wunden!**

Silberhochzeitszuwendung

Diese Chefschwäche ließ er mich auch bei meiner Silberhochzeit fühlen. Er ließ mir über den damaligen „Spieß“ (Innendienstleiter Reinhold) einen Notizzettel zukommen, an dem der dafür vorgesehene kleine finanzielle Obolus mittels einer Heftklammer, mit dem Vermerk: „Silberhochzeit Bach“, angebracht war!
An eine Silberhochzeitskarte hatte er wahrscheinlich nicht gedacht?!?!
Geschweige denn an eine Übergabe mit einem -meinetwegen distanzierten- Händedruck.

Erfolglose Bewerbung auf einen Dienstposten

Auf eine schriftliche Bewerbung für einen Innendienst-Posten, zu dem der Chef alle Interessierten aufgefordert hatte, bekam ich keine Antwort. Ich wollte ihm das Bewerbungsschreiben hoch in sein Chefzimmer im 1. Stock bringen -eine Örtlichkeit die ich ja „mied wie die Katze den Regen"- und begegnete ihm bereits auf der Treppe. Ich übergab meine Bewerbung ohne Worte.

Ohne je nochmal ein Wort darüber zu erfahren, wurde schließlich -was mir von vornherein klar war- ein anderer Kollege auf diesen Posten gesetzt.

Ich wiederhole nochmal: Chefstärke – Chefschwäche?!

...und da behaupte noch einer, dass eine Wertung solcher (Chef-)Praktiken verboten ist, dass ein Untergeordneter über einen Übergeordneten nicht die Wahrheit sagen darf! Zumindest nicht ohne Repressalien erfahren zu müssen.

Wie sagte mein Vater, der im zweiten Weltkrieg den linken Fuß verloren hatte, manchmal: „Armes Deutschland! Armer Beamtenstaat!"

Trotzdem bin ich da durch, bin durchs irdische Fegefeuer, ohne versetzt zu werden und ohne mich versetzen zu lassen!

Normalerweise brauchst du da „Nerven wie Drahtseile", die ich äußerlich auch hatte, innerlich jedoch nicht!

Viele meinen: **„Eine (zwei Meter hohe) Rhöner Eiche juckt es nicht,**
wenn sich eine Wildsau daran kratzt".

Andererseits gibt es ja das von mir mehrfach zitierte Sprichwort von der **„harten Schale und dem weichen Kern"**; was mir der ältere Kollege „Kurt" früher mehr als einmal treffend bestätigt und vorgehalten hatte...

Aggressiver Mitbürger

Ein unvergessener, weil gefährlicher Polizeieinsatz war im Jahre 1998 in Ostheim. Die Streifenbesatzung (Conny und ich) wurde gerufen, weil der amtsbekannte Herr „Zet“ (Name geändert) wiedermal dem uns persönlich bekannten Sparkassendirektor, der nach der Mittagspause auf den Weg zurück zum Geldinstitut war, aufgelauert hatte. Er bedrohte und schlug ihn.

Der Täter war Ende 20, von großer, starker Statur. Er war sogar über einige Ecken mit mir verwandt und wohnte in einem kleinen Nachbardorf.

Sein Vater lebte früher mit seinen Eltern und Geschwistern im Haus neben meinen Großeltern, meiner lieben Oma Fuchs und Opa Florian, in Oberfladungen. Ich hatte als Bub öfter guten Kontakt zu seiner Verwandtschaft.

Herr „Zet“ wollte immer wieder Geld abheben, obwohl er keines auf dem Konto hatte. Deshalb hatte er sich schon seit längerer Zeit mit dem Bankdirektor überworfen, er gab diesem die Schuld für seine Geldnot.

Als er wieder mal in Ostheim war kam es eben zu diesem Aufeinandertreffen der beiden.

Bei unserem Eintreffen stand bereits eine kleine Menschengruppe im Bereich des unteren Brunnens in Ostheim vor der Sparkasse und „Zet“ hatte den Bankchef in seiner Gewalt.

Ich sprang als Beifahrer sofort aus dem Polizeiauto, riss „Zet“ -mit lautem Schrei, er solle aufhören- von seinem Opfer weg, warf ihn zu Boden und schlug auf den sich stark Wehrenden ein. Er trat mit den Füßen um sich, so dass ich mich mehr zu seinem Kopf hin orientiert hatte, um eben keine Fußtritte abzubekommen. Als nun Conny die Füße unseres Kontrahenten packen wollte, trat „Zet" mit beiden Füßen gleichzeitig nach ihm, traf ihn auf die Brust und schleuderte ihn weg.

Dies war für mich Anlass genug, vor ihm kniend, meinen Ellenbogen auf seinen Hals zu drücken. Kurz darauf wurde er ruhiger. Ich sah, dass sich sein Gesicht bläulich verfärbte und sein Luftholen sehr, sehr leise wurde. Voller Schreck löste ich leicht, aber deutlich, den Druck von seinem Hals und in diesem Moment machte er einen riesigen, lautstarken Seufzer -ähnlich des Seufzers wenn bei einem Selbstmörder der Strick gelöst wird- und er erholte sich mit den nächsten Schnaufern/kräftigen Atemzügen sichtlich.

Er ließ sich sowohl an den Füßen fixieren -mutige Ostheimer halfen mit- und ließ sich auch die Handschellen von mir anlegen.

Immer noch hatte ich den großen Seufzer im Ohr, der ihm das Leben gerettet hatte! Anders ausgedrückt, hätte ich ihn, wenn ich nicht in dieser Sekunde den Ellenbogendruck von seinem Adamsapfel gelöst hätte, mehr oder weniger erwürgt…..

……………..unvorstellbar!

……………..und auch lang nachwirkend - bis heute unvergessen!

Es waren mir noch lange vor Augen: Gesichtsfarbe – Seufzer – und die Schaulustigen aus den umliegenden Gebäudefenstern.

Das Einsatzprotokoll wurde von mir so geschrieben, dass es passte. Das heißt, Conny und ich erstatteten gegen „Zet" keine Anzeige wegen Widerstands gegen Vollstreckungsbeamte oder wegen Körperverletzung usw. Was soll das? Nur das was er gegenüber dem guten, angesehenen Mitbürger, dem Bankchef, zu verantworten hatte, wurde der Staatsanwaltschaft vorgelegt.

Dieses Zusammentreffen mit meinem weitläufigen Verwandten sollte nicht das letzte gewesen sein. Bald wurde wieder nach ihm gefahndet. Ich war schon zwei Tage bei den Streifenfahrten sehr wachsam. Ich wollte ihn finden. In Ostheim bekam ich den Tipp (manche Polizisten bekommen noch Tipps……!), man habe ihn in der öffentlichen Toilettenanlage in Ostheim, „Am Schlösschen" gesehen. Ganz in der Nähe des „Geldmenschen", im Bereich von dessen Wohnung. Vermutlich würde er erneut an diesen „herantreten".

Ich war alleine auf Streife und ging auch, entgegen allen polizeilichen Sicherheitsbestimmungen, ohne Begleitung, in diese Toilettenräume und traf dort tatsächlich den „Zet". Sichtlich erschrocken, sicher weil er den gewalttätigen Einsatz bestimmt noch gespeichert hatte, ließ er sich nach kurzem Wortwechsel von mir festnehmen. Ich verständigte die Dienststelle und er wurde vorschriftsmäßig mit zwei Mann Begleitung abtransportiert.

Der nächste erwähnenswerte Fall mit „Zet" war etwas anders. Erneut ging es darum, „Zet" „einzufangen". Keiner fand ihn. Tagelang wurde wieder gesucht und ermittelt. Entweder war er vor uns da oder er kam nach uns. Wir verfehlten ihn immer.

Bis auf die eine Situation, als ich nach Frühschichtende zusammen mit Kollegen „Berni" auf dem Heimweg war. Wir fuhren um die Mittagszeit mit meinem Privat-Auto, in „Räuberzivil" (Diensthose mit Privatjacke) durch Ostheim, da sah ich in der Ortsmitte (wieder im Bereich des Bankchef), wie „Zet" uns am linken, breiten Gehweg entgegen lief. Ich stoppte, ohne „Berni" noch etwas sagen zu können vor der Telefonzelle meinen Pkw, sprang aus meinem Fahrzeug, rannte über die Straße und „Zet" ein paar Meter hinterher, baute mich vor ihm auf und sagte scharf:

„Komm mit!“ Er erschrak, ging bereitwillig mit zu meinem PKW und setzte sich hinein. „Berni“ und ich fuhren ihn zur weiteren „Bearbeitung“ nach Mellrichstadt zur Polizeidienststelle.
Wir übergaben ihn an den diensthabenden Kollegen „Walberi“.
Später auf der Heimfahrt meinte „Berni“, er habe „Zet“ gar nicht gesehen und bei meiner raschen Reaktion als erstes gedacht: „Spinnt er jetzt?“

Anzumerken ist, dass sich „Zet“, nach diesem einen, körperlich betonten Vorfall, bei mir nie mehr zur Wehr gesetzt hat. Den Einsatz, bei dem ich ihn evtl. fast erwürgt hätte, hatte er sich auf seine Weise gut gemerkt, aber ich mir auf meine Weise auch….

Leistungsprämie

In diesem Zusammenhang mit „Zet“ eine Story, die wie ein Märchen klingt.
Einige Monate danach mussten bei der Dienststelle wieder Leistungsprämien verteilt werden. Es war angeordnet, dass dies so zu handhaben ist, dass das „Judas-Geld“ -wie ich es gerne nannte- an die Streifenpolizisten verteilt werden muss. In diesem Jahr wurde es gesplittet und es sickerte durch, dass auch „Berni“ und ich, wegen des letzten „Zet“-Einsatzes, zur Leistungsprämien-Debatte anstanden.
Tatsächlich bekamen wir jeder 100,- €, für etwas, das für mich selbstverständlich war. Ich ging zum damaligen Stellvertreter, „Kleinwilli“, -auch zum neuen Chef

ging ich nicht freiwillig („Gehe nie zum Chef, wenn du nicht gerufen wirst!")- und hinterfragte diese Zuwendung. Er wollte eigentlich nicht groß darüber sprechen, meinte jedoch abschließend, dass ich dies so sehen soll, dass vielleicht damit **„auch etwas anderes gut gemacht werden kann!?**

Nachdenklich verließ ich sein Dienstzimmer und wusste nicht, soll ich mich freuen oder ärgern, soll ich lachen oder weinen, soll ich das Geld zurückgeben oder behalten oder einem gemeinnützigen Zweck oder meinen Kindern zukommen lassen?

Schließlich einigte ich mich mit „Berni" dahingehend, dass wir wegen dieser insgesamt 200,- € im Sozialraum der Polizeidienststelle zu einer Brotzeit für alle einladen werden. Ich heftete einen Anschlag ans „Schwarze Brett", dass wir am übernächsten Tag in der Mittagpause Wurst und Brot (Gehacktes, Tomaten und Gurken, Butter und Käse) besorgen und zusammen das Geld „ver(fr)essen" wollen.

Gesagt getan. Die gute, reichliche Brotzeit wurde in geselliger Runde und im polizeifreundlichen Rahmen, also alkoholfrei, nur mit Kaffee und Cappuccino, Limo und Cola, durchgeführt.

Etwas später erfuhren wir, dass die Anregung, also der Impuls für diese „finanzielle Belobigung", von unserem Fladunger Kollegen-Freund „Walberi" kam. Er hatte damals auf der Dienststelle den Festgenommenen übernommen, unser Handeln auf dem Heimweg als eine Besonderheit gemeldet und uns für die Leistungsprämie vorgeschlagen. Danke!

40jähriges Dienstjubiläum

Ein Jahr bevor ich in den Ruhestand ging, feierte ich im August 2009 mein 40jähriges Dienstjubiläum. Der neue Chef überreichte mir die Dankesurkunde des Freistaates Bayern. Danach lud ich zur Brotzeit im Sozialraum der Dienststelle ein.

Mein Bepo- und München-Riem-Kollege „Rambo“ hatte auch diese Ehrung erhalten. Er war Tage zuvor mit seinem Dienststellenleiter von Bad Königshofen i.Grf. (zusammen mit unserem ehemaligen Stellvertreter „Kleinwilli“, der inzwischen dort Chef war) uniformiert in der Zeitung abgelichtet.
Nachdem mir der neue Chef dieses Presse-Angebot nicht unterbreitet hatte, man mich jedoch von Seiten der örtlichen Reporter danach gefragt hatte, fertigte ich, zusammen mit meinem Presse-Bekannten Bernd, kurzerhand einen kleinen Artikel. Ein Bild mit Urkunde und Polizei-Shirt „Die Besten gehören zu uns“. Am nächsten Tag erschien -zusammen mit dem 40er Reim- das Bild in der örtlichen Presse, im „Rhön- und Streuboten“.
Auch hier war bei der Dienststelle wieder Missgunst angesagt, denn **EINER** befestigte diesen Zeitungsausschnitt mit seinem unkollegialen, frechen Kommentar am „Schwarzen Brett“.
Vielleicht hatte **ER** (ein neuer Anonymus) ja diese Art Anschläge von uns abgeschaut. Der neue Chef stand logsicherweise dieser Art von Presseartikel nicht unbedingt positiv gegenüber.

Ja, so ist er halt: Der „Lange Bach“!

40 Jahre im Polizeidienst

Vor 40 Jahren, war das ä Sach', ging er zur Polizei, der „Lange Bach". Ausbildung in Würzburg/München/ Fürstenfeldbruck, die 3 (Lehr-)Jahre in der Fremde vergingen ruck-zuck.

Danach ging's zur („königl.") Bayrischen Grenzpolizei, man setzte ihn ein Jahr in München-Riem am Flughafen ein. 1973 heimatnah zur Grenzpolizeistation nach Fladungen versetzt, hat er nicht nur an der DDR-Grenze „seinen Schnabel gewetzt".
1989/90 dann die Grenzöffnung, die Auflösung der Grenzpolizei. Für viele war's gut, es musst' einfach sei! Doch die Auflösung der GPS Fladungen, das ist gewiss: „Das war die zweite Vertreibung aus dem Paradies!"
Seitdem steht er bei der Landespolizei in Mellerscht seinen Mann, der leutselige Zwei-Meter-Gendarm, den man gebrauchen und mögen kann. Seit Jahren als engagierter Fahrerflucht-Sachbearbeiter eingesetzt, hat er manch' Unfallflüchtige(n) vor den Kadi gesetzt.
Noch zwei Winter, dann kommt für PHK Gerhard Bach die letzte Epoche: Dann wird das „Markenzeichen" in den Ruhestand „geschossen". FOTO STÄDTLER

„Vertrauen ist gut, Kontrolle ist besser“

Nach diesem Motto handelte wahrscheinlich auch mein neuer Polizeichef, mein letzter, ein wenig jüngerer Dienststellenleiter, als er eine dienstliche Angelegenheit überprüfte. Er musste mich, den 58jährigen Unfallflucht-Sachbearbeiter nochmal testen. Ich wurde zu einem „Unerlaubten Entfernen vom Unfallort“, zu einer Unfallflucht in Mellrichstadt gerufen. Beim Eintreffen stellte ich fest, dass sich der Unfall auf einem großräumigen Firmengelände ereignet hatte, also auf „nicht öffentlichem Verkehrsgrund“.

So teilte ich dem Geschädigten mit, dass deswegen keine VU-Aufnahme erfolgt, half ich ihm jedoch bei der Kennzeichen-Recherche, um an den Lkw-Fahrer zu kommen der die Hausecke beschädigt hatte.

Ergo vermerkte ich im Neuigkeitsordner der Polizei: „Keine Verkehrsunfall-Aufnahme, da nicht öffentlicher Verkehrsgrund“. Es muss sich um „öffentlichen Verkehrsgrund“ handeln, wenn ein Unfall polizeilich aufgenommen werden soll.

Am nächsten Tag beauftragte mich mein Chef, zusammen mit ihm die Unfallstelle zu besichtigen.

Als ich mit dem Polizei-Audi durch die breite Hofeinfahrt des Firmengeländes fuhr und ihm erklärte, dass sich der Unfall 30 Meter nach dieser Einfahrt, an der dortigen Hausecke ereignet hatte, meinte er nur: „Sofort umdrehen!“ Selbst er erkannte gleich, dass hier kein „öffentlicher Verkehrsgrund“ vorliegt.

Ja, ja, von wegen:

„Einem alten Trapper in den Colt schiffen…!

Großzügiges Wegsehen

Bei einer anderen Sache kam dieser Chef rein zufällig vorbei. Er fuhr alleine mit dem Dienst-Pkw durch meine Heimatortschaft Sondheim v.d.Rhön und sah die Fällung der großen Friedhofsbirken, direkt an der Kreisstraße. Die halbseitige Straßensperrung reichte beim Fällen der sechs bis sieben Meter hohen Bäume nicht aus und so wurde die Kreisstraße sicherheitshalber kurz beidseitig gesperrt.

Der Chef erfuhr bei dieser Überprüfung vom Förster, dass auch ich bei dieser Aktion gerade irgendwo anwesend bin und die „öffentliche Sicherheit und Ordnung" gewährleistet sei. Ich war gerade 50 Meter weiter, in einer Seitenstraße und gab den Gemeindearbeitern Weisung.

So weit, so gut. Wäre da nicht der Umstand gewesen, dass ich zur Zeit im Krankenstand war.

Als Gemeinderat hatte ich mir von unserer Frau Bürgermeisterin den Auftrag geben lassen, bei der Fällung mal nach dem Rechten zu schauen. Ich ging, stark eingemummt, mit meiner abklingenden Grippe, die 200 Meter von der Wohnung bis zum Friedhof, um mich zu informieren, ggf. Anweisungen zu geben. Eine Viertelstunde später war ich wieder zu Hause.

In diesem kurzen Zeitabschnitt kontrollierte zwar der Chef die Aktion, nicht aber meine Situation!

Er fuhr weiter, belehrte mich verständlicherweise nach meiner Genesung entsprechend…

So geht es also auch:

„Schauen ist Silber - Wegschauen ist Gold!"

Verfügungsgruppe & GäE

Noch heute halte ich die letzte Super-Truppe aus der Verfügungsgruppe in Mellrichstadt zusammen. Wir gehen noch immer alljährlich Anfang Dezember zum Gänseessen (GäE). Zuvor wird eine dreistündige Wanderstrecke festgelegt und dann eingekehrt. Jeder freut sich schon auf den von mir organisierten Tag. Wir sitzen in froher Runde mit meist 12 Personen (Männlein und Weiblein) zusammen, essen und klönen.

Als wir noch Dienst verrichteten, machte ich immer bei allen GäE-Kandidaten im Dienstplan den GäE-Vermerk, damit keiner den Termin verschnappte.

Einmal hinterfragte jedoch der letzte Dienststellenleiter den „GäE"-Eintrag im Dienstplan und bat nach entsprechender Erklärung, Kollegen Walter, diese Art von Einträgen zu unterlassen, da dies wahrscheinlich von „Grüppchenbildung" zeugte. Okay, dann habe ich halt jedem eine dienstliche e-Mail geschrieben.

Wir treffen uns -nach meiner jetzt privaten e-Mail-Einladung-, zusammen mit unseren Frauen, zu dieser Rhön-Wanderung mit kurzem, von mir mitgeführtem Glühweinumtrunk in freier Natur und anschließendem Gänseessen (GäE) in wechselnden Wirtshäusern.

Wir stapften sogar mal bei sehr starkem Schneetreiben über den Oberfladunger Heimatblick nach Frankenheim/Thüringen. Der Schnee war kniehoch und die Sicht betrug nur wenige Meter.
Herberts Handy-Navi brachte uns schließlich sicher nach „Frankenheim“ zur Gaststätte „Schweinebucht“, wo wir mit knusprig servierten Gänsebraten entschädigt wurden.

Die Leute vom GäE-Club
bei einer :
Kreuzbergwanderung.
„Berni“, Walter, Herbert, ich.
Es fehlt: “Lubber“

Walter hatte an diesem Nachmittag einen Bürgermeistertermin wahrzunehmen (er war neben dem Polizeidienst auch zwei Perioden ehrenamtlicher Bürgermeister in seinem Heimatort). Er kam, zusammen mit seiner Frau, erst abends zum Essen nach.
Nicht erst bei diesem Gänse-Essen hörte ich das Frankenheimer Lied und gebe dies, weil es mir so gut gefällt, in Thüringer Dialektform, gesanglich immer wieder zum Besten.

Frankenheimer Lied

Über diese thüringische Grenzortschaft Frankenheim, hoch oben auf der Rhön, direkt an der DDR-Grenze , also im Sperrgebiet , in der 500-m-Zone gelegen, gibt es unter anderem dieses schöne Lied. Das in original Thüringer, genauer gesagt, kantigem Frankenheimer Dialekt gesungen wird:

„Mir senn äus Frankeme on doe ess schüü,
doe gitts schu ä Liedle drüü.
Äus Frankeme, doe ess ons Mame on der Pape,
Eu seid nitt äus Frankeme, does sitt me aach.

Än Sonntich, doe gitts Schneppel,
bestömmt aach beim Paule Rippel.
Än Sonntich, ja doe könnt ihr bei ons äss,
mit Wasserhütes könnt ihr Euch dann vool gefräss.

Mir senn äus Frankeme…..

Bann`s warm ess gitt`s aach vill Durscht,
on ohne woas zu treinke schmackt kei Wurscht.
Die Frankemer die treinke aach banns kalt ess,
drömm künnts aach selten vür, döß einer krank ess!“

Hier die Übersetzung, die sich wegen des Dialekts manchmal nicht reimt:

Wir sind aus Frankenheim und da ist`s schön,
da gibt`s schon ein Liedchen darüber.
Aus Frankenheim da ist unsere Mutter und der Vater;
Ihr seid nicht aus Frankenheim, das sieht man auch.

Am Sonntag, da gibt es Kloßbrocken,
bestimmt auch beim Paul Rippel.
Am Sonntag, ja da könnt` ihr bei uns essen,
mit rohen Klößen könnt ihr euch dann voll fressen.

Wenn es warm ist, gibt`s auch viel Durst.
Und ohne was zu trinken schmeckt keine Wurst .
Die Frankenheimer trinken auch wenn`s kalt ist,
drum kommt`s auch äußert selten vor, dass einer krank ist.

Bezahlen eines Verwarnungsgeldes mit Hartgeld

Wir 4 - 5 Mann von der Verfügungsgruppe wurden fast täglich zu Verkehrskontrollen eingeteilt oder mussten in der Schicht aushelfen.

Hauptsächlich ging es dabei um LKW-, Gurt-, Handy-Kontrollen, Parküberwachungen, Radar-, Laser-, Alkohol- und Fahndungskontrollen.

Bei einer Solo-Parküberwachung (alleine, ohne zweiten Streifenpartner) in Ostheim v.d.Rhön, am 29.04.1995, beanstandete ich drei oder vier Pkw wegen fehlender Parkscheibe: Ich stellte Verwarnungen mit Zahlungsaufforderung (im Volksmund „Knöllchen“) über 5,- DM Verwarnungsgeld aus und befestigte diese an der Windschutzscheibe (sog. „Scheibenwischerpost“). Tatbestand war: Parken ohne Parkscheibe im Bereich eines eingeschränkten Halteverbots für Zone, KZ: 41334. Nach diesen Beanstandungen beendete ich die Park-Überwachung. Ich hatte ja Arbeitsnachweise(!) und wollte schnell noch im nahe gelegenen Reinigungsgeschäft (in Ostheim) meinen Dienstanorak abgeben.

Vor dem Geschäft sprach mich in hessischem Dialekt ein fremder Mann an, ob er ein Verwarnungsgeld bei mir einzahlen könne. Ich sagte ihm dies zu, bat jedoch um Geduld, da ich erst meinen Anorak abgeben wolle.

Kurz darauf kam ich zurück und er hielt mir mehrere Münzen (5-Pfennig- und 10-Pfennig-Stücke) mit den Worten entgegen: „Das ist erst `mal 1,- DM.“ Ich verlangte, dass er das Geld abzählen und dazu die Münzen auf die niedrige, steinerne Schaufensterbank des Reinigungsgeschäftes aufschichten soll. Obwohl ich anmerkte, dass ich nicht verpflichtet sei so viel Kleingeld anzunehmen, sagte ich ihm dies zunächst zu.

Ich holte meinen Quittungsblock im Dienstauto geholt hatte, sah ich wie er auch Pfennig- und Zwei-Pfennig-Stücke aufschichtete.

Ich betonte nun etwas energisch, dass ich Pfennig-Stücke nicht entgegennehmen muss, drehte ab und begab mich zum Dienst-Pkw. Er rief lautstark hinterher, dass ich verpflichtet sei „Deutsches Geld" anzunehmen. Ohne Worte fuhr ich weg.

Als der aus Frankfurt stammende Verkehrssünder später von der VOWi-Stelle eine Anhörung zur Verkehrsordnungswidrigkeiten-Anzeige zugesandt bekam, äußerte sich der 1940 geborene Mann Ende Mai 1995 schriftlich so:

„Ich überweise unter Vorbehalt. Bitte teilen Sie mir mit, wo und auf welche Weise ich Beschwerde gegen das Verhalten von PHM Bach einlegen kann. Wegen Beschimpfung und Beleidigung durch PHM Bach, der auch die Bezahlung am Ort verweigert hat, betrachtete ich die Sache für erledigt."

Ich musste natürlich noch eine schriftliche Stellungnahme hierzu abzugeben.

Danach habe ich nichts mehr von der Sache gehört; weder von meiner Dienststelle noch aus Frankfurt von Herrn G. J.

Irgendwo hatte ich Jahre zuvor mal etwas von dieser Nichtentgegennahme von Kleingeld gehört und dann auch die Gesetzesstelle heraus gesucht:

§ 3/I MünzGesetz hat folgenden Wortlaut:

„Niemand ist verpflichtet auf Deutsche Mark lautende Münzen im Betrag von mehr als 20 Deutsche Mark und auf Pfennig lautende Münzen im Betrag von mehr als 5 Deutsche Mark in Zahlung zu nehmen."

Als ich Tage später meinen Dienstanorak abgeholt habe, meinte die nette Reinigungsfrau, die auch hessischen Akzent sprach, ob und wie ich denn mit dem frechen Mann und dessen Kleingeldaktion zurechtgekommen sei. Ich klärte sie über die Nicht-Annahme von Kleingeld im Sinne des Münzgesetzes auf.

Stasi-Einträge

2006 stellte ich den Erstantrag an den „Bundesbeauftragten für die Unterlagen der Staatssicherheit der ehemaligen DDR“, 2009 den Zweitantrag und 2014 den dritten Antrag, zur Einsicht in „meine Stasi-Akten“. Bisher kam nur die Mitteilung, dass ich registriert war und mindestens seit 30.10.1980 überwacht wurde. Speziell auf mich angesetzte, namentlich bekannte Leute der NVA oder Stasi beschatteten mich unter dem Decknamen „Jumbo“ und „Speicher“. Genauere Erkenntnisse erbrachte auch der inzwischen beantwortete Antrag vom 19.02.2014 nicht.

Logisch erscheint mir meine Registrierung ohnehin. Habe ich doch bei vielen Grenzführungen, hauptsächlich an der Wegesperre Oberfladungen/Melpers referiert und „der Feind“ lag nur zehn Meter entfernt in einem (Schützen-)Graben. Somit konnten die NVA-Soldaten ganz leicht meinen Grenzvorträgen entnehmen, „dass ich nicht gerade eine Lobeshymne auf die DDR gesungen habe“.

Ich beschrieb immer genauestens die Grenzregion und schilderte die Situationen ähnlich dem zuvor abgedruckten „Rückblick“ meines Chefs Bertold, indem ich Flüchtlingsschicksale in meinen Vorträgen mit eingebaut habe.

Pensionsfeier

Endlich war es soweit, der Dienst war zu Ende und ich lud am 21.11.2010 zu meiner Pensionsfeier ein. Bei den Vorbereitungen stellte ich gleich fest, dass nicht alle Gäste zusammen in unseren Gemeindesaal Platz finden werden.
Nun bot es sich unter anderem wegen Terminüberschneidungen an am ersten Abend, dem 20.11.2010, mit 120 Gästen (Verwandtschaft/Kollegen/Freunde/ Gemeinderat) in meinen Geburtstag hinein zu feiern. Und am nächsten Vormittag noch ein Bayerisches Frühstück, mit ca.70 Gästen, zu arrangieren. Gesagt – getan. Ich buchte für Herrn Direktor in Sondheim v.d.Rhön, im Gästehaus „Bahrablick" ein Zimmer; denn er hatte sein Kommen zugesagt.

Meine Begrüßungsrede dauerte fast eine Stunde. Dementsprechend lange mussten die Gäste auf die Spezialitäten wie mein Lieblingsessen Entenbraten und Lendchen sowie Lachsfilet warten.
Das Fest wurde zu einem sehr gelungenen Unterhaltungsabend, zur reinsten privaten Faschingsprunksitzung. 23 Redner hatten gelungene, ehrenvolle Vorträge zum Besten gegeben und das Programm dauerte bis weit nach Mitternacht.
Neben dem lieben Gedichtchen meiner beiden Enkeltöchter Paula & Johanna (damals 6 und 4 Jahre alt) trug auch der eingeladene und inzwischen pensionierte Polizeidirektor, Herr K., der einerseits mal meine Versetzung angestrebt hatte, andererseits mich aber zu seiner eigenen Versetzungs-/Abschiedsfeier eingeladen hatte, eine inhaltsreiche, den Nagel auf den Kopf treffende Laudatio vor.
Ein Volltreffer!

Verabschiedung von Herrn Gerhard Bach

Ich stehe hier und Ihr wollt wiss`,
Was das fürn Kerl da vorne is`.
Ich war, die meisten wissen`s schon,
Einst Chef der großen Direktion
Und heut`, auch das ist schon bekannt,
Befind` ich mich im Ruhestand.

So fehlt`s bei Sach- und Örtlichkeit
An jeglicher Zuständigkeit,
Um hier vor Euer aller Blicken,
Herrn Bach in die Pension zu schicken.
Doch kann ich ihn, als altes Eisen,
Im Ruhestand willkommen heißen.

Rund 40 Jahr dem Staat gedient;
Den Ruhestand hat er verdient.
Auch wenn`s der Staat ihm dadurch dankt,
Dass er uns in die Taschen langt.
So wird uns Lohn und Geld entrissen,
Das er zuvor hinausgeschmissen.

Als Staatsdiener muss man das schlucken,
Ohne dabei noch aufzumucken.
Für den Staat sind wir nur Knechte,
Voller Pflichten – fast keine Rechte!
Nur bei der Wahl er nicht vergisst,
Dass unsereins auch Wahlvieh ist.

Doch genug von der Verdrossenheit;
Auch wenn`s uns ärgert Zeit für Zeit;
Es gibt halt Tiefen und auch Höhn;
Der Polizeiberuf ist dennoch schön.
Tatkraft und Mut sind hier gefragt;
Verantwortung ist angesagt;
Doch auch Verständnis darf nicht fehlen;
Menschlichkeit und Freundschaft zählen.

Dies hat bei Gerhard Bach gezählt,
D´rum hat er den Beruf gewählt.
Rund 40 Jahre Dienst verrichtet,
Dabei so manchen Vers gedichtet,
Für Büttenreden, Fasenacht;
Selbst mich hat er damit bedacht,
Zu meinem Abschied erhielt ich von ihm ein Gedicht
Und folgenden Vers vergesse ich nicht:

„Sie wissen ja, dass man Vieles alleine machen kann,
Wie Lesen, Essen, Arbeiten, Schlafen und so`n Kram.
Doch eines kann man nicht alleine, sag ich nochmals heute,
Und das ist Feiern: Denn zum Feiern braucht man Freunde!“

Mit solchen Versen war er bald im ganzen Land
Als Philosoph der Rhön bekannt.

Als Polizist war er auf Draht,
Daneben noch Gemeinderat.
Bei Verkehrskontrollen hat er gefahndet,
Die Unfallflucht bekämpft, geahndet;
Als Streifenpartner war er gefragt,
Denn welcher Störer hät`s gewagt,
Den Langen Bach nur anzufassen?
Man konnte sich auf ihn verlassen.

Ein Riesenmannsbild voller Kraft,
Den hätt` alleine keiner g`schafft.
Nur – eines konnt` ihm Angst einjagen:
Er konnte keine Hund` ertragen.
Und war der Köter noch so klein,
Für Gerhard Bach war es `ne Pein.
Und in der Chronik steht geschrieben,
Wie einst zwei Pinscher ihn getrieben,
Und durch den ganzen Ort gehetzt,
Bis er sich hoch auf´s Fass gesetzt.
Dort saß er zitternd und benommen.
Bis die Verstärkung angekommen.

Auch Vögel konnt` er lang nicht leiden,
Doch ließ es sich meist nicht vermeiden,
Mit einem Vogel auszukommen,
Um dienstlich auch voran zu kommen.
Es war ein langes, zähes Ringen
Und schließlich musste ich ihn zwingen,
Mit Engelszungen überreden,
Den Vogelschützern beizutreten.
Es war keine Liebe, darauf kam es nicht an,
Dem Betriebsklima hat `s aber gut getan.

Was macht der Lange Bach jetzt, ohne Dienst, ohne Polizei?
Im Winter Ski-Langlauf, sonst die Schnaps-Brennerei!
Vielleicht find` er Zeit, sein Akkordeon zu plagen?
Denn wie mir Kollegen und Mitstreiter sagen,
Ist sein Repertoire nicht besonders groß,
Seit Jahrzehnten beherrscht er zwei Lieder bloß:

Es gibt kein Bier auf Hawaii und die Gäß is` verreckt;

Damit hat er schon ganze Generationen verschreckt.
Doch ich versprech`, mich würd`s nicht stören,
Dürfte ich heut` eine Kostprobe hören.
D`rum hör` ich jetzt auf mit meiner Red`,
Und wir zwei singen im Duett.

Doch vorher sag ich vielen Dank,
Für Einladung und Speis und Trank.
Die Einladung ist vier Jahr` her,
Sie ist für mich `ne große Ehr`.

Ich sage Servus und wünsche das Beste,
Für Ihre Zukunft und heut` zu dem Feste.
Gesundheit, viel Glück und niemals Krach,
Das wünsch` ich von Herzen dem Langen Bach!

Jürgen Karl
11/2010

Herr Direktor schenkte mir -meinem Hobby entsprechend - ein kleines Holz-Schnapsfässchen und feierte mit uns bis weit nach Mitternacht.
Am nächsten Morgen folgte er nochmal meiner Einladung und erfreute sich, zusammen mit den Frühschoppen-Gästen, am Weißwurst-/Leberkäs-/Gehacktes-Frühstück. Besonders angetan hatten es ihm die Gehacktes-Stangen.
Gegen Mittag verabschiedete er sich. Eine für mich sehr ehrenvolle Männerfreundschaft war entstanden!
Just in diesem Moment, als mich am 11.12.2012 der Postbote beim Buchschreiben unterbrach, ließ mir Herr K. wieder eine Weihnachtskarte zustellen, aufgegeben am Starnberger See.

Nach wenig Schlaf stand am nächsten Morgen der Bayerische Frühschoppen mit dem OCC, dem Gehacktes-Club, dem Rentnerclub und weiteren Freunden an. Auch hier wurden von dem einen oder anderen der ca.70 Gäste nochmal nette Vorträge zum Besten gegeben.
In den späten Nachmittagstunden ging die Feier am zweiten Tag ihrem Ende entgegen. Ich war leicht erschöpft und zugleich stolz, so viel Wertschätzung erfahren zu haben.

Übrigens hatte ich -bis auf **einen** Vorgesetzten- fast alle Kollegen, einen Teil per Anschlag am „Schwarzen Brett" der Dienststelle, den anderen Teil schriftlich oder persönlich- eingeladen. Drei hatte ich wegen zwischenzeitlicher Versetzungen wirklich vergessen. Zwei oder drei **ANDERE** waren so fair und folgten meiner Einladung nicht….!

Der „Lange Bach“ hat all das zurück bekommen was er jahrelang an Liedern, Gedichten, Laudatios für andere geschrieben und vorgetragen hat!
Das ist mehr als das Problem mit e i n e m C h e f . Das ist mehr als der Zwist mit nicht mal einer Handvoll a n d e r s d e n k e n d e n K o l l e g e n .

Das ist Lebensfreude pur. - **Das ist F r e u n d s c h a f t !**

Dienstende

Gemäß dem Schlager, **„Alles hat ein Ende nur die Wurst hat zwei!“** habe ich, bei einigermaßen guter Gesundheit, das irdisch-dienstliche Fegefeuer beendet/überstanden und freue mich mit meinen vielen, guten Freunden der kommenden, hoffentlich gesunden Pension-Jahre.

Hier liegt mir vor allem meine Gemeinde Sondheim v.d.Rhön am Herzen; denn es krankt -wie heutzutage üblich- inzwischen an vielen (Vereins-)Ecken. Die Jugend zieht arbeitsbedingt weg und wir Alten bleiben zurück. Die kleinen Dörfer sterben aus. Hier ist die Politik gefordert, etwas zu tun!
Auch erfreue ich mich an meiner neuen Pensionisten-Aufgabe, als voll akzeptierter Museumsführer des Freilandmuseums Fladungen. Hier kann ich mich mit ganzer, heimatverbundener Leidenschaft einbringen und farbige, heitere, lehrreiche Eineinhalb-Stunden-Führungen, gespickt mit Rhöner Lebensart und Bräuchen,

bieten. Ein paar Worte „aus dem zweiten Paradies“ tragen manchmal zur guten, kurzweiligen Unterhaltung bei.
Inzwischen wurde ich beim Amtsgericht in Bad Neustadt/Saale als Schöffe vereidigt und stelle mich gerne und pflichtbewusst dieser interessanten Aufgabe.

Des Weiteren pflegen wir Polizei-Pensionisten einen von mir im Jahre 2011 ins Leben gerufenen, monatlichen Stammtisch. Unser Emblem, das unser Karikaturist Felix gefertigt hat, trägt natürlich das Zeichen unserer heißgeliebten Grenzpolizei.

So manche, sehr interessante Geschichte gäbe es noch zu erzählen, diese gehören aber in die Rubrik Eigenschutz/Schutz der Familie…….

Somit möchte ich hier, im Jahre 2014, zum 25. Jahrestag des Mauerfalls, „mein Buch", meine Dienst-und auch ein bisschen Privatzeit abschließen und hoffe, mit der

„Zweiten Vertreibung aus dem Paradies"

etwas zur Erheiterung, aber auch zur Aufklärung -nicht nur in der Rhöner Region und nicht nur in Polizeikreisen- beigetragen zu haben.
Selbstverständlich hat der eine oder andere auch das Recht manche Passage als „Nestbeschmutzung" einzustufen; doch die Wahrheit lässt sich oft nicht kaschieren.
Deshalb der Spruch, den ich vor ein paar Jahren in einer Münchner Gaststätte las:

„Ein Tag der ohne Lachen war,
bringt leicht die Schönheit in Gefahr.
Er wirft Dir Falten ins Gesicht,
drum Lache viel, vergiss` das nicht!

….auch manche Männer sind eitel!

Der Lange Bach

136 LOKALES SAMSTAG, 27. NOVEMBER 2010, SEITE 7

Der „Lange Bach" geht Ende November in Pension

Über 41 Dienstjahre bei der Polizei verbracht

Mellrichstadt. Ganz schön nach oben schauen musste Dienststellenleiter Egon Sturm, als er Polizeihauptkommissar Gerhard Bach die Ruhestandsurkunde überreichte. Der „Lange Bach", wie er auch genannt wird, geht nämlich nach über 41 Dienstjahren zum Ende des Monats November in den Ruhestand.

Der gebürtige Oberfladunger begann 1969 seine Polizeiausbildung bei der Bereitschaftspolizei in Würzburg. Bereits nach einem Jahr wurde er jedoch nach München versetzt und so musste sich der „große Junge" aus der Rhön unversehens in einer Großstadt zurechtfinden.

Nach seiner Ausbildung verrichtete Bach dann zunächst für neun Monate Dienst bei der damaligen Grenzpolizeiinspektion Flughafen München-Riem. Im Spätsommer 1973 wurde Gerhard Bach schließlich an seine Heimatdienststelle, nämlich die Grenzpolizeistation Fladungen, versetzt. Dort verrichtete er seinen Dienst zum weitaus überwiegenden Teil an der innerdeutschen Grenze.

Bedingt durch die Grenzöffnung und Auflösung der Grenzpolizei im Jahre 1990 musste Gerhard Bach dann seinen Dienst bei der neu errichteten Polizeiinspektion Mellrichstadt antreten. Hier war er bis jetzt als Schichtbeamter, mit dem Schwerpunkt Unfallfluchtsachbearbeitung, tätig.

Im Jahre 2005 wurde Gerhard Bach zum Polizeihauptkommissar befördert und feierte im August des vergangenen Jahres sein 40-jähriges Dienstjubiläum. Auch im letzten Dienstjahr hat er es sich nicht nehmen lassen, noch einmal das Europäische Polizei-Leistungsabzeichen in Gold abzulegen. Der „Lange Bach" ist sicherlich durch seine Körpergröße aber auch durch seine anderweitigen Aktivitäten als Büttenredner und Gemeinderat weit über die Grenzen seiner Heimat- und Wohnortgemeinde hinaus bekannt geworden.

Polizeihauptkommissar Gerhard Bach (links im Bild) wird vom Dienststellenleiter Egon Sturm in den verdienten Ruhestand verabschiedet. FOTO: POLIZEI

..und nun zum Schluss, das ist ganz klar:

Uns allen noch viele gesunde Lebensjahr`.

Ewig Freundschaft – niemals Krach,

das wünscht allen Lesern: Der Lange Bach

Wir wollen jetzt anstoßen auf unser aller Wohl,

reicht uns die Gläser: „Macht vool, macht vool…!"

Alte Grepo-Dienststellenuhr

Neben verschiedenen positiven Gedanken, Freunden, Emblemen, Uniformteilen, Einsatzmitteln, blieb mir noch eine weitere wahre Rarität, nämlich die alte Dienststellen-Küchenuhr der GPS Fladungen, als Erinnerungsstück an die „20 Jahre Paradies".

Laut Aufschrift an der Uhrenrückwand durfte ich schon im Juli 1976 diese Uhr meinem uhrensammelnden Vater schenken, da die nicht mehr genau gehende Uhr „abgeschrieben" und eine neue, digitale angeschafft wurde.

Zufällig fand ich im Jahre 2002 diese alte, von meinem Vater reparierte Uhr, bei der Auflösung von Vaters Uhrensammlung wieder.

Seitdem hat die Uhr mit großem, ideellem Wert, einen Ehrenplatz im Hause „Gerhard Bach".

In Memoriam!

Teil III

Privates

Nach den 20 Jahren paradiesischer grenzpolizeilicher Dienstverrichtung folgten die nächsten 20 Jahre mit der nervenraubenden Landespolizeisituation, die es galt zu meistern, einigermaßen gut zu überstehen.
Rückhalt fand ich stets im privaten Bereich.
Zum einen stand mir immer meine Familie, voran meine Frau, zur Seite und zum anderen habe ich so oft es ging die Geselligkeit gepflegt: …..
"…..zum Feiern braucht man Freunde!"
Die „Zweite Vertreibung aus dem Paradies" möchte ich damit abschießen, indem ich noch einige interessante Privat-Beiträge anführe.

Kindheit & Jugendzeit

Ich hatte in dem kleinen 350-Seelen-Dorf Oberfladungen eine schöne, interessante, einfache aber fröhliche Kinder-/ und Jugendzeit verlebt (bis auf das leidliche Lernen!). Wir waren als Nachkriegskinder ein verhältnismäßig starker Jahrgang mit 13 Kindern! Die anderen Klassen waren nur 5 oder 6 Schüler.
Wir Buben hatten alle einen Spitznamen: „Gigs, Sax, Zipfel, Fine, Schnicki, Tsche & Meggi. Wir machten schon im Kindergarten einige „krumme Sachen". Tante Gunda hatte mit uns alle Hände voll zu tun. Einmal warfen wir „Tsche" aus dem

Parterre-Fenster, in den Spielhof, ins Blumenbeet (ca. 2 m tief). Zum Glück blieb er unverletzt. Ein andermal sprangen wir über den fränkischen Garten-Lattenzaun. Aber wir spielten auch Theater oder suchten Käfer und Schmetterlinge.

In der Schule ging es weiter mit den Streichen, bei Altlehrerin Inge Ortloff und Junglehrer Ekbert Warmuth. Der junge Lehrer hatte uns jedoch voll im Griff, machte viel Sport mit uns und ließ uns auch mal nachsitzen. Er hatte mit uns und unseren Eltern ein gutes Miteinander, spielte die Kirchenorgel und kommt heute noch gerne zu unseren, von mir organisierten Klassentreffen in die Rhön.

Vom alten Pfarrer Anders und auch von Junglehrer Eckbert bekamen wir nicht selten Schläge mit dem Stock, auch auf die Finger. Jedoch nicht auf den empfindlicheren Handrücken sondern nur auf die mehr fettgepolsterten Handinnenflächen. Instinktiv zog man manchmal die Hand ein wenig zurück und der Stockschlag ging ins Leere. Wir bekamen dann einen „Zuschlag".

Die andere Variante war, die Hand beim Schlag nicht zurückzuziehen sondern bewusst nach vorne zu schieben, nach vorne zu zucken. Das hatte den „Vorteil", dass sich dann der Pfarrer/Lehrer auf die eigene Hand schlug, weil er ja mit seiner linken Hand unsere Hand am Handgelenk festgehalten hatte. Das Echo war enorm; denn aus dem „Vorteil" wurde rasch ein Nachteil…….. Wieder: „Zugabe"!

Hier jedoch die heutigen Diskussionen zu schüren wegen der Züchtigung durch die Lehrer oder Pfarrer, würde mir nie in den Sinn kommen. Auch meine Eltern hätten sich deshalb nie bei der Schule beschwert. Wobei wir ja zu Hause nicht erzählt haben, dass „es Schläge gesetzt hatte", sonst hätten wir nochmal eine Tracht Prügel abbekommen.

Wir hatten „Mist gebaut“ und somit diese Maßregelungen, diese erzieherischen Maßnahmen verdient.
Zumindest war das „die einzige Sprache die wir verstanden haben“!
Die Strafarbeiten waren viel schlimmer, da sie länger gedauert haben und wir dadurch erst später „auf die Schlapp“ (zum Spielen ins Dorf) gehen konnten.

Als Ministrant hatte ich bald ausgedient. Mir passte ab dem Alter von etwa 15 Jahren, mit meiner damaligen Körpergröße von 1,96 m der Ministrantenrock nicht mehr. Pfarrer A., der sich mit dem damaligen Küster Julian überworfen hatte, „beförderte“ mich kurzerhand zum Mesner.
Doch wie einst Ludwig der XIV., habe auch ich mich damals aus Jux verbal selbst zum Obermesner „gekrönt“.
Ein Problem war in der Jugendzeit das Glockenläuten, auch wenn ich von unserm Wohnhaus zur Sakristei nur ca. 150 m entfernt gewohnt habe. Nicht der Weg, die Uhrzeit war das Problem. Es musste -nicht mehr mit Seil sondern schon elektrisch- eine Stunde vor der Messe das erste Mal geläutet werden, eine halbe Stunde zuvor das zweite Mal, eine viertel Stunde vorher das dritte Mal und schließlich wurde zusammen geläutet.
Am Sonntagfrüh, nach später Samstagabend-/Sonntagfrühheimkehr, dann z. B. um 08:00 Uhr das erste Mal zu läuten, war immer problematisch. Obwohl mich meine Mutter rechtzeitig geweckt hatte, bin ich meist nochmal eingeschlafen.
Meine Mutter beschloss mit mir den Kompromiss, dass sie Sonntagfrüh immer das erste Mal läutet und ich erst ab dem zweiten Läuten zur Kirche laufen musste, um den Schalter fürs Läutwerk zu betätigen.

Ich blieb nach dem zweiten Läuten gleich in der Sakristei und bereitete die Messe vor oder das Hochamt, wie Auflegen des Messgewandes.
Als nach dem zweiten Läuten auch der Pfarrer in die Sakristei hinzukam, musste ich diesen „Schürzen“ (beim Anziehen des Messgewandes helfen), die Altarkerzen anzünden, den Messwein herrichten (und auch mal verbotener Weise den Wein verkosten) und schließlich zusammenläuten.
Pfarrer A. entlohnte mich jährlich mit einem Buch, der Rest war für „Gottes Lohn“, wie er sagte. Fast bis zum 19. Lebensjahr, also bis zur Einstellung bei der Bepo, versah ich diesen ehrenamtlichen Mesner-Dienst.
Somit habe ich hoffentlich noch ein „Guthaben“, wenn ich einst vor Petrus` Türe stehe…

Wir Jugendliche streunten oft durchs Dorf, spielten Fußball und vergnügten uns mit einfachen Spielen wie „Nachwerferles“ oder „Der letzte Schlag“. Wir bauten Baumhäuser an der Streu, fuhren Fahrrad, fingen mit der Hand Forellen, schossen mit unseren selbstgebastelten Steinschleudern nach Spatzen oder nahmen Vogelkästen aus.
Ein “Eulennest“, im hohlen Baumstamm eines alten Apfelbaumes, der direkt an der Straße zur Erlesmühle, kurz vor der DDR-Grenze stand, überwachten wir so lange bis die Jungen flügge waren. Dann nahmen wir sie mit nach Hause, fütterten sie täglich mit Würmern und machten sie zahm. Der alte Taubenschlag, in den wir sie eingesperrt hatten, hatte einige Löcher im Lehmboden, durch die sind uns die kleinen Waldkäuze eines Tages ausgebüchst.
Wir suchten die ganze Scheune ab, die lieben Waldkäuze waren verschwunden. Nicht gerade erfreut nahmen wir dies zur Kenntnis….

Die lieben Käuze waren wahrscheinlich in den großen, angrenzenden Pfarrgarten in ihre Freiheit geflüchtet.

Mit 16 Jahren züchtete ich Brieftauben und hatte einmal mit dem „Alten Schwarzen", Nr. 717 (sh. Foto), einen großen Erflog. Der schwarze Täuberich (Vogel) war „Erster" beim längsten Preisflug, dem 750 km langen Budapest-Flug. Leider besaß ich keine eigene Stechuhr; ich musste mit dem Gummiring noch 200 m zu dem älteren Taubenfreund Wolfgang rennen und in dessen Taubenuhr diesen Ring eindrehen/konstatieren lassen.
Bodenstiege/Haustreppe hinunter, Kirchberg hinunter, zu Wolfgangs Anwesen wieder kurz bergauf und schließlich bei ihm unters Dach zum Taubenschlag hetzen.

1969 mit dem „Alten Schwarzen"

In dieser Zeit machte ich den Moped-Führerschein und bekam von meinem Vater ein altes, blaues Miele-Moped. Mein Vater arbeitete als Zivilist, als Schuhmacher, bei der Bundeswehr in Mellrichstadt und ein Soldat hatte seit vielen Monaten das alte Moped dort stehen lassen. Ein Problem waren die fehlenden Fahrzeug-Papiere. Nichts desto trotz fuhr ich dieses Moped etwa ein Jahr lang, bis ich dann das heißersehnte Kleinkraftrad „Kreidler 5 Gang Super Sport", wenn auch als Gebrauchtfahrzeug, bekam.
Unser Wochenendziel -vier Kreidler-Fahrer und ein Hercules-Fahrer- war meist die Gaststätte „Sonnenhöhe" in Oberelsbach. Dort traf sich die Jugend.
Wir, „Harper", „Gigs", „Sax", „Wetzer", „Fine" und ich, „bussierten", wenn auch noch recht schüchtern, die schönen „Elsber" Mädchen.
Nach unsrer Zeit wurde diese Gaststätte zur Filmbar…

Unsere Schutzengel flogen immer bei unseren unbekümmerten, teils waghalsigen Kleinkraftrad-Fahrten mit und so passierte nichts Größeres. Auch wenn unsere „heißen Öfen" laut Tacho ca. 110 km/h gelaufen sind
Wer fährt „volle Pulle" über die Bahnschiene bei Heufurt?
Wer fährt am Ortsausgang von Urspringen am längsten so, dass der Fußraster schleift und Funken versprüht?
Wer ist am schnellsten auf der Hochrhönstraße am „Hexenbaum"?

„Harper" fiel einmal im Sommer in der nördlichsten Stadt Bayerns, in Fladungen, in der scharfen Rechtskurve beim Lebensmittelgeschäft „Lang" vom Kleinkraftrad, Kreidler. Er war beim Reinlegen in die Kurve auf dem weichen Teer weggerutscht,

hatte sich die Hose zerrissen und seine Oberschenkel-Schürfwunde war total teerverschmiert. Ich war mit meiner Kreidler hinter ihm hergefahren.
Bei mir zu Hause wurde von meiner Mutter seine Wunde gereinigt und die Hose geflickt. Weiter ging`s!

Um unser Taschengeld ein wenig aufzubessern, halfen mein Jugendfreund „Nuni“ und ich bei Waldpflanzarbeiten mit. Der Kapo war der Schneiderschuster. Wir fuhren mit meinem alten Miele-Moped zur Pflanzstelle in der Nähe vom „Heimatblick“. Nach der Arbeit wollte ich mit „Nuni“ im „Polizeigang“ (ohne eingelegten Gang), die etwa 3 km zum Dorf zurück fahren.
Auf einem verdreckten Fahrbahnstück, das vermutlich ein Holzrücker total verschmutzt hatte, konnte ich aufgrund der Geschwindigkeit nicht in der schmalen Fahrspur balancieren und wir beide stürzten in den Schlamm.
Meine Hose war kaputt und das rechte Bein erheblich abgeschürft.
„Nuni“ war auf mich gefallen und hatte sich nicht verletzt.
Die Unfall-Hose hatte ich am Speicher in einer Altkleiderkiste versteckt. Als meine Mutter nach Monaten diese Hose zufällig fand, waren die blutigen, zerrissenen Stellen von den Dachboden-Mäusen heraus gefressen. Mutters „Repressalien“ waren entsprechend scharf…

Zusammen mit „Nuni“ betrieb ich auch die Zwetschgenannahmestelle von Agnes, die wegen ihrer Kleinkinder Unterstützung brauchte. Dabei fiel im Herbst ein wenig Taschengeld ab und wir gönnten uns nach der Saison in Agnes Gastwirtschaft, „Zum Löwen“, in Oberfladungen, ein halbes Hähnchen mit Pommes. Das war damals, im Jahre 1967, ein bis heute unvergessener Festtag!

Oma Hedwig & Opa Florian

Zu meiner Oma Hedwig, mütterlicherseits, hatte ich als ältester Enkel ein sehr gutes und inniges Verhältnis.

Die Oma Ottilie, väterlicherseits, die sich sehr nach einem Enkel gesehnt hatte, war, obwohl noch jung an Jahren, bereits vor meiner Geburt verstorben. Mein Vater erzählte mir oft von seiner heißgeliebten Mama.

Oma Hedwig hatte den Opa Florian um über 30 Jahre überlebt und wohnte bis zuletzt in ihrem Haus in Oberfladungen, an der Hauptstraße, Ich wohnte mit meinen Eltern nur 250 m von Oma entfernt. Oft war ich als kleiner aber auch als großer Bub bei der lieben Oma, die so schön erzählen konnte. Ein alter Kleinkinderspruch von ihr war, indem sie meine offene Hand nahm und mit ihrer zweiten Hand verschiedene Gesten machte:

„Saalz, Schmaalz, griebele, gräbele.	(Salz, Schmalz > in die Hände gespuckt.)
Hörle gezopft, Nösle gezopft.	(Haare gezupft, Nase gezupft.)
Pitsche, patsche, patsche!“	(In die Hände geklatscht.)

Als sie am 13.01.1986, nach jahrelangem Bettlager starb, schaute ich im Nachtdienst immer weg, wenn wir an ihrem nicht mehr beleuchteten Schlafzimmerfenster vorbeifuhren. Wehmut kam auf, ja manchmal hatte ich sogar Tränen in den Augen. Den Kinderspruch mit dem Salz, erzähle ich heute noch meinen inzwischen acht- und zehnjährigen Enkelmädchen in Gerbrunn, Paula und Johanna. Sie hören aufmerksam zu, wenn ich von der Ururoma erzähle, sie ihnen beschreibe.

Ich erzähle ihnen, wie ich mit der lieben Oma die vier Kühe gehütet habe. Übern „Stellig" haben wir die Rinder, etwa vier Kilometer auf die Rhön, auf die Oberfladunger Hut getrieben. Dort wurden im Schatten einer großen Hainbuche die Hausaufgaben (3. u. 4. Klasse) gemacht.

Als mal die eine Kuh, nicht die brave „Bella", sondern der sogenannte „Gaul", ausbüchste und mein Schulfreund „Gigs" und ich versuchten, diese einzufangen, hängte sich „Gigs" kurzerhand an den Kuhschwanz und die Kuh rannte sich müde. Wir konnten sie wieder zu den anderen drei Kühen zurück treiben. „Gaul" hieß die eine Kuh deshalb, weil sie fast so stark wie ein Pferd war. Allerdings gab sie dafür auch weniger Milch.

Ich glaube wenn eine in den Himmel gekommen ist, dann meine gläubige Oma (röm.-kath.)! Sie hatte trotz ihrer kleinen Landwirtschaft (Opa war selbständiger Wagnermeister!) fünf Kinder geboren, wovon das zweite gleich verstarb.

Sie war mit ca. 70 Jahren von einem Pferdefuhrwerk gefallen -als sie ein örtlicher Landwirt mit seinem Gespann, quasi als Taxi, mit zum Feld nehmen wollte- und hatte sich den Oberschenkelhals gebrochen.

Davon hatte sie sich nie mehr richtig erholt. Sie war die letzten Jahre bettlägerig bis zum Wundliegen usw., usw…Sie ertrug alles mit Engelsgeduld und vor allem mit Gottvertrauen und dem Rosenkranzgebet. Der Rosenkranz lag immer auf ihrem Bettkasten.

Daneben stand eine kleine Keramik-Mutter-Gottes-Figur, die ich geerbt habe.

Der zu früh, bereits mit 59 Jahren, verstorbene Fuchs-Opa, war Wagnermeister und ließ mich oft beim Arbeiten zuschauen oder er spannte mich als 6 – 8 Jährigen mit ein. Einmal baute er mit mir Meisen-Nistkästen. Hierfür verwendete er die alten, weiß gestrichenen Bretter von ausgebauten Zimmertüren. Er nagelte erst eine Röhre, schnitt dann die Kästen in entsprechender Länge schräg ab und so bekamen wir davon etwa 5 Nistkästen. Dach und Boden wurden noch angebracht, bevor das Schlupfloch mit einem Forstner-Bohrer eingebohrt und ein Sitz- oder Anflugstängchen befestigt wurde. Mit der Leiter ging es in Oberfladungen hinten hinaus in die „Baamgärte" und die Nistkästen wurden in den Zwetschgenbäumen befestigt. Einen Nistkasten bekam ich geschenkt und konnte ihn in unserem Garten aufhängen. Bei solchen Arbeiten ließ er mich schon mal alleine arbeiten und sagte mir dabei diese Weisheit: **„Lieber blamiert, als nicht riskiert!"**
Dieser Spruch war mir Begleiter auf meinen dienstlichen und privaten Wegen!

Opa Florian war auch derjenige, der mir mal beim Milchholen, besser gesagt beim Milchverschütten, geholfen hatte. Ich war so 6 Jahre alt und musste jeden Abend einen Liter frisch gemolkene Kuhmilch bei ihm oder bei Oma abholen. Sie war auf dem Fensterbrett in einer kleinen silberfarbenen Metallkanne zurechtgestellt.
Auf dem 250 Meter langen Heimweg traf ich meine Freunde und wir spielten noch ein wenig. Ich kam auf die Idee, die Kanne am rechten Arm so schnell kreisen zu lassen, dass keine Milch herauslaufen konnte. Wir schleuderten die Kanne und tatsächlich, es fiel weder der Deckel herunter noch tropfte durch die Fliehkraft auch nur ein Tropfen Milch heraus.

Als mir jedoch der Arm müde wurde und ich immer langsamer drehte, blieb die Kanne am höchsten Punkt fast stehen, der Deckel fiel herunter und die halbe Milch war ausgeschüttet.

Was nun?

Ich rannte zu Opa zurück und erzählte, ich sei gestolpert und habe die Milch ausgeschüttet. Da sagte er: „Geh` emorl her mei Jong! Mir gehn noch emorl in den Stoal on ich melk` die drei Küh noch e wenig` noach."

Tatsächlich kamen noch ein paar Milchtropfen, doch reichte es nicht ganz für einen Liter.

So sagte er weiter: „Gehst hämm zu dei Mamme on sööst, der Opa hoat vergesse die Melich wagg zu tun on nu most hä noachmelk, on es hoat nimmer mehr Melich gabe!" „Sööst noch: „Du kriegst morrn ä bessle Melich mehr!"

Die schon einkalkulierte „Maulschell" (Watschn) fiel aus. - Dank Opa Florian!

Opa Markus

Der Opa väterlicherseits wohnte gleich nebenan im Doppelhaus, war Schustermeister und hieß Markus. Auch zu ihm hatte ich ein gutes Opa-Verhältnis. Er ließ mich Steppke oft in seiner Schusterwerkstatt hämmern und nageln.
Manchmal spielte er mir auch auf seinem in der Schusterei stehenden Harmonium einige Liedchen vor.
Gerne lutschte Opa Markus Eukalyptusbonbons, von denen ich immer wieder eines abbekam. Diese Bonbons waren zwar etwas stark, aber besser als gar keines.
Ich muss eingestehen, dass ich seitdem -und das bis heute- gerne Eukalyptusbonbon mag.
Da seine erste Frau, Oma Ottilie, bereits in jungen Jahren verstorben war, hatte mein Opa Markus ein zweites Mal geheiratet. Frau Gretchen war eine Flüchtlingsfrau und brachte zwei Kinder mit, die ca. 10 Jahre älter als ich waren.
Zu einem dieser Kinder, der nach seiner Kinderzeit in Düsseldorf lebende „Onkel“ Herbert, den ich nur Herbert nannte, habe ich heute noch ein sehr gutes „verwandtschaftliches“ Verhältnis.

Brot backen

Wie bereits erwähnt, hat meine Mutter selbst Brot gebacken. Dies habe ich übernommen. Ich backe heute noch jährlich einmal im Gemeindebackhaus von Oberfladungen. Dazu kann ich die Backstube meines in Oberfladungen wohnenden Cousins Rainer benutzten. Ein hölzener Backtrog von meiner Mutter ist noch vorhanden. Es wird seit Jahren, zusammen mit dem extra aus Düsseldorf anreisenden „Onkel" Herbert, meist im Herbst, ein Geboack (ein Backvorgang) gemacht. Hierzu verwenden wir 1 Zentner Mehl, 10 kg Schrot (weiß und dunkel) Kümmel, Leinsamen, Sonnenblumenkerne, Sesam, Kürbiskerne, Hefe, Salz. Der Sauerteig wird eingefroren und zwei Tage vorm Backtag gemehrt/vermehrt. Dann wird der Teig eingemacht, gemengt und geknetet und ruhen lassen. In der Zwischenzeit wird mit 12 „Wellen" (Bündel) Buchenreisig der Backofen geheizt. Nach einer gewissen Liegezeit -die Lüftungsschieber werden entsprechend eingestellt- wird die Asche entfernt und der Ofen sauber gewischt. Dies geschieht mit dem „Fehwisch". (Mit etwas nassem Stroh, das an eine Stange gebunden wird). Danach folgt die „Mehlprobe". Um zu sehen, ob der Ofen die richtige Hitze hat, wird ein wenig Mehl in den Backofen gestreut/geschleudert. Wird das Mehl zu schnell braun, gar schwarz, muss nochmal mit dem „Fehwisch" nachgearbeitet werden, damit die Ofentemperatur niedriger wird. Wird das Mehl nicht schnell genug braun, muss noch eine Reisigwell nachgeschürt werden.

Dann werden die inzwischen in „Backgretzen" (Backkörbchen) „gewerkten" (geformten) Brotlaibe mit dem „Schieschössel" (Schiebebrett an langem Stiel) „eingeschossen" (in den Ofen gesetzt). Dabei muss darauf geachtet werden, dass die Brote nicht aneinander geschossen werden. Nach geraumer Zeit, wenn das Brot die richtige Bräune hat, wird jeder Laib kurz herausgeholt, „gestrichen“ (mit Wasser benetzt) und wieder eingeschossen. Das „Steichen des Brotes“ dient dem Glanz der Brot-Bräune, also dem „Bild“. Nach zwei Stunden werden die Brote „ausgeschossen“ (herausgeholt). Der Geruch von frisch gebackenem Bauernbrot ist himmlisch, geschweige denn das nach dem Ausdunsten frisch angeschnittene Brot.

Bevor -nach der Mehlprobe- das Brot „eingeschossen“ wird, werden zuerst noch zehn Zwiebelploatze (Zwiebelkuchen) heraus gebacken. Dünn ausgerollter Brotteig wird mit Zwiebeln und gedünsteten Speckstückchen belegt. Das Fett der ausgelassenen Speckstückchen wird zuvor auf den blanken Ploatz gestrichen. Ab und an kommen auch ein paar Löffelchen saure Sahne mit drauf. Der sogenannte „Feuerploatz“ (nach dem Feuern heraus gebacken) wird gleich im Backhaus ofenfrisch verzehrt. Dazu passt bestens unser Rhöner Bier, aber auch das „Alt-Bier“ aus Düsseldorf.

Der Brotteig wird für Kümmel- und Körnerbrot geteilt und ergibt insgesamt 48 Brote. Die Hälfte der knusprigen Brote nimmt Herbert mit nach Düsseldorf, die andere Hälfte kommt bei mir in die Gefriertruhe.

Zwei, drei Brote verschenken wir. Es freute sich z. B. immer unsere ehemalige, inzwischen 90jährige Volksschullehrerin, wenn wir ihr einen Brotlaib vorbeibrachten und uns nach dem Backen ½ Stunde Zeit für sie nahmen. Leider wird es diesen Termin künftig nicht mehr geben, da sowohl Frau Ortloff als auch ihr Mann Alfred im Jahre 2013 heimgerufen wurde…

Ein ganzer Tag Arbeit hängt an einem „Geboack“, an einem Backtag, schon dran, und es ist immer schwer, den vorbeiwandernden Urlaubern klar zu machen, dass kein Laib Brot verkauft wird.

Zweimal im Jahr ist es soweit,
da steht das Backhaus in Ofla für uns bereit.
Dann wird geknetet und Teig gemacht
und ganz viel Brot mit heim gebracht.

Tochter Sandra & Sohn Marcus 1983 nach dem „Brot-Ausschießen“ (Brot aus dem Ofen holen)

Obsternte und Schnapsbrennen

Alljährlich nahm ich im Herbst eine Woche Oktober-Urlaub und erntete die ca. 15 Zwetschgenbäume meiner Eltern in Oberfladungen ab. Das Obst wurde auf ausgelegte Plastikplanen geschüttelt, auf- und ausgelesen, gewaschen, alle Stiele abgezupft und in blaue, 120-Ltr-Plastiktonnen eingemaischt. Dazu stieß ich mehrmals mit einem Spaten in die Früchtetonne um die Zwetschgen anzuritzen. Das Anritzen beschleunigt den Gärungsprozess. Viele Zwetschgenkerne dürfen nicht zerdrückt werden, da sonst zu viel Blausäure in die Maische kommen würde. In den Folgewochen wird der Maischebrei ein paar Mal umgerührt, ein Gärröhrchen aufgesetzt und die Maische bis Februar abgären lassen.

In der Nachbargemeinde Urspringen, aber auch in Geckenau gab und gibt es noch einige Hausbrennereien, die das Brennrecht auf das Anwesen haben. Dort ließ ich meinen Schnaps brennen. Da die Schnapsbrenner meist auf Quantität brannten, ließ ich nach ein paar Erfahrungsjahren anders brennen. Ich wies an, mehr Vorlauf wegzunehmen und beim Nachlauf früher abzustellen. Das heißt, dass ich mindestens 1 Liter Vorlauf wegnehmen (durch Schmecken prüfen!) und hinten bei 60 Prozent zumachen lasse. Somit habe ich einen guten, fruchtigen, geschmacksintensiven Mittelbrand, den ich teilweise auf Eichenholzfass, aber auch in Korbflaschen, also in großen Gebinden, lagere. Besser wäre zwar die Holzfasslagerung, jedoch ist der Lagerungsverlust durch Verdunstung enorm, weil die genaue Luftfeuchtigkeit in unseren Häusern nicht gegeben ist.

So versuchte ich zwar einmal das Fass auf dem Lehmboden des Gewölbekellers meines Vaters zu lagern. Nach 5 Jahren war hier 1/4 Schnapsverlust und enormer Alkoholabbau zu registrieren. Den Alkohol konnte ich ausgleichen, indem ich einen prozentig höheren Brand erstellen ließ und diesen dem abgebauten Schnaps entsprechend zusetzte. Doch was verdunstet/verflüchtigt war, das war sehr ärgerlicher Verlust!

Naja, ein Hobby ist meist ein Drauflegegeschäft, also mit finanziellen Aufwendungen verbunden, sonst wäre es ja kein Hobby.!

Die Steuer und der Lohn des Schnapsbrenners, dazu noch Gärhefe und Säure haben ihren Preis. Es entstehen schon erhebliche Kosten. Dafür ist dieser Rhöner Schnaps reine Bioware, also ohne Essenz oder Geschmacksverstärker.

Aus der Zeit von 1984 an habe ich bis heute ca. zweieinhalb Hektoliter Schnaps im Keller liegen. Neben Zwetschgenschnaps inzwischen auch Mirabelle, Birne, Apfel, Quitten, Kirsche und Apfelmost-Schnaps.

Bei runden Geburtstagen brauche ich mir wegen eines Geschenkes keine Gedanken zu machen. Der Jubilar bekommt eine Flasche abgelagerten Selbstgebrannten, in einer schönen, schlanken Schnapsflasche mit Korken, in Geschenkfolie gewickelt.

Italien-Urlaub

Jedes zweite Jahr plante ich, in der Zeit von 1980 bis jetzt, einen Familien-Clan-Urlaub. Anfangs war auch immer eine Flasche Zwetschenschnaps im Gepäck.
Ich habe ein sehr gutes Verhältnis zur „buckligen Verwandtschaft" meiner Frau und so planten wir gemeinsame Italien-Urlaube in Bibione. Wir fuhren mit 16 Personen (Schwägerin Theresia, Neffe Wolfgang, Neffe Stefan jeweils mit Familien und meine beiden Kinder, später mit Enkeln) an die Adria, mieteten mehrere Bungalows nebeneinander und verbrachten zwei schöne Urlaubwochen am Meer und Pool.
Jeden zweiten Abend ging`s ins Restaurant zum (Pizza-)Essen und an den anderen Abenden saßen wir in trauter Runde am Bungalow und grillten im Außenkamin.
Nach den Restaurantbesuchen nahmen wir vorm Müllcontainer der Stadt aufgestapelte leere Obst-Holzkisten mit nach Hause und entfachten uns -nach dem Essen- ein gemütliches Feuer im offenen Kamin. - Inzwischen ist auch Stefans Sohn Louis („Dödtle)" mit dabei. Ein kompakter, intelligenter Junge und Super-Tormann in der Nordheimer Jugendmannschaft, bei dem ich Pate (Dödt) bin.
Diese Urlaubsplanung -alle zwei Jahre- war in Fladungen problemlos; in Mellrichstadt wurde sie mir nur noch einmal ermöglicht. Ich bekam in Mellrichstadt in der Ferienzeit nicht mehr frei, weil ich keine schulpflichtigen Kinder mehr hatte. In Fladungen wurden mir mit Rücksicht und Nachsicht zwei Urlaubswochen im Sept. genehmigt. In Mellrichstadt pochten die Kollegen auf drei Wochen Urlaub in der Ferienzeit, worauf sie zweifelsfrei auch ein Anrecht hatten. - So fiel mein Familien-Clan-Urlaub auch der Landespolizei, dem „Fegefeuer", zum Opfer.

Post-Erich-Bier

Nicht nur selbstgebrannter Schnaps, auch selbstgebrautes Bier war ab und an „im Ausschank“. In einem Ortsteil von Bastheim, in Unterwaldbehrungen, braute der herzensgute Postbote Erich im Gemeindebrauhaus jährlich zwei bis drei Sud Hausbräu-Bier, oder auch unfiltriertes, süffiges „Post-Erich-Bier“. Bis er wegen seiner Brauerei mit einer kontrollierenden Zöllnerin Probleme bekam, holten wir dort kleinere Bierfässchen-Gebinde oder fanden uns bei ihm im Hof ein. An seiner großen, selbstgezimmerten Holztischgarnitur oder an seiner Werkbank tranken wir mit ihm so manches, süffiges, leicht trübes, preisgünstiges Hausbräubier.

Selbstverständlich waren vereinzelte Kollegen, die etwas Landwirtschaft hatten, brauberechtigt.

Selbst Betriebsausflüge oder sonstige Treffs haben wir in Erichs Hof abgehalten und dort zünftige Stunden, abends auch mit Schwedenfeuer, verlebt. Sein ebenfalls biertrinkender Schäferhund, später Berner Sennenhund, war stets mit von der Partie, wenn gesungen, gelacht, „gebloadert“ (erzählt) wurde.

Unvergessene Festivitäten.

Musikalische Ader

Die kleinen Rollen, die ich im Kindergarten beim Sommerfest oder beim Krippenspiel immer spielen durfte, waren noch recht schön, dann aber neben der Schule täglich auch noch eine halbe Stunde Schifferklavier üben, war der Horror. Der alte, sympathische Heufurter Musiklehrer Czeppel meinte schließlich zu meinem Vater: „Der Gerhard kann „5 b" und „6 #" vom Blatt super spielen und ich kann ihm nichts mehr lernen. Um besser oder gar auswendig spielen zu können muss er jetzt nur viel üben, üben und nochmals üben."

Ein Drama; denn ich versuchte, wo es nur ging, nicht zu üben. Wenn z. B. meine Mutter sagte: „ Du spielst jetzt ½ Stunde Schifferklavier, ich gehe derzeit in den Garten", wartete ich bis die Haustüre ins Schloss fiel, schlich mich an die Hausecke und schaute zwischen Hauswand und Dachrinne hindurch bis die Mutter vom 5 Minuten entfernt liegenden Garten wieder zurück kam. Dann huschte ich schnell wieder ins Wohnzimmer und zog das Schifferklavier die letzten 5 Minuten wie ein begeisterter Musikschüler.

Aufgrund meiner zu geringen Übungsstunden brachte ich es dann musikalisch nicht weiter.

Ich spielte zwar bei uns im Dorf einmal am Fasching beim Kappenabend. Doch war dies, da ich alles nach Noten spielen musste, sehr mühsam. Wenn ich ein im Notenbuch aufgeschlagenes Lied gespielt hatte und ein neues aussuchen wollte, sangen derzeit die Leute bereits ein anderes Stimmungsliedchen. Bis ich endlich die Noten hierzu gefunden hatte, war das Lied wieder zu Ende.

Ich spielte dann nie mehr bei einer solchen oder ähnlichen Veranstaltung.

Für einen Faschingsauftritt als Musikclowns hatte ich zwei Lieder auswendig gelernt: „Es gibt kein Bier auf Hawaii“ und „Eieieiei die Goas ist weg“. Und so spielte ich, wenn in geselliger Runde ein Schifferklavier zur Verfügung stand, immer nur die beiden Stücke, zwar mit etlichen Strophen, doch danach stellte ich das Instrument gleich wieder in den Kasten zurück. Trotz intensivster Aufforderungen weiterzuspielen unterließ ich dies, weil ich ja nicht mehr konnte. Die Gäste waren meist anderer Meinung und forderten mich immer zum Weiterspielen auf. Es war mir fast peinlich, aber ich wollte auch nicht zugeben, dass ich keine weiteren Lieder auswendig spielen konnte.

Zu Hause
beim
Weihnachtsliedersingen
zusammen
mit
Tochter Sandra

Fasching: Ein wesentlicher Teil meines Lebens

Die Namen „Maulaff" und „Gerstenesel" wurden schließlich in den beiden Faschingsvereinen übernommen: Oberfladungen gründete 1964 den OCC, Oberfladunger-Karneval-Club, mit einem Esel als Maskottchen und Fladungen ein paar Jahre später den FFC, Fladunger-Faschings-Club, mit einem Affen.
Der in der Oberfladunger Kneipe gegründete Faschingsclub startete im Jahre 1964 sein Programm im alten Oberfladunger Tanzsaal, der alten Kegelbahn.
Nach einigen Jahren erkannte man, dass aufgrund der regen Nachfragen der Saal zu klein war und man wechselte in den größeren Saal nach Leubach.
Vor einigen Jahren sprang der OCC über seinen Schatten und zog in die große Grenzlandhalle nach Fladungen, den einst verpönten „Maulaffenstall"!

Oberfladungen war wie alle kleineren Rhöngemeinden (Leubach, Rüdenschwinden, Brüchs, Weimarschmieden, Sands und Heufurt) politisch selbständig und hatte mit seinen ca. 350 Einwohnern auch einen eigenen Bürgermeister und eigenen Gemeinderat.
Im Jahre 1972 kam die Gebietsreform und die kleinen Rhöndörfer wurden in die Stadt Fladungen eingemeindet.
Man höre und staune, Oberfladungen stellte -mit seinen nur ca. 350 EW- sogar einmal den Bürgermeister der Stadt; den damals, jungen OCC-Sitzungspräsidenten Mischa Schmitt.
Leider kam mein Freund Mischa bereits in seiner ersten Amtszeit auf der Hochrhönstraße, kurz vor Fladungen, bei einem alleine beteiligten Verkehrsunfall

(Abkommen von der Fahrbahn nach links) mit seinem Bürgermeister-Daimler ums Leben.
Ein Schock für die ganze Region.

Ja, im Fasching war ich -ab den besten Jugend-Jahren- jährlich mit dabei. Das Gaudi-Naturell mütterlicherseits geerbt (Mutter Babette spielte früher mit Begeisterung im Dorftheater mit), stand ich gerne, ja leidenschaftlich gerne auf der Faschingsbühne.
Angefangen hat es mit dem Musikclown-Trio. Ich war der Schifferklavierspieler; meine Mitsänger waren Engelbert, ein eingeheirateter „Maulaff", er spielte die Teufelsgeige, und „Sax" der mit zwei Topfdeckeln den Takt schlug. Wir trugen Gstanzl vor, wie beispielsweise „Im tiefen Keller"…..und „saßen bei einem Fass voll Reben."
Selbstverständlich wurde immer wieder die örtliche Fußballmannschaft und das Dorfgeschehen „aufs Korn genommen".

Fasching und somit „Reden reden" war ab 1965 ein (Groß-)Teil meines Lebens. Nicht nur im Fasching, auch im Sportverein, sowie in der Kommunalpolitik oder im Dienst, immer war „Der Lange Bach" das Sprachrohr, der, der kein Blatt vor den Mund nahm, der, der gerne kommunizierte.

Mit Fasching, besser gesagt mit der Faschingseuphorie, konnte ich einige mir „dienstlich in den Weg gelegten Knüppel bei Seite schieben" und die oft schlechte Situation besser ertragen.

Zwischendurch führte ich in den 80iger Jahren, acht Jahre lang, als Sitzungspräsident im „Löbbicher Sool" (Leubacher Saal) OCC-Regie.
Dort gab es `mal an einem Prunksitzungsabend diese heikle Situation:
Ab und an geht bei der einen oder anderen Faschingssitzung das Publikum mehr oder weniger gut mit. Die Stimmung im Saal war an diesem Abend also nicht gerade hoch. Ich versuchte, die vorbereitete Ansage noch schmissiger, noch lustiger zu machen, indem ich spontan ein paar zusätzliche Witze einbaute. Doch auch das steigerte die Stimmung im Saal nicht.
So besprach ich in der Pause, in der Bar, die Sache mit meinem Elferrat. Ich war schließlich der Meinung, dass der mitgebrachte Mirabellenschnaps von Elferratsmitglied „Kracke" die Lösung sei und trank ein paar kräftige Schluck (In der Rhön sagt man: Ein paar Maul voll!) aus dem „Flachmann".
Als die Musik wieder anspielte, moderierte ich die zweite Halbzeit an.
Nach und nach wirkte der Schnaps und ich kam aus dem Reden fast nicht mehr heraus. Die Stimmung im Saal steigerte sich zwar, aber hauptsächlich aufgrund meiner „Laberei".

Mein Presse-Freund Hubert schrieb am nächsten Tag zu diesem Faschingsabend in der Tageszeitung die Anmerkung:

„Der Präsident hatte einen glücklichen Tag!“

Dieser Vorfall und auch 4 ½ Stunden gefordertes, braves Moderieren waren der Anlass, als Sitzungspräsident abzudanken. Ich wollte einfach auf die Bühne und „die Sau raus lassen“ und nicht mehrere Stunden lustig-brav die Programmansage machen.

Ich war danach Jahrzehntelang Solo-Büttenredner beim OCC, meist mit Ortsgeschehen, also Begebenheiten aus Oberfladungen, Fladungen, Leubach, Hausen, Heufurt, Brüchs, Sands. Aber auch die eine oder andere Szene aus den anderen Rhön-Ortschaften oder gar aus dem Altlandkreis Mellrichstadt war mit dabei. Denn inzwischen kamen auch viele Besucher aus Mellrichstadt, Nordheim, Ostheim usw.

Selbst im Polizeidienst aufgeschnappte Missgeschicke wurden teilweise als Verse hergenommen. Wie bereits an anderer Stelle bemerkt: die beste Freude ist die Schadenfreude. Wenn das Publikum die Bezugsperson kennt, über die der Faschingsvers erstellt ist.

Büttenrede

Die Büttenrede für die vier Faschingssitzungen des OCC wurde ab November, meist in Oberfladungen, in einem Büttengremium, privat zu Hause geschrieben. Wir hatten beim Dichten manchmal mindestens so viel Spaß als beim Auftritt. Ich schrieb von Hand mit und nicht wie heutzutage mit Laptop. Es war ein wunderbares Team, eine super Truppe, mit Edgar, Franz, Max, Hubert, Wolfgang, Jürgen, Olli usw. Wir tranken beim Dichten mindestens eine Flasche Bier und bei jeder gereimten Seite gab es einen Schnaps; gemäß dem Liedle, das ich von Freund Erwin mal im Sportheim in Sondheim gehört hatte:

„Ich möcht` ä Schnäpsle ham, wär` das nicht feieieiein,
nur noch Branntewein, Feuerwasser, nur noch Schnaps.
Und wenn ich einst gestorben bin, wird mich der Petrus fragen:
Was willst Du? Bier? Schnaps? Branntewein? Dann werd ich zu ihm sagen:
Ich möcht` ä Schnäpsle ham,…“

Wenn nach zwei Stunden Reimen die Gedanken schwerer wurden, bekam ich immer die Aufforderung doch etwas größer zu schreiben, damit die Seite schneller voll wurde und wir wieder ein Schnäpschen einschenken konnten.
Später wurde das Dichten beendet, nicht aber den Abend…..

Anfangs war meine Solo-Bütt, die ich immer in „platt“, also in Rhöner Mundart vorgetragen habe, immer recht lang. Bald erkannte ich, dass der Vortrag nur 15 –

20 Minuten dauern darf. Ich legte schließlich meine Bütt nach dem Publikum aus, das heißt, ich trug die Seiten vor, wenn die Leute aus der jeweiligen Ortschaft anwesend waren und ließ analog die Seiten weg, wenn kaum einer von dem Dorf da war. Dies hat meinem Büttenvortrag sehr gut getan.

Ich hatte mir in den letzten Jahren angewöhnt, vor dem jeweiligen Vers das Thema mit bekannten Melodien entsprechend anzusingen. Manchmal passierte es da schon, dass ich den Ton eines wenig bekannten Liedes (z. B. "Lustig ist die Schäferei…") nicht genau traf.
Die Lacher ließen nicht auf sich warten und ich merkte einfach schmunzelnd an:
„Eine Kracke ist halt kein Singvogel!" (Eine Krähe ist kein Singvogel).

Väterlicher Freund „Lubber“ und der Fasching

Hier in Sondheim v. d. Rhön lernte ich bald den DDR-Flüchtling „Frankemer-Lubber“ in seiner gleichnamigen Kneipe kennen. „Lubber“ war irgendwann 1948 aus dem thüringischen Frankenheim, ca. 16 km von Sondheim entfernt, rechtzeitig geflüchtet. Damals waren die DDR-Grenzsperren noch recht harmlos.

„Lubber“, der vom Alter her mein Vater hätte sein können, gründete in Sondheim ein noch heute in der Generation existierendes Baugeschäft und heiratete die Sondheimerin Anni. Er baute sich in Sondheim am Ortsrand eine Pension mit Gaststätte und dazu einen Swimmingpool. Diesen Pool stellte er der Ortsbevölkerung für nur 1,- DM Eintritt zur Verfügung. Gerne nutzten insbesondere die Kinder dieses Angebot.

Mit „Lubber“ war ich zwei Perioden im Gemeinderat zusammen.

In „Lubbers“ Kneipe trat ich jahrelang bei seinen deftigen Büttenabenden als Solo-Büttenredner auf. Die Sprache war mehr als deutlich; denn Frankenheim hatte eine etwas derbere Sprache.

Ebenso in der Sondheimer „Burgherrenschänke“ wurde ich von Wirtin Karin für den jährlichen Faschingsabend engagiert.

Beide Auftritte nahm die Sondheimer Bevölkerung gut an. Meine Bütt vom Dorfgeschehen wurde mit Spannung erwartet; denn ein „Blatt vor dem Mund nehmen“, das gab es bei mir nicht. Die Besucher freuten sich über die erfahrenen Missgeschicke der Mitbewohner und waren froh, wenn sie nicht selbst „dran“ waren. Manchem gefiel es auch nicht, wenn er genannt wurde und ich durfte mir seinen Unmut anhören. Doch das gehört „zum Geschäft“.

Gründung Faschingsverein SFF

Im Jahre 1990 war ich Mitbegründer der Faschingsabteilung des TSV Sondheim v.d.Rhön und verantwortlicher Spartenleiter.
Lange grübelte ich -auch im Dienst- über die Namensgebung nach und kam schließlich darauf, die Abteilung Sondheimer-Faschings-Freunde (SFF) zu nennen.
Leider konnte ich am ersten Saalauftritt nicht teilnehmen, da ich zu dieser Zeit an die Grenze nach Furth im Wald abgeordnet war. Wir waren nicht nur dort -nach der Grenzöffnung- für ein paar Wochen zur Verstärkung eingeteilt.
So saß ich an dem ersten Büttenabend in der Abfertigungsbox für den Pass-Kontrolldienst in Furth im Wald und fieberte mit meinen Faschingsfreunden mit.
Bei einem Anruf in Sondheim, kurz nach Mitternacht, bekam ich als Feedback, dass die Veranstaltung total gelungen und ein voller Erfolg war. Helau!
Ich führte dann -neben den Auftritten beim OCC- diese Faschingsfreunde zehn Jahre lang, bis zum Jahre 2000- und wir konnten jährlich unser Programm steigern.
Neben der Hauptorganisation war ich immer mit einer Bütt vertreten. Oftmals mit einem von mir geschriebenen Zwiegespräch, das ich entweder zusammen mit meiner Tochter Sandra (z. B. Bürgermeisterin und Gemeinderat) oder mit meinem Sohn (z. B. Zwei Sioux-Indianer oder Zwei Simonshöfer) zum Besten gab. Aber auch den Faschingschor unterstützte ich mit meiner kräftigen Stimme.

Mit der Gründung dieser TSV-Faschingsgruppe hatten wir unserem „Lubber“ und auch der „Burgherrenschänke“ etwas den Pep aus ihren Büttenabenden genommen und so wurden aus den Kneipen-Büttenabende bald nur noch

Kappenabende, mit kleinen Einlagen. Später stellten sie sogar die Gaststätten-Faschingsveranstaltungen ein.

Großer finanzieller Gewinner war der TSV Sondheim Rhön; denn inzwischen wurden jährlich drei ausverkaufte Faschingsveranstaltungsabende abgehalten. Der nicht unerhebliche Erlös floss in den TSV, in die Jugendarbeit und in die Fußball- und Kegelabteilung. Somit war der finanzielle Überschuss für uns Foasenöchter weg. Wobei jährliche Verbesserungen an Technik und Faschingsausstattung schon von den Einnahmen bezahlt wurden.

Für mich war jedoch die Gründung dieses neuen Faschingsvereins nicht nur von Vorteil.

Ich wollte ja weiterhin bei meinem Heimatverein OCC auftreten und bin zu den Auftritten gerne die 10 km dorthin gefahren. Ich habe „das Bad in der Menge" (statt 120 Sitzplätze in Sondheim, dort fast 400 Leute im Saal) genossen. Oft trafen die Veranstaltungen OCC und SFF zusammen und ich hatte an einem Abend zwei Auftritte.

Ich durfte bei Wind und Wetter -oftmals waren kalte Minusgrade oder es herrschte starkes Schneetreiben- die Strecke von einem zum anderen Auftritt selbst fahren. Freilich war dies auch etwas Stress, aber „auf Wolke 7"!

Bis zum Ende meiner Büttenzeit 2010 stand ich beim Auftritt „unter Strom", ich hatte Lampenfieber. Auch das gehört dazu. Der Adrenalin-Spiegel muss hochgehen, dann ist der Vortrag gut! Ein Versprecher darf nie schlecht ankommen. Da muss man gewappnet sein, muss spontan reagieren, gegebenenfalls improvisieren und noch einen Publikumslacher dabei herausholen.

Ich sagte mir immer: „Du musst mit dem Publikum spielen!"

Ende der Faschingsauftritte

Ja, so war es eben mit der Zeit lästig, wenn ich -was sich nicht verhindern ließ- an zwei Abenden doppelt auftreten musste. Ich teilte mich in Sondheim in der ersten Hälfte ein und war in der Fladunger Grenzlandhalle in der zweiten Halbzeit ein Programmpunkt.
Nun war ich nach jedem Auftritt immer total durchgeschwitzt, quasi „tröpfelnass" und musste mich von Kopf bis Fuß umziehen, waschen, mich ins kalte Auto setzen und die 10 km nach Fladungen fahren. Dort wieder die inzwischen von meiner Frau trocken geföhnten Klamotten anziehen und meinen nächsten Vortrag halten. Meist war die Figur gleich, der Text aber schon unterschiedlich bei beiden Auftritten.

Wunderschön war in Fladungen, dass ich nach dem Auftritt in den Katakomben der Festhalle duschen konnte. Vorausgesetzt die Kerle der Ranzen-Garde hatten mir nicht schon das wenige 20-Liter-Boiler-Wasser weggeduscht oder hatten vergessen, den Boiler neu zu starten. Dann hatte ich manchmal nur kaltes Wasser. Das war zwar ärgerlich, doch härtet das auch ab!
Im November 2013 war mein letzter Auftritt für den Faschingsclub OCC. Es war die Sonder-Sitzung, die XXL-Veranstaltung zum 50jährigen Bestehen. Zum einen war ich als ehemaliger Sitzungspräsident, als Ehrengast geladen und zum anderen bat mich Edgar, die gute Seele des Vereins, nochmal bei den Faschingsbrüdern mitzusingen. Es bedurfte keiner langen Überredungskunst.
Wir studierten akribisch ein Potpourri/Quodlibet ein und hatten -unter meiner

Ansage- einen gelungenen Super-Gesangsauftritt. Zumal wir jahrzehntealte Figuren wieder aufleben ließen.

Mit welchem Kostüm sollte ich da wohl auftreten? Keine Frage, das alte Clown-Kostüm wurde hervorgeholt, ebenso die alten Clown-Schuhe, die mir mein Vater vor über 40 Jahren aus 2 Paaren Schuhen gefertigt und mit Silberbronze angestrichen hatte. Ja, in diesem „Anzug" ging`s nochmal drauf auf die Bühne, auf **„die Bretter die die Welt bedeuten".**

Beim letzten Auftritt, 50 Jahre OCC, im Jahre 2013

Zu dieser OCC-XXL-Veranstaltung konnten die Mellrichstädter Musiker „Los Krawallos“ engagiert werden. Diese Cult-Band sorgte wie immer für reichlich Stimmung im Saal.

Nach einem Faschingsumzug in Mellrichstadt, bei dem ich zur Absperrung eingeteilt war, zog ich -in den 90er Jahren- zusammen mit dieser Super-Truppe in die MKG-Halle ein.

Ich brach einen Haselnussstock ab, stellte mich vor die Musiker und zog dirigierend mit ihnen in den Saal. Auf der Bühne schwenkte ich zu ein paar weiteren Märschen den Dirigentenstab und wir feierten Fasching bei zum Abwinken. Nach dem Motto:

„Jeder Musiker ist ein Lump, aber nicht jeder Lump ein Musiker“,

feier ich heuer (2014) mit den „Los Krawallos“ ihr 20jähriges Jubiläum.

Ja, sich vom Applaus des Publikums tragen zu lassen, quasi im Applaus zu baden, kann nur einer fühlen, der seinen Vortrag gut angebracht hat und die entsprechende Ehre dafür erwiesen bekommt. Teilweise stehende Ovationen!

Ich habe nochmal die „Sau raus gelassen“ und den Applaus genossen.

Ja, ich war wieder einmal „in der Form meines Lebens“, wie meine Frau liebevoll anmerkte.

Doch:

„A l l e s h a t s e i n e Z e i t !“

Und

„Das Lebe`geht weiter!“
(Fußballtrainer Stepanovic)

Darum nahm ich 2012/13 -nach nicht ganz 50 Jahren- offiziell Abschied von der großen Faschingsbühne des OCC. Ich muss ehrlich eingestehen: Etwas (viel) Wehmut war schon dabei. Nicht gerade beim letzten Büttenauftritt, so aber spätestens in der nachfolgenden Saison, bei der ich nur noch als Gast in der „Narrhalla“ anwesend war….

Ich bin stolz zu dieser super Mannschaft dazu zu gehören!
(hinten rechts, die hohe Hand)

Fastenzeit

Nach dem Fasching kommt ja bekanntlich die Fastenzeit. Die halte ich seit mindestens zwei Jahrzehnten ein, indem ich 40 Tage auf Alkohol verzichte und ab und an „f. d. H." mache (friss die Hälfte). Auch wenn ich mir in dieser Zeit sehr viel Häme -insbesondere bei Kneipenbesuchen- anhören muss, ziehe ich dieses Fasten Jahr für Jahr durch.

Erst am Ostersonntag zum Frühschoppen gibt`s wieder zwei Glas Bier. Manch einer hat schon versucht dies mit mir durchzuhalten, die meisten haben es nicht geschafft, und auch nicht die damit einhergehende Gewichtsabnahme von stolzen fünf bis sechs Pfund.

Fußball

Neben dem Dienst galt und gilt es ja immer auch seine Freizeit zu gestalten, seinen Hobbies nachzugehen.

Zum einen war dies der Fasching (aber nicht das übungsintensive Schifferklavierspielen) mit den entsprechenden Auftritten und zum anderen das Angeln und der Fußball. Schon in meiner Heimatgemeinde Oberfladungen war ich von Jugend an beim Fußball dabei. Wir spielten nach der Schule am Ortsrand Richtung DDR-Grenze auf der Bullen-Wiese. Das war die Wiese auf der das Heu für den Gemeindebullen (natürliche Besamung) geerntet wurde.

Als im Jahre 1958 mein Opa Florian Mitbegründer des Fußballvereins DJK Oberfladungen war, wurde auch ein neuer Sportplatz angelegt. Mit unseren Fahrrädern fuhren wir Lausbuben auf der nicht geteerten, schlechten Straße die zwei km bis zum Sportplatz, der fast an der DDR-Grenze lag.

Ich war kein guter und schon gar kein technisch versierter Fußballspieler, aber einer der immer da war und mit vollem Einsatz spielte. Ich war rechter Verteidiger und es ging eigentlich nur darum, dass der gegnerische Spieler, also der Linksaußen der anderen Mannschaft, kein Tor schoss. Ich war mehr Zerstörer als Spieler.
Aber feiern konnten wir immer. Ich persönlich war zwar nach einer Niederlage anfangs nicht so freudig dabei, dies legte sich meist im Laufe des Abends. Wir sangen dann Fußballlieder oder auch Deutsches Volksgut.

Bekanntlich bin ich immer mit dem Gedanken auf den Platz gegangen:
„Es gibt keine Freundschaftsspiele!“
Ich wollte immer gewinnen. Entsprechend konsequent war mein Spiel.
Ähnlich war die Einstellung des eisenharten Linksverteidigers „Siggi“, den es als Zöllner in die Rhön verschlagen hatte.. Seine Aussage nach dem Spiel war:
„Mei Moann hoat kei` Tor g`schoss`n!“
Aber auch „Gigs“ als Vollblut-Stürmer war nach jeder Niederlage schwer zu beruhigen.

Trotzdem waren wir in Oberfladungen in der Reservemannschaft und in der Alt-Herren-Mannschaft eine wunderbare, kameradschaftliche Truppe.

Ich führte diese beiden Mannschaften über viele Jahre als Reserve-Spielführer und als Altherren-Spielführer. Es gab keine Probleme und schon gar nicht wegen des Auswechselns; denn wir waren ja nur 12 oder 13 Mann.

Selbst nach der Hochzeit und meinem Umzug im Jahre 1971 nach Sondheim v.d.Rhön, blieb ich dem Oberfladunger Fußball mit dem langjährigen Vorstand Gerhard W. noch 10 Jahre treu.

AH-Mannschaft der DJK Oberfladungen im Jahre 1980

Obwohl dies mit den alten Fußball-Kameraden eine wunderschöne Zeit war, würde ich heute jedem Jungen raten, mit der Hochzeit sich gleich in den örtlichen Vereinen zu engagieren; denn es dauerte eine Weile bis zur vollständigen Gemeinde-Akzeptanz. Vereinsarbeit erleichtert dieses „Ankommen" in der neuen Gemeinde.

Ich schaffte dies trotzdem verhältnismäßig schnell. Einmal durch meine offene Art; hauptsächlich aber über den Fasching mit den entsprechenden Auftritten und Büttenreden.

Oberfladunger Kart-Freunde

Seit 1967 spielen wir, einige Oberfladunger Freunde, zusammen Karten. Es fing an mit Kartabenden im „Cafe Bach" (Gaststätte „Rhönblick") in Oberfladungen.

Wir waren zu Beginn sechs Mann. Inzwischen sind wir, nicht wegen Kartschwierigkeiten sondern wegen privater Situationen, nur noch vier Kartfreunde.

Seit wir alle (Konrad „Schütz", Klaus „Harper", Roland „Wetzer" und ich) in der näheren Umgebung verheiratet sind, treffen wir uns in den jeweiligen Ortschaften.

Wir spielen Schafkopf und rechnen mit 5, 10, 15 ab. Es wird gedoppelt und geschossen. Wenz ist erlaubt; Geier und Kreuzrunde nicht.

Auch nach der Einführung des Euros sind wir bei dieser Regelung (5/10/15) geblieben.

Ausrichter dieses Schafkopfabends ist immer derjenige, der gerade Geburtstag hatte. Es wird in dessen Ortschaft in der Kneipe gekartet. Wobei ich meinen Kartabend in letzter Zeit in die Sommermonate verlegt habe, damit wir in meinem Gartenhaus in Oberfladungen spielen können. Dort werden ein paar ältere Oberfladunger Freunde, wie Heinrich, Wolfgang oder Gerhard W. dazu eingeladen und es wird weit bis nach Mitternacht feucht-fröhlich gefeiert.

Der Gewinn des Schafkopfspiels kommt auf den Tisch (meist sind es knapp 20,- €) und gehört dem „Jubilar". Er muss die gesamt Zeche begleichen. Dazu gehören neben den Getränken auch ein warmes Essen und -nicht zu vergessen- der Verdauungsschnaps.

Inzwischen haben wir ein originelles Stammtisch-Emblem und das 50jährige Kart-Jubiläum wirft bereits seine Schatten voraus.

Als vor 40 Jahren die damals 15- bis 17-jährigen Freunde Gerhard Bach, Roland Hübner, Konrad Link, Klaus und Horst Heß sowie Horst Baumgart im Café von Anni Bach in Oberfladungen regelmäßig ihrem Hobby, dem Schafkopfspielen, frönten und sich daraus ein Stammtisch entwickelte, hatten sie selbst nicht daran geglaubt, dass dieser so lange Bestand haben würde. Denn mittlerweile sind daraus vier Jahrzehnte geworden, auch wenn es jetzt nur noch ein Quartett ist, das mehrmals im Jahr zu den Kartrunden zusammenkommt. Die Treffen finden abwechselnd an den Wohnorten der Mitspieler statt, zumeist an den Freitagen nach den jeweiligen Geburtstagen, wobei der Gastgeber die Zeche des Abends zu übernehmen hat. Bevor aber getrumpft und gestochen wird, werden stets erst die neuesten Neuigkeiten ausgetauscht und diskutiert sowie zuvor auch kräftig Brotzeit gemacht. Beim jüngsten Zusammentreffen im Gartenhaus von Gerhard Bach in Oberfladungen kamen beispielsweise Kartoffel- und weitere Salate als Beilage zu Gegrilltem auf den Tisch. Das eine oder andere Bierchen darf dabei natürlich ebenso nicht fehlen. Und die Kartbrüder ließen es sich auch diesmal vortrefflich munden, bevor sie das Blatt in die Hand nahmen. Einig sind sich die Jugendfreunde Klaus Heß, Konrad Link, Roland Hübner und Gerhard Bach (von links) auch darin, dass sie an diesen fröhlichen Schafkopf-Runden auch in Zukunft festhalten werden. (ck/Foto: Hack)

Pressefoto 2007

Gehacktes Club

Ein paar Monate bevor ich in Pension gegangen bin saß ich im Jahre 2010 nach einen Fußballspiel mit Freunden an der Theke in unserem Sportheim. Man fragte mich, was ich denn während meiner Pensionszeit so alles tun werde? Da kamen wir auf die Idee, einen neuen Stammtisch zu gründen. Der damalige Dorfmetzger Frank saß mit dabei und wir beschlossen einmal monatlich einen Brotzeitabend zum machen. Wir kamen überein, einen „Gehacktes-Club“ (GCS: Gehacktes-Club-Sondheim) zu gründen.

Gehacktes ist rohes, durchgedrehtes und gut gewürztes Schweine- und Rindfleisch, auch bekannt als Met. Nicht nur bei uns wird das Fleisch noch kräftig mit Zwiebeln und Knoblauch gewürzt.

Meist essen wir die Hälfte roh, die andere Hälfte braten wir als Fleischküchle/Klopse/Hackkücherle/Fleischpflanzerln heraus und essen sie warm. Dazu gibt’s nur ein paar Scheiben Brot.

Wir sind neun Mann und treffen uns jeden zweiten Dienstag im Monat im Sportheim.

Damit das Essen nicht zu eintönig wird, lassen wir uns auch mal Hackbraten, Bratwürste, Knackwurst oder gefüllten Gänse-/Wildschweinbraten servieren.

Wichtig ist, dass in dem Gericht Gehacktes vorkommt!

Aber auch die Getränke kommen nicht zu kurz; nicht zu vergessen die Verdauungsschnäpse, nach einem so „schweren“ Essen.

Inzwischen haben wir eine eigene Fahne und eigene Polo-Shirts mit entsprechendem Logo, nämlich einem Schweinekopf.

Das Tragen der GCS-Shirts beim Club-Abend ist obligatorisch. Bei Vergessen gibt's Sanktionen in Flüssigkeitsform.
Dass am Clubabend des Öfteren ein paar Stimmungslieder geschmettert werden, ist entsprechendes Flair und sorgt für gute Stimmung.
Bei der Hochzeitsfeier von Club-Mitglied Frank oder bei meiner Pensionsfeier waren sogar interessante, einfallsreiche Auftritte zu verzeichnen.
Unser Maskottchen ist natürlich eine im Club-Lokal verwahrte, kleine, rosafarbene, batteriebetriebene Plüschsau, die Jürgen besorgt hat..
Wir (Horst, Wolfgang, Jürgen, Reinhard, „Otto", Bernd, Frank, Erwin(?) und ich) sind ein, auch von der Alters- und Charakterstruktur her, bunt gewürfelter „guter Haufen", dem ich als stolzer Club-Präsident vorstehen darf!

In Hausen nehme ich zusätzlich einmal monatlich am Männerstammtisch teil. Man trifft sich dort mit sage und schreibe 10 – 15 gestandenen Häusener Männern, jeden Donnerstag im Gasthaus "Zum Eisgraben", beim Prechtl. Schorsch, „mein" ehemaliger „B-Schicht-Youngster", hatte mich vor sechs Jahren nach Dienstschluss mehrmals dorthin mitgenommen. Inzwischen bin ich augenscheinlich ein gerne gesehener Gast und trinke schon mal einen „Stiefel" mit den Stammtischbrüdern oder esse die „prima Currywurst", die Spezialität der Wirtin.
Mit dem Fahrrad sind es nur neun Kilometer bis zur kleinen Ortschaft Hausen und so ist immer wieder einmal donnerstags diese Radstrecke eine angenehme abendliche Tour.

E n d e

So möchte ich die **„Zweite Vertreibung aus dem Paradies“** mit der sich anschließenden **„Fegefeuersituation“**, also das Leben eines (Grenz-)Polizisten, kurz und prägnant mit den Worten aus „(Grimms-) Märchen“ abschließen:

…und wenn sie nicht gestorben sind, dann leben sie noch heute…

Fotoverzeichnis

126 privat (Siegerehrung Angeln)

129 privat (Fischtreiber)

130 privat (For you….)

134 privat (Irland)

139 privat (Pony)

183 Rhön- und Streubote, Mellrichstadt (Märzenbecher)

187 Foto-Wald, Fladungen (Schäfer Vinzenz)

189 privat (Beförderungsritual)

194 Bertold Braun (Gummi-Anzeige)

196 privat (Udo mit Bando)

198 Fot-Wald, Fladungen (Leonhard)

201 Foto-Wald, Fladungen (Der Alte Peter)

210 privat (Bando)

211 privat (Bill)

217 unbekannt („B"-Schicht)

222 privat (Gde.-Wappen)

248 privat (Beförderung Burkard mit Chef Bertold)

288 unbekannt (Lapo-Wappen)

307 privat (Sprüche)

308 privat (Sprüche)

317 unbekannt (Karikatur Fischreiher))

320 privat (PHK-Urkunde)

337 Gerhard Bach (Parkzettel)

346 Pol.-Zeitung Antenne: K.H. Schmitt

369 R. Vollmershausen (Karikatur v. G. Bach)

370 R. Vollmershausen (Karikatur v. „Lubber“)

388 Rhön- und Streubote, Mellrichstadt: B.Städtler (40jähriges Diesntjubiläum)

391 Internet (Gänse)

392 privat (GäE Kreuzberg)

404 Ekkehard Büttner, Bastheim (Stammtisch-Emblem)

406 Rhön- und Streubote, Mellrichstadt (Übergabe d. Entlassungsurkunde)

407 Gerhard Bach (DSt.-Uhr)

412 Babette Bach (Brieftauben)

422 Gerhard Bach (Brot backen)

424 Gerhard Bach (Schnapsetikett)

426 privat (Etikett Post-Erich-Bier)

428 Christine Bach (Weihnachten)

430 Christine Bach ((Fasching: DJK-Fußballer)

439 OCC-Foto (Clown)

441 OCC-Foto (OCC-Mannschaft)

444 Christine Bach (AH DJK)

447 Rhön- und Streubote, Mellrichstadt: Rudi Hack (Kartfreunde)

Inhaltsverzeichnis

Teil I

Teil II

Seite:

Teil III